역경에
답하다

역경에
답하다
고전에서 길어 올린 여유

초판1쇄 인쇄 2013년 10월 11일
초판1쇄 발행 2013년 10월 18일

지은이 소준섭
펴낸이 김지훈
편 집 나성우
마케팅 최미정
관 리 류현숙

펴낸곳 도서출판 어젠다
출판등록 2012년 2월 9일 (제406-2012-000007호)
주 소 경기도 파주시 광인사길 217
전 화 (031)955-5897 | 팩스 (031)945-8460
이메일 agendabooks@naver.com

ⓒ 소준섭, 2013
ISBN 978-89-97712-10-6 03190

이 도서의 국립중앙도서관 출판시도서목록(CIP)은 e-CIP홈페이지(http://www.nl.go.kr/ecip)와
국가자료공동목록시스템(http://www.nl.go.kr/kolisnet)에서 이용하실 수 있습니다.(CIP제어번호: CIP2013019756)

이 책은 저작권법에 따라 보호받는 저작물이므로 무단전재와 무단복제를 금지합니다.

역경에 답하다

고전에서 길어 올린 여유

소준섭 지음

어젠다

여는 글

모두들 삶이 고단하다고 한다.
그래서 요즘 현대인들의 화두로 '힐링'이 주목을 받고 있다.
사력을 다해 지금 여기까지 달려왔건만 여전히 너무 힘들고 앞날도 그다지 밝아 보이지 않는다. 여전히 찬바람만 쌩쌩 몰아칠 뿐이다. 나는 무엇인가? 왜 여기에서 이렇게 힘들게 살고 있는가? 광막한 대로변 사거리에 홀로 선 나의 모습에 문득 허무와 고독이 밀려온다.

그러나 끝이 없는 역경은 없다.
단점은 장점을 보이게 한다. 역경도 때로는 힘이 되는 법이다. 오늘의 이 음산한 어두움은 오히려 내일의 찬란한 새벽을 맞이하는 확실한 계기가 될 것이다. 휘몰아치는 폭풍우와 굽이치는 파도는 큰 불안을 불러오고 때로는 그로 인해 큰 재앙을 입을 수도 있다. 하지만 사실은 바다를 송두리째 뒤집어 흔들어놓기 때문에 자칫하면 한자리에 고여 썩을 수도 있는 바다를 청정하게 만들어준다. 아울러 고기의 알과 식물의 포자를 널리 퍼뜨려주는 유익한 작용도 하게 된다. 오늘 우리가 겪고 있는 이 참담한 고통과 위기는 내일의 탐스러운 꽃을 피워내는 전화위복의 계기가 될 것임을 믿자.
인간은 아무리 뛰어난 천재라고 할지라도 일평생 하늘로부터 부여받은 능력의 10퍼센트도 발휘하지 못한다고 한다. 우리 모두는 이 사회에 없어서는 안 될 훌륭한 인재가 될 수 있다. 아니 이 사회를 이끌어나갈 눈부신 리더가 될 수 있다. 모든 것은 나 자신이 어떻게 생각하느냐에 달려 있다. 인간이란 자기가 그리고 생각하는 대로 성장하고 발전하는 존재다. 지금의 어려움을 전화위복의 계기로 삼아 파란 희망으로 색칠할 수 있는 미래를 위해 투자하는 준비기간으로 삼는다면 우리의 내일은 결코 어둡지만은 않으리라.

자신감을 상실한 채 평생을 마음 졸이면서 의욕 없이 살아갈 것인가! 아니면 나 자신의 운명에 대한 당당한 주인이 되어 힘차게 전진할 것인가는 오로지 나에게 달려 있다.

이 책은 오늘 우리가 처한 어려운 현실에서 과연 어떻게 살아나가야 할 것인가에 대해 조그마한 도움이라도 되길 바라는 마음으로 쓴 글을 묶은 것이다. 역사는 과거와 현재의 대화이며 미래로 열린 창이다. 또한 역사는 되풀이되는 것이기도 하다. 이러한 관점에서 이 책은 역사와 고전에 대한 성찰을 통해 어려운 이 시대를 이겨나갈 수 있는 가르침의 길을 찾아 나서고자 한다.

이 글을 통해 독자 여러분은 때로는 고개를 끄덕이면서 마음의 위안을 얻을 수 있을 것이고, 때로는 무릎을 치면서 자신을 반성할 것이며, 때로는 입술을 지그시 깨물며 미래에 대한 희망을 다짐해 볼 수 있을 것이다.

아무쪼록 이 글이 인생의 험로를 고단하게 걸어갈 때 문득 눈앞에 나타난 맑고 시원한 한 모금의 물이 될 수 있다면 더할 나위 없는 보람이리라.

2013년 가을
소준섭

차례

여는 글   4

제 1 장   여유는 내 마음속에 있다

여유와 평정	13
산중의 적은 물리치기 쉽지만, 심중의 적은 물리치기 어렵다	16
천하의 근심에 앞서 근심하고, 천하의 즐거움은 뒤에 즐긴다	19
'천천', '느림'의 철학	21
연못이 깊어야 물고기가 생기고, 사람도 부유해야 인의가 생긴다	26
명예가 계속되면 화근이 된다	30
어려울 때 돕는 것이야말로 참다운 도움이다	33
교토삼굴, 영리한 토끼는 세 개의 굴을 마련한다	38
굳이 변명하지 않는다	42
너그럽고 간소하다	44
생선을 좋아하기 때문에 생선을 받지 않는다	46
임어당의 《생활의 발견》	48
진정한 총명이란 무엇인가	55
세속과 타협할 것인가, 아니면 고고한 삶을 살 것인가	57
삼 년 동안 홰를 치지 않는 새는 이로써 날개를 기르는 것이다	61
아름드리 느티나무가 있는 풍경	63
삶의 즐거움	68

제 2 장　　　　　　　　　　　　　　　　　역경에 답하다

어떻게 위기를 돌파할 것인가	75
오래 계속되는 평안을 믿지 말라, 그러나 최초의 곤란에 주저앉지 말라	77
왜 치욕을 견디는가	81
인간은 무엇으로 사는가	88
좋고 나쁨은 생각하기 나름이다	93
운명이란 삶을 완전히 뒤바꾸는 것이니	96
승부의 열쇠는 숫자의 많고 적음이 아니다	99
가난하면 부모조차 박대한다	102
안개 속을 걸으면 자기도 모르게 옷이 젖는다	104
원칙과 유연성	106
의심을 품고 일을 시작하면 성공하지 못한다	111
오늘의 실패가 내일의 실패로 직결되지는 않는다	113
활동하는 마음은 늘 즐겁다	115
망설이는 호랑이는 벌만도 못하다	122
삼십육계에서 배우는 전략과 전술	127
타협 사회의 토양 위에 발전이 있다	144

제3장 신하에게 굴복하고 천하에 이겨라

- 어떻게 보좌할 것인가 … 150
- 그가 있기 때문에 나는 쇠약해졌지만 천하는 살이 쪘다 … 152
- 창업은 쉽고 수성은 어렵다 … 156
- 충신보다 양신이 좋다 … 159
- 임금이 어질면 신하가 충성스럽다 … 161
- 안락할 때 위태로움을 생각하라 … 163
- 문제는 리더가 자세를 바로 하느냐다 … 165
- 남을 거울로 삼으면 나의 잘잘못을 알 수 있다 … 168
- 이성계와 정도전 … 169
- 주는 것이 받는 길이다 … 171
- 지혜로운 자는 법을 만들지만, 어리석은 자는 그것을 지킬 뿐이다 … 174
- 사냥개와 사냥개를 부린 사람 … 177
- 장막 안에서 계략을 꾸며 천리 밖의 승리를 얻다 … 181
- 제갈량의 출사표 … 184
- 작전은 내 가슴속에 있다 … 188
- 황제 한 사람의 감정에 의해 천하의 상벌이 좌우될 수는 없다 … 194
- 한 가지 이로움을 일으키는 것보다 한 가지 해로움을 없애는 것이 낫다 … 199
- 위정의 요령은 관유와 강맹의 조화로운 순환에 있다 … 203
- 지혜를 짜내는 것보다 지혜를 쓰는 방법이 어렵다 … 211
- 풍자로써 간하다 … 218
- 재상이 될 자격은 인사에 있다 … 220
- 신하에게 굴복하고 천하에 이겨라 … 222
- 나무는 먹줄을 쫓으면 곧아지고, 사람은 간언을 받아들이면 성스러워진다 … 226
- 반간계 … 228
- 나라의 가장 큰 보배는 위정자의 덕이다 … 232
- 과연 누구를 신임할 것인가 _변설의 귀재들, 소진과 장의 … 234
- 큰 적이야말로 내 편으로 끌어들여라 … 240
- 인재를 구하고자 한다면 먼저 나부터 기용하라 … 244
- 간신의 세상은 어떻게 만들어지는가 … 246

제 4 장　세상에 버릴 사람은 없다

나라의 존망은 인재에 있다	252
명군은 사람 얻는 것을 서두르고, 암군은 권세 키우는 것을 서두른다	254
인재란 누구인가	257
인재는 어떻게 만들어지는가	260
인재야말로 보물이다	262
산이 높으면 골도 깊다	267
덕을 중시할 것인가, 재를 중시할 것인가	269
어떻게 인재를 기용할 것인가	272
인재를 얻어 나라를 일으키다	282
인재를 모아 천하통일의 토대를 닦은 진나라 목공	285
그릇의 차이	288
권위를 활용하라	290
부하의 충성을 얻으려면	294
베풀면 반드시 보답이 있다	296
난세에는 용사가 필요하다, 그러나 수성에는 학자가 중요하다	299
말 위에서 천하를 얻었지만, 말 위에서 천하를 다스릴 수는 없다	303
태산은 한 줌의 흙도 버리지 않는다	305
유재시거, 재능이 있으면 기용한다	309
치국의 근본은 오직 인재를 얻는 데 있다	311
자리가 다르면 할 일도 다르다	314
이 세상에 쓸모없는 사람은 없다	317
몸을 굽혀 인재를 구하다	320
병법을 잘 안다고 해서 전쟁을 잘하는 것은 아니다	323
약속을 지키지 않는 자와는 함께 일을 도모할 수 없다	327
목숨을 건 세 글자, 海·大·魚	329
사나이는 자기를 알아주는 이를 위해 죽는다	331
충신은 두 임금을 섬기지 아니하며, 열녀는 남편을 바꾸지 않는다	335
재산만 밝히는 이유는	337
닫 는 글	340

여유는
내
마음속에
있다

제1장

여유란 만족으로부터 나온다. 우리가 겪는 대부분의 고통은 남과의 비교와 욕심에서 비롯된다.

어차피 나의 인생은 남이 대신 살아주는 것이 아니라 바로 내가 살아가는 것이다. 남의 시선을

의식하며 사는 것은 이미 온전한 나의 삶이 아니다.

여유餘裕와 평정平靜

일을 처리하는 데 있어서 미리 약간의 여유를 갖는 것을 '예豫'라 하고, 마지막 마무리에서 약간의 여유를 갖는 것을 '유裕'라 한다. 이렇듯 '예豫'와 '유裕'의 자세로 임한다면 천하에 두려움이 없을 것이다.

여유란 만족으로부터 나온다.
우리가 겪는 대부분의 고통은 남과의 비교와 욕심에서 비롯된다. 어차피 나의 인생은 남이 대신 살아주는 것이 아니라 바로 내가 살아가는 것이다. 남의 시선을 의식하며 사는 것은 이미 온전한 나의 삶이 아니다.
나보다 위를 쳐다보면 끝이 없다. 거꾸로 나보다 못한 사람이 얼마나 많은가? 교통사고를 당한 사람, 불행히도 건강을 잃은 사람…. 정말 다행스럽게도 나는 그들보다는 덜 불행하지 않은가? 독단과 어리석음의 차원이 아니라면 만족이란 삶에 있어 대단히 중요한 덕목이다.

평상을 그대로 지키는 것보다 행복한 것은 없다.
가득 찬 것보다 더 위험한 것은 없다.
모든 사물은 가득 차면 반드시 쇠퇴하게 된다.
술잔은 한 잔의 술을 담으면 가득 차고, 독은 여러 동이의 물을 넣으면 가득 찬다.
독을 가지고 있으면서도 마치 한 동이만을 가진 듯 조심하는 마음을 지닌다면 여유로운 즐거움을 누릴 수 있다.

—《신음어呻吟語》

여유는 자신감에서 비롯된다. 자기 자신에 대한 자신감은 여유를 만들어낸다. 만용이 아닌 자신감은 중요하다. 크게 긍정하고 크게 믿으면 큰일이 실현된다.

또한 여유는 낙관으로부터 비롯된다. 비관을 하면 끝이 없다. 예를 들어 어려운 일을 당했을 때 간혹 누군가는 죽음을 생각한다. 그러나 죽음보다는 그 어떤 어려움도 나은 상황이다. 역설적으로 그러한 죽음과 끝이 있기에 생명이 그토록 아름다운 것이다.

욕심이 많은 사람은 금을 주어도 옥을 얻지 못해 한탄하고, 공公으로 봉해도 제후가 되지 못함을 한탄하니, 권세와 부를 가지고도 거지와 같다.

족함을 아는 사람은 명아주명아줏과의 한해살이풀로 끓인 국을 고깃국보다 맛있게 여기고, 베옷도 가죽옷보다 따뜻하게 여기니 백성이라도 왕과 같다.

—《채근담》

여유란 넉넉한 마음을 그 그릇으로 한다.

앞을 다투어 가는 길은 좁지만, 뒤로 한 걸음 물러나면 저절로 한 걸음 넓어진다. 곧은 나무가 먼저 잘리고, 맛있는 우물이 먼저 마르는 법이다. 선두를 다투면 작은 길은 금세 좁아진다.

그러나 마음을 조금만 넉넉하게 써서 다른 사람에게 양보하면 그만큼 길은 넓어진다.

> 복숭아나무와 오얏자두나무는 스스로 자랑한 적이 없지만, 그 아래로 저절로 길이 생겨난다도리불언, 하자성혜桃李不言, 下自成蹊.

복숭아나무와 오얏나무는 열매가 맛있기 때문에 사람이 열매를 따 먹기 위해 많이 다니게 되어 그 주위에 저절로 길이 생긴다는 말로서, 훌륭한 것은 자랑하지 않아도 사람이 저절로 알아본다는 의미다.

사람의 마음은 본래 변하기 쉽고 길은 험악한 법이다. 지나가기 어려운 곳에서 다른 사람에게 길을 양보하는 방법을 생각해야 한다. 또한 집착은 상실을 불러온다. 집착은 갖고자 하는 것을 오히려 멀리 가게 만들 뿐이다. 여유와 평정으로 스스로의 마음을 다스릴 줄 알아야 비로소 바라는 것을 얻을 수 있다.

산중山中의 적은 물리치기 쉽지만,
심중心中의 적은 물리치기 어렵다

화복禍福에는 문이 없다. 다만 자기 자신이 불러오는 것이다.

산속에 숨은 도적을 물리치기는 쉽지만, 정작 어려운 것은 마음 속에 자리 잡은 도적이다 파산중적이, 파심중적난破山中賊易, 破心中賊難.

행복이란 구한다고 해서 구해지는 것이 아니다. 즐거운 마음을 키워 비로소 행복을 만드는 근본으로 삼을 뿐이다. 예로부터 자신의 마음을 다잡는 것이 가장 어렵다고 했다.
이를테면 김연아 선수에게 누가 가장 강력한 라이벌이냐고 질문을 던지면 대답은 '아사다 마오'가 아니라 나 자신이라는 답이 돌아온다. 결코 틀린 말이 아니다.

명나라 시대 여곤呂坤이 도탄에 빠진 백성의 생활과 부정부패로 지새우는 관리의 행태를 목도하면서 마치 신음을 토해내듯 고통스럽게 썼다는 《신음어》라는 책이 있다.

그는 이 책에서 "만물은 성性에서 생겨나고 정情으로 인해 죽는다. 지인至人은 무욕무정하고, 군자는 정을 잘 절제하며, 평범한 사람은 정을 절제하지 못하고, 소인은 정으로 방종한다."라고 말한다.

> 정靜이라는 한 글자를 하루 종일 멀리할 수 없으며, 한 시라도 멀어지면 곧 어지러워진다.
> 대문이 매일 수없이 열고 닫혀도 그 문지도리는 가만히 움직이지 않는다.
> 미인과 추녀가 종일토록 왕래하지만 그 거울은 가만히 움직이지 않는다.
> 사람이 하루 종일 대접을 받지만 그 마음은 언제나 움직이지 않는다.
> 오로지 정靜할 수 있으므로 능히 움직임을 지배할 수 있다.
> 함께 따라 움직이게 되면 곧 하는 일마다 어지러워진다.
> ─《신음어》

천지만물의 이치는 '정靜'으로부터 시작해 '정'으로 돌아간다. 인간의 마음도 마찬가지로 '정'으로부터 나와 '정'으로 돌아간다. 이와 같이 '정'이란 모든 이치가 모여드는 풀무쇠를 녹일 때나 부엌에서 불을 지필 때 바람을 일으키는 도구를 말한다. 풀무는 비어있는 상자에서 한없이 바람을 창조하기 때문에 모든 이치가 모여드는 것으로 비유되기도 하였다처럼 변화를 지배하는 중심이다.

평정이란 단지 입을 닫고 침묵하는 것을 뜻하는 것이 아니다. 마음이 들뜨지 않고 태도에 여유가 있는 것, 이것이 바로 진정한 평정이다.

날마다 바쁘게 움직여도 평정이 흔들리지 않으며, 가난하고 고될 때에도 마음이 풍족하고, 역경에 처했을 때에도 마음은 넓고 고요하다. 마음에 중심이 있기 때문이다.

열흘 붉은 꽃이 없고, 권력이 아무리 강한들 십 년을 가지 못하며, 절세가인의 미색도 십 년을 넘지 못한다 화무십일홍, 권불십년, 색불십년花無十日紅. 權不十年. 色不十年.

조급하면 실패한다 욕속부달欲速不達.

한 사람의 성공 여부는 그 사람이 어떻게 마음의 평정을 유지하면서 한 걸음 한 걸음 차근차근 과정을 밟아 노력하느냐에 달려 있다.

여유는 내 마음속에 있다.

천하의 근심에 앞서 근심하고,
천하의 즐거움은 뒤에 즐긴다

북송 시대의 명신 범중엄范仲淹은 "천하의 근심에 앞서 근심하고, 천하의 즐거움은 뒤에 즐긴다."라고 말했다.

> 군자는 의義에 즐거워하고, 소인은 이利에 즐거워한다군자유우의, 소인유우이君子喩迂義, 小人喩迂利.
> —《논어論語 리인里仁》

'공公'이라는 한자는 '八'과 '厶'가 합쳐진 글자로서 '八'은 "서로 등을 돌리다, 서로 배치되다."라는 뜻이고, '厶'는 '사私'의 본자本字다.
《한비자韓非子》에 "스스로 경영하는 것을 '厶'라 하고, '厶'와 배치되는 것을 '公'이라 한다."라고 풀이한다. 그리하여 '공公'은 "사私와 서로 등을 돌리다, 배치되다", "공정무사公正無私하다."라는 뜻이다. 한편 '사私'란 '禾'와 '厶'가 합쳐진 글자로서 '화禾'는 '벼'나 '농작물'을 의미하는데, 개인의 수확물이나 소유물을 의미한다. 이처럼 '공公'과 '사私'는 항상 대립되는 의미로서 사용되어 왔는데, 이는 한자어에서도 나타난다. '병공집법秉公執法'은 "공정하게 법을 집행하다."라는 뜻인데, 반대어는 '순사왕법徇私枉法'으로 "사사로운 정에 이끌려 법을 왜곡하다."라는 의미다.

정말이지 예전에 비해 인간의 평균 수명이 이삼십 년은 더 늘어났다. 한 세대쯤을 더 살게 된 셈이다. 그만큼 여유를 가지고 천천히 생각해도 된다. 조기 정년퇴직이 늘어나지만, 그렇다고 하여 '내 인생도 이제 끝이 났구나!' 하고 한탄할 필요가 전혀 없다.

오십 세, 육십 세, 아니 칠십 세에도 충분히 다시 새롭게 출발할 수 있다. 지금의 오십 대는 옛날 삼십 대가 가졌던 힘과 능력을 훌륭히 발휘해 낼 수 있다. 그러므로 취미활동을 비롯해 여러 분야에 두루 관심을 가지고 열심히 생각하고 활동해야 할 터이다. 특히 자신의 개인 문제만이 아니라 '공公'과 '공익公益'을 위한 활동을 열심히 한다면 그 즐거움과 보람은 훨씬 크고 의미 있는 삶으로 발전할 수 있다.

이러한 공익을 위한 삶이 많아질 때 비로소 오늘날과 같은 살벌하고도 각박한 약육강식의 정글 같은 사회도 차츰 온화하게 변해갈 수 있으며, 서로 신뢰할 수 있는 이웃 공동체를 만들어 나갈 수 있을 것이다.

그렇게 될 때 사회 공동체를 이루는 모든 구성원의 행복지수도 한층 높아질 수 있다.

'천천', '느림'의 철학

외국인에게 한국인의 성격을 한마디로 특징지어 달라고 주문하면, 열에 아홉은 '빨리 빨리'라는 대답을 듣게 된다.

'빨리 빨리'의 반대어 '천천히'는 '천천川川'이라는 한자어로부터 비롯되었다고 추정된다. '천천'이란 유유히 흘러가는 냇가의 물처럼 느긋한 모습을 나타낸다. 냇가의 흘러가는 물은 여유롭고 유유히 굽이굽이 흘러 내려간다. 앞뒤를 다투는 일 없이 차례차례 함께 더불어 흐르고, 그러면서도 결코 쉬지 않는다.

한나라의 대표적인 학자 양웅揚雄의《태현경太玄經·난難》에는 "대차천천, 상해우산, 하촉우천大車川川, 上軯迂山, 下觸迂川"이라는 문구가 있다. 커다란 마차는 천천川川하여, 위로는 산에 거리끼고, 아래로는 내에 닿는다는 뜻이다. 이처럼 '천천'이라는 말은 '무겁고 느릿느릿한 모습'을 의미한다.

하지만 냇물이 흘러가는 모습으로부터 비롯된 '천천히'라는 말은 단순히 '서서히', '느릿느릿'의 의미만을 가진 것은 아니다. 때로는 계곡을 우당탕퉁탕 격하게 부딪치는 격류로 흐르기도 하고, 때로는 구불구불 흐르다가 거꾸로 역류하기도 한다. 그리하여 냇물은 대부분의 시간을 유장히 '천천히' 흘러가지만 동시에 언제든지 격동과 파격과 역류로 바뀔 수 있다.

창덕궁의 정원을 살펴보면 우리 선인이 자연과의 조화를 얼마나 중시했는지를 알 수 있다. 이러한 유형의 궁전 정원은 우리나라 외에 따로 존재하지 않는다. 조선 왕릉 또한 자연과의 조화를 가장 큰 원칙으로 삼았다. 소박하면서도 단아해 극도의 절제미와 예술성 높은 경지를 느낄 수 있는 고려청자나 조선백자에서도 인위와 작위作爲의 흔적을 찾아보기 어렵다. 또한 우리나라의 어느 산을 살펴봐도 주위 자연과 너무도 절묘하게 어울려 자리 잡고 있는 산사山寺의 자태에는 절로 감탄이 나온다.

사실 우리 민족문화의 전통은 자연과의 조화를 추구하는 것이었다. 하지만 이러한 전통은 일본 식민지 시대와 성장 만능의 개발 시대를 거치면서 철저히 붕괴되었다.

이제 인위와 작위의 그늘을 걷어내고 자연과의 조화를 복원해야 한다. 우리는 자동차와 스마트폰으로 상징되는 속도와 개발 위주의 사고방식에 묻혀 아파트와 콘크리트로 뒤덮인 개발과 탐욕의 도시에 살고 있다. 도시 전역을 뒤덮은 아스팔트는 흙을 차단시켜 환경을 무너뜨리고, 결국 도시와 그 안에 사는 인간을 병들게 한다. 이제부터라도 자연과의 이러한 차단과 단절로부터 벗어나야 하며, 과연 인간의 삶이란 무엇인가에 대해 근본적인 성찰을 해야만 할 때다.

우리는 겨울을 이겨내고 봄의 생명을 틔우는 느티나무의 파란 여린 움에서도, 플라타너스 가로수의 살랑거리는 나뭇잎 하나에도, 라일락 향기의 그 은은함에서도, 꾀꼬리의 경쾌한 울음소리에도, 무더위를 식혀주는 한 줄기 상쾌한 바람에도 우리를 괴롭히는 수많은 번뇌를 한순간에 떨쳐버릴 수 있으며, 생명의 환희와 삶의 기쁨을 맛볼 수 있다.

이화梨花에 월백月白하고 은한銀漢이 삼경三更인제
일지춘심一枝春心을 자규子規야 알랴마는
다정多情도 병인 양하여 잠 못 들어 하노라.

고려 말의 문인이자 학자였던 이조년李兆年의 다정가多情歌란 작품이다. '하얗게 핀 배꽃에 달이 환하게 비치고 은하수가 삼경밤 11시~새벽 1시을 알리는 때에 / 한 가지에 어려 있는 봄날의 마음을 소쩍새가 알고서 우는 것은 아니겠지만 / 정이 많은 것도 병인 듯하여 잠을 들지 못하는구나.'라는 의미다.
교교한 달빛에 젖어 꿈결같이 아련한 가슴 저림이 저절로 풍겨진다.

나뷔야 청산青山 가쟈 범나뷔 너도 가쟈.
가다가 져무러든 곳듸 드러 자고 가쟈.
곳에서 푸대접하거든 닙헤서나 자고 가쟈

조선시대 후기 작자 미상의 작품이다. 비록 나의 삶이 고단하고 때로는 힘에 부치기도 하지만, 이에 굴하지 않고 나만의 세상을 즐기며 살겠다는 자세가 약여躍如, 눈앞에 생생하게 나타나는 모양하다.

　상대를 이기는 것이 반드시 진정한 용기는 아니다. 이길 수 있으면서 짐짓 지는 것도 또 다른 용기다. 상대방이 자랑으로 여기는 것을 아름답게 꾸며 주고, 부끄러워하는 일은 감춰줄 줄 알아야 한다. 더구나 인간이란 약점과 한계가 너무나 많은 가련한 존재일 수밖에 없다. 모든 인간에게 연민의 정을 느끼며 살아가야 한다. 그래서 인간에 대해 측은지심惻隱之心을 가지라고 했던 것이다. 측은지심을 가지면 인생을 보는 눈과 마음이 저절로 넓어진다.

　오늘이 내 인생에서 가장 젊고 아름다운 최고의 날임을 기억하라.
　흔히 "내가 5년만 젊었어도…"라며 자신의 나이를 한탄하곤 한다. 그러나 오늘이 바로 '아름다운 그날'이라는 사실을 왜 모르는가! 5년 후에 다시 오늘의 나를 생각해보라. 그날이 되면 오늘의 내가 또 얼마나 아쉽고 그리울 것인가.
　바로 오늘이야말로 나의 인생에서 가장 젊고 아름다운 최고의 날이다.

　　가난은 수치스러운 것이 아니다.
　　정작 수치스러운 것은 가난하면서도 아무런 뜻도 없는 것이다.
　　빈부족수, 가수시빈이무지貧不足羞, 可羞是貧而無志.

　　비천하다고 하여 멀리할 필요는 없다.
　　정작 멀리해야 할 것은 비천하면서 무능한 것이다.

천부족악, 가악시천이무능賤不足惡, 可惡是賤而無能.

늙었다고 탄식할 필요는 없다.
정작 탄식해야 할 것은 늙어서도 헛되이 살아가는 것이다.
노부족탄, 가탄시노이허생老不足嘆, 可嘆是老而虛生.

죽었다고 하여 슬퍼할 필요는 없다.
정작 슬퍼해야 할 것은 죽은 뒤에 그냥 잊혀지는 것이다.
잔부족비, 가비시사이무문殘不足悲, 可悲是死而無聞.

—《신음어》

  굼벵이는 세상에서 가장 더러운 곳에 살지만 그 더러움을 깨끗한 것으로 정화시킨 후 매미가 된다. 땅 밖 세상으로 나와 매미로 사는 삶은 고작 2, 3주에 지나지 않는다. 그 순간을 위해 더러운 곳에서 3년 이상, 길게는 17년 동안이나 굼벵이로 산다. 그러므로 우리가 매미를 보는 것은 그것의 일부 찰나만을 보는 것이다.
  연꽃 역시 더러운 흙탕물에서 자라지만 마침내 화려하면서도 오묘한 꽃봉오리를 피워낸다. 우리는 연꽃의 화려함과 매미의 울음소리만을 보고 듣지만 정작 더러움 속에 묻혀서도 꿋꿋하게 살았던 그 기나긴 삶은 알지 못한다.

연못이 깊어야 물고기가 생기고, 사람도 부유해야 인의仁義가 생긴다

춘추시대 제나라의 재상이었던 관중管仲은 "곡식 창고가 충실해야 사람은 비로소 예절을 알고, 의식이 풍족해야 사람은 비로소 영욕榮辱, 영예와 치욕을 아울러 이르는 말을 안다창름실이지예절, 의식족이지영욕倉廩實而知禮節, 衣食足而知榮辱."라고 말했다.

예절이란 재물이 풍요로울 때 생기는 것으로 그 재물이 없어지면 예절 또한 희미해지게 된다. 따라서 군자가 부유하면 그 재산으로써 은덕을 널리 베푼다. 반면 소인이 부유하면 편안하게 걱정 없이 살면서 두 번 다시 고생스럽게 노동하지 않는다.

연못이 깊어야 물고기가 생기고 산이 깊어야 짐승이 모이듯이, 사람도 부유할 때 비로소 인의가 생긴다. 부자가 권세를 얻으면 명성이 더욱 빛나고, 권세를 잃으면 손님이 찾아오지 않는다.

속담에 "천금千金을 가진 부자의 아들은 법을 어기더라도 시장거리에서 처형되지 않는다천금지자 불사어시千金之子 不死於市."라고 했는데 이는 헛된 말이 아니다. 그래서 "천하 사람이 즐겁게 오고 가는 것은 모두 이익 때문이며, 천하 사람이 어지럽게 오고 가는 것도 모두 이익 때문이다천하희희 개위이래, 천하양양 개위이왕天下熙熙 皆爲利來, 天下壤壤 皆爲利往."라고 하는 것이다. 무릇 천승千乘을 가진 왕, 만 호의 봉호封戶를 가진 제후, 봉호 백실百室의 대부大夫도 오히려 가난함을 걱정하는데, 하물며 필부와 같은 평범한 백성이야 어떻겠는가!

조나라와 정나라의 여자는 정성스럽게 화장하고 거문고를 타며 긴 소매를 휘날리고 눈짓으로 사람을 유혹한다. 천 리도 멀다 않고 달려가는 수고를 아끼지 않으면서, 손님을 맞이함에 노소老少를 가리지 않는 것은 모두 부를 추구하는 데에서 비롯된다. 풍류공자가 모자와 칼로 장식하고 수레와 말로 무리를 이루어 과시하는 것 또한 자신의 부귀한 용모를 꾸미기 위해서다.

새를 사냥하고 물고기를 잡으며, 새벽이든 컴컴한 밤이든 서리와 눈을 피하지 않고 깊은 산골짜기로 말을 달려 맹수의 위험도 개의치 않으니, 이는 맛있는 사냥감을 얻기 위함에서다. 도박장에서 다투어 즐거워하고 닭싸움과 개 경주를 하면서 얼굴색을 바꾸고 싸우며 재주를 뽐내고 반드시 승리를 쟁취하려는 것은 돈 잃는 것을 두려워함에서다. 의술과 방술로써 먹고 사는 사람이 모든 힘을 다해 자기 재능을 발휘하는 것은 많은 보수를 얻고자 함에서다. 관청의 이사吏士가 법률 조문을 농락해 마음대로 도장을 깎고 문서를 위조하면서 극형마저 감수하는 것은 뇌물을 받기 위함에서다. 농업, 공업, 상업, 목축에 종사하는 사람은 원래부터 재물을 추구해 재화를 불리는 것이 목적이다. 자신의 모든 지략을 짜내어 최대한 재물을 쟁탈하는 것이다.

하지만 집안이 빈곤하고, 부모가 늙었으며, 처자가 약하고 어리며, 매년 제사를 지내면서 제사 음식도 장만하지 못하고, 음식과 의복도 자급하지 못하면서 아직 부끄러운 줄 모른다면 그것은 진실로 비유조차 할 수 없다. 만약 어떤 사람이 세상을 등지고 숨어 사는 선비의 청고淸高, 맑고 고결함한 품행도 없으면서 시종 가난하고 비천하며 그러면서도 고담준론高談峻論, 뜻이 높고 바르며 엄숙하고 날카로운 말을 논하기를 좋아하고 무슨 인의와 도덕을 말하는 것은 진실로 수치스럽고 부끄러운 일이다.

《사기》의 저자 사마천은 인간에게 있어 경제와 재산이 갖는 현실의 의미를 정확히 꿰뚫어 기술한다. 그의 고단했던, 그러나 불철주야 정진했던 성실한 삶에서 우러나오는 절절한 묘사에 가슴이 아파올 정도다.

급암과 정당시와 같은 현덕賢德한 사람도 득세했을 때 빈객이 대문에 가득 차고 세력을 잃었을 때 빈객은 모두 사라졌다. 그러니 보통사람이야 어떻겠는가?

한나라 때 하규下邽 사람인 적공翟公이 이런 말을 한 적이 있다.

"처음 정위廷尉가 되었을 무렵 빈객이 집의 대문에 가득 찼었다. 그러나 관직에서 물러나자 빈객이 없어져서 대문에 그물을 치고 참새를 잡을 정도문가라작문門可羅雀, 문 앞에 참새를 잡을 그물을 칠 수 있을 정도로 방문객이 없다는 의미로 방문객의 왕래가 없었다. 그러나 다시 정위가 되자 빈객이 또 방문할 것이라 생각했다. 그래서 대문에 이렇게 크게 적어서 붙여두었다. '한 번 죽고 한 번 살아 사귀는 정의 진실한 여부를 알게 되고, 한 번 가난하고 한 번 부자가 되어 사귀는 태도를 알았으며, 한 번 귀해졌다가 한 번 천해져서 사귀는 정의 진실함을 알게 되었다.' 급암과 정당시 역시 이러한 말로써 설명할 수 있으니, 진실로 슬픈 일이도다!"

명예가 계속되면
화근이 된다

현명하게 처신한 인물로 장량張良과 함께 칭송되는 사람이 바로 범여范蠡다. 월나라 구천이 22년 만에 마침내 와신상담臥薪嘗膽의 숙적 오나라를 멸망시킨 데에는 범여의 도움이 가장 컸다.

오나라를 격파한 뒤, 구천은 범여에게 상장군上將軍이라는 최고의 벼슬을 내렸다. 그러나 범여는 벼슬을 사양했다.

'이미 목적을 달성한 군주 곁에 오래 있는 것은 위험하다. 구천은 고생을 함께 나눌 수는 있어도 편안함을 함께 나누지는 못할 인물이다.'

이렇게 생각한 범여는 구천에게 편지를 올렸다.

'군주께서 괴로워하실 때 몸이 부서지도록 일해야 하며 군주께서 모욕을 당하실 때는 생명을 내던져야 하는 것이 신하의 도리입니다. 회계산중국 저장 성의 사오싱 현에 있는 산에서 대왕께서 치욕을 당하시는 것을 보면서도 생명을 이어온 것은 오직 오나라에 복수하기 위해서였습니다. 그것이 이뤄진 지금, 마땅히 그 죄를 받겠습니다.'

그 편지를 받고 깜짝 놀란 구천은 사자를 보내 범여에게 말했다.

"무슨 말을 하는가? 나는 나라를 둘로 나누어 그대와 둘이서 다스리려 하는데, 내 말을 듣지 않으면 그대를 죽여서라도 듣게 하겠다."

하지만 범여는 간단한 가재도구와 보석을 배에 싣고 떠났다. 구천은 회계산 일대에 표지판을 세우고 범여의 땅으로 선포했다. 범여는 제나라로 간 후 대부 종에게 편지를 썼다.

'하늘을 나는 새가 없어지면 활을 없애고, 토끼가 죽으면 사냥개를 참혹하게 죽인다고 합니다. 구천은 목이 길며 입이 검습니다. 좋지 못한 관상인 것입니다. 이런 사람은 고생은 같이 해도 기쁨은 함께 할 수는 없습니다. 대부께서는 왜 물러나지 않으십니까?'

대부 종이 그 편지를 읽고는 마음을 정하지 못하고 머뭇거리다가 병을 핑계로 조정에 나가지 않았다. 어느 날 대부 종이 반란을 꾀한다는 고발이 들어왔다.

구천은 대부 종에게 칼을 하사하고 이렇게 말했다.

"귀공은 과인에게 오나라를 토벌하는 일곱 가지 비결이 있다고 했는데, 과인이 그중 세 가지를 사용해 오나라를 멸망시켰다. 나머지 네 가지는 그대가 가지고 있는데, 돌아가신 선왕先王을 모시며 시험해보는 것이 어떤가?"

대부 종은 결국 그 칼로 목숨을 끊어야 했다.

"솟아오른 용은 후회하게 된다항룡유회亢龍有悔."라는 말이 있다.

극도의 번성에는 언제나 쇠락과 죽음이 깃들어 있다.

한편 제나라로 간 범여는 해변에서 자식과 함께 땀 흘리며 밭을 갈아 재산을 모았다. 얼마 지나지 않아 그는 큰 부자가 되었다. 그러자 제나라에서 재상으로 와달라고 간청했다. 범여는 탄식했다.

"들판에서 천금의 재산을 모으고 관가에서 재상의 벼슬에 오르니 그 이상의 명예가 없다. 그러나 명예가 계속되면 오히려 화근이 된다."

범여는 제나라의 요청을 사양하고 재산을 마을 사람들에게 나눠준 다음, 특히 값나가는 보석만을 지니고 몰래 제나라를 떠나 도陶나라로 갔다. 그는 도나라에 이르러 스스로 도주공陶朱公이라 칭하고 아들과 함께 농경과 목축에 힘썼으며, 물가의 변동에 따라 시세 차이가 나는 물건을 취급하면서 1할의 이익을 가지니 얼마 안 가서 수만금의 거부가 될 수 있었다.

범여는 19년 동안 세 차례에 걸쳐 천금千金의 재산을 모았는데, 두 차례에 걸쳐 가난한 친구와 멀리 사는 친척에게 나누어 주었다. 그러다가 나이가 들고 힘이 떨어지자 자손에게 경영을 맡겼다. 자손은 그의 사업을 계승해 계속 재산을 늘렸고, 그들의 가산은 무려 억 금도 넘었다. 따라서 후세 사람이 부자를 말할 때마다 모두 도주공을 언급했다. 사마천도 그를 '그 재산으로써 은덕을 널리 베푸는 군자'라고 높이 칭송했다.

어려울 때 돕는 것이야말로
참다운 도움이다

 전국시대 제나라 왕은 포악한 정치를 자행해 형제까지도 겁에 질려 이웃 나라로 망명하게 만들었다. 왕의 손아래 동생 규糾는 어머니의 고향인 노나라로 갔는데, 관중管仲과 소홀召忽 두 사람이 따라갔다. 그 다음 동생인 소백小白은 거莒나라로 망명해 포숙이 따라갔다.
 얼마 후 제나라 왕은 암살되고 말았다. 왕이 죽자 후계자 옹립을 둘러싸고 외국으로 망명해 있던 소백파와 규파가 서로 쟁탈전을 벌이게 되었다. 소백은 어려서부터 대부 고혜高傒를 좋아했는데, 사람들이 임금 세우는 일을 의논하자 고혜와 국의중國懿仲은 먼저 거나라에 있는 소백을 몰래 불러들였다. 반면에 노나라는 무지가 죽었다는 사실을 알고 역시 군사를 붙여 공자 규를 제나라로 보내면서 한편으로는 관중에게 군대를 주어 거나라에서 돌아오는 소백파의 통로를 봉쇄하도록 했다.
 관중은 군대를 이끌고 매복해 소백 일행이 오는 길목을 지키고 있었다. 한나절을 기다리니 마침내 소백 일행이 급히 말을 달려왔다. 관중은 소백을 향해 활을 쏘았다. 활은 그대로 명중해 소백은 말에서 굴러 떨어졌고, 관중은 곧 노나라로 사자를 보내 소백을 죽였다고 보고했다. 이에 규 일행은 마음 놓고 속도를 늦춰 6일이나 걸려서 비로소 제나라에 도착했다. 그러나 죽은 줄 알았던 소백이 이미 제나라에 먼저 들어와 고혜가 그를 왕으로 옹립하니, 그가 바로 환공桓公이다.

소백은 관중의 화살을 맞았지만 다행히도 허리띠의 쇠 장식이 있는 곳에 맞았기 때문에 살아날 수 있었다. 그리고 죽은 척하면서 온차溫車, 고대 시대의 누워서 갈 수 있는 마차를 타고 빠른 속도로 제나라로 돌아왔다. 다행히 고씨와 국씨의 내응이 있었기 때문에 먼저 제나라에 들어와 즉위할 수 있었다.

그 해 가을 제나라는 노나라와 전쟁을 벌였다. 여기서 노나라가 패해 후퇴하려 하자 제나라는 퇴로를 차단해 노나라 군대를 완전히 포위해 버렸다. 환공은 노나라 왕에게 편지를 보냈다.

"규는 나의 형제이므로 차마 내 손으로 죽일 수 없다. 노나라가 그를 죽이기 바란다. 또한 관중과 소홀 두 사람은 나의 원수다. 그들을 살려 보내서 젓갈을 담아야만 비로소 마음이 풀리겠다. 만약 그렇게 하지 않으면 우리는 노나라를 공격할 것이다."

노나라는 크게 두려워해 규를 죽였고, 또한 관중과 소홀을 제나라로 보냈다. 그러나 소홀은 제나라로 가는 도중 스스로 목숨을 끊었으며, 관중은 스스로 제나라에 가겠다고 청했다.

한편 노나라의 시백이라는 대신은 환공의 편지를 받고 왕에게 말했다.

"관중이 뛰어난 인물이라는 것은 모두가 아는 사실입니다. 따라서 제 생각에는 제나라에서는 관중을 죽이려는 것이 아니라 그를 중용하려는 것이 아닐까 매우 염려되는 바입니다. 만약 그렇게 되면 우리나라에는 큰 걱정거리가 생기게 될 것입니다. 그러니 지금 관중을 죽여서 시체로 보내는 것이 상책입니다."

그러나 노나라 왕은 그 말을 듣지 않았다.

환공이 즉위하자마자 바로 노나라를 공격한 목적은 반드시 관중을 죽이려는 데 있었다. 이때 포숙이 환공에게 말했다.

"저는 다행히도 폐하를 모실 수 있었고, 또한 폐하께서는 이미 제나라의 군주가 되셨습니다. 그러나 저는 더 이상 폐하의 지위를 높여 드릴 수 없습니다. 만약 폐하께서 제나라만 다스릴 작정이시라면 재상 고혜와 저 두 사람만으로도 충분할 것입니다. 그러나 천하를 다스릴 패자覇者, 춘추시대 제후의 우두머리를 패자라 칭하였다가 되려는 원대한 포부를 가지고 계신다면 관중이 반드시 필요합니다. 관중이 있는 나라가 중요한 나라가 될 것입니다. 그를 잃지 마옵소서."

포숙의 간절하고도 충성스러운 간청에 환공도 비로소 마음을 바꾸게 되었다. 환공은 그러면서 관중을 잡아와야만 비로소 마음이 풀리겠다고 했지만, 실제로는 그를 중용하려 했다. 관중은 이러한 사실을 알고 가겠다고 청한 것이다.

포숙이 관중을 맞으러 나왔다. 제나라 도읍 근처까지 오자 포숙은 관중의 손과 발을 채운 쇠사슬을 풀어주고, 목욕을 시키고, 옷을 갈아입힌 뒤 환공을 만나게 했다. 환공은 그를 후하게 대접하고 대부大父의 벼슬을 주어 정사를 맡겼다.

관포지교 管鮑之交

　원래 관중과 포숙은 친구였는데, 포숙은 관중을 현자로 생각했다. 관중은 가난해 포숙의 도움을 받았으나 포숙은 변함없이 그를 잘 대해 주었으며 전혀 원망의 말을 하지 않았다.
　관중은 이렇게 말했다.
　"예전에 내가 가난했을 때 포숙과 함께 장사를 한 적이 있는데, 이익을 나눌 때마다 내가 몫을 더 많이 가졌지만 포숙은 나를 욕심 많다고 비난하지 않았다. 내가 가난한 것을 알고 있었기 때문이다. 또 언젠가는 내가 포숙을 위해 일을 봐줬는데 오히려 그에게 손해를 끼치게 되었다. 그러나 그는 결코 내가 어리석다고 여기지 않았다. 왜냐하면 그것이 시기의 유리함과 불리함에 의해 결정된다는 것을 알았기 때문이다. 나는 세 번 벼슬을 했다가 세 번 모두 군주에게 쫓겨나는 신세가 되었지만 포숙은 나를 무능하다고 하지 않았다. 내가 시운을 만나지 못한 것을 알기 때문이다. 그리고 내가 세 번을 싸워 세 번 모두 패해 달아났지만 포숙은 나를 겁쟁이라고 말하지 않았다. 나에게 늙으신 어머니가 계시다는 것을 알기 때문이다. 공자 규가 패했을 때 소홀이 그를 위해 죽고 나는 잡히어 굴욕을 당했지만 포숙은 나를 부끄러움도 모르는 자라고 생각하지 않았다. 내가 작은 일에 구애되지 않고 천하에 공명을 떨치지 못하는 것을 치욕으로 아는 사람임을 알기 때문이다. 나를 낳아준 사람은 부모지만 나를 알아주는 이는 포숙이다."
　이로부터 '생아자부모, 지아자포숙야生我者父母, 知我者鮑叔也'라는 유명한 구절이 비롯되었다.

포숙은 관중을 천거한 후 자신은 관중보다 낮은 벼슬을 했다. 천하의 사람들은 관중의 현능함은 칭찬하지 않고 오히려 포숙의 사람 보는 눈을 칭찬했다. 관중이 절박한 곤경에 처했을 때 자기에 앞서 돕고자 했던 포숙이야말로 진정한 친구라 할 것이다.

은혜를 베풀 때 처음에는 적게 베풀고 나중에 많이 베풀어라. 먼저 많이 베풀고 나중에 적게 베풀면 사람이 은혜를 잊게 된다. 위엄을 보여야 할 때는 처음에는 엄하게 하고 나중에는 너그럽게 하라. 먼저 너그럽게 하고 나중에 엄하게 하면 사람이 가혹하다며 원망하게 된다.

교토삼굴狡兎三窟,
영리한 토끼는
세 개의 굴을 마련한다

전국시대 제나라 왕은 진나라와 초나라의 맹상군孟嘗君에 대한 비방 계략에 빠져 맹상군의 명성이 자신보다도 높고 권력도 맹상군이 모두 농단壟斷, 이익을 혼자서 독차지함한다고 생각했다. 그리하여 맹상군의 재상 직위와 봉읍을 모두 회수했다. 맹상군이 재상 자리에서 물러나는 모습을 보고 모든 식객들이 그를 배반하고 떠나갔다. 이때 식객 풍환이 말했다.

"저에게 진나라로 타고 갈 수 있는 수레 한 대만 주십시오. 반드시 귀공을 제나라에서 다시 중용되도록 만들고, 영지도 더욱 넓혀 드리겠습니다. 가능하겠습니까?"

그러자 맹상군은 곧 수레와 예물을 마련해 그를 진나라로 보냈다.

풍환이 진나라로 가서 왕을 만나 설득했다.

"지금까지 진나라에 들어오는 천하의 유세객有勢客은 진나라 편에 서는 자와 제나라 편에 서는 자로 나뉘어 있었습니다. 지금 진나라와 제나라는 천하를 양분하는 두 강국으로서 결코 함께 존립할 수 없습니다."

그러자 진나라 왕이 좌불안석으로 허리를 꼿꼿이 세우면서 물었다.

"그러면 진나라가 이기기 위해서는 어떻게 해야 하겠소?"

풍환이 반문했다.

"제나라에서 맹상군이 파면된 사실을 알고 계십니까?"

"알고 있소."

진나라 왕이 대답하자 풍환이 말했다.

"사실 제나라가 천하에 강국으로 나서게 된 이유는 바로 맹상군이 있었기 때문입니다. 그런 그가 지금 중상모략을 당해 물러나게 되었습니다. 그는 마음속으로 원한이 뼈에 사무쳐 반드시 제나라를 배반할 것입니다. 만약 그가 제나라를 버리고 진나라에 오면 제나라의 내정과 인사人事 사정 등을 모두 진나라에 말할 것이며, 이렇게 하여 대왕께서는 제나라를 손쉽게 취할 수 있으니, 이 어찌 패권에 그칠 일이겠습니까? 대왕께서는 지체 없이 사자에게 예물을 보내 조용히 맹상군을 모셔오는 것이 좋습니다. 기회를 놓쳐서는 안 됩니다. 만약 제나라 왕이 후회하고 다시 맹상군을 중용한다면 천하 패권의 향방은 또다시 예측할 수 없게 됩니다."

진나라 왕은 크게 기뻐하며 즉시 수레 열 대와 많은 황금을 내주어 맹상군을 불러오기로 했다. 풍환은 왕에게 하직하고 진나라의 사자보다 먼저 제나라에 도착해 제나라 왕을 설득했다.

"지금까지 진나라에 들어오는 천하의 유세객은 진나라 편에 서는 자와 제나라 편에 서는 자로 갈려 있었습니다. 지금 진나라와 제나라는 천하를 양분하는 두 강국으로서 결코 함께 존립할 수 없습니다.

신이 듣기에 지금 진나라의 사자가 수레 열 대에 많은 황금을 싣고 맹상군을 모시러 온다고 합니다. 맹상군이 서쪽으로 가지 않는다면 문제가 없지만, 만약 진나라의 재상이 된다면 진나라는 천하 패권을 잡는 반면 제나라는 그 밑에 들어가는 형편이 되어 임치臨淄, 산동 성 광라오 현 남부에 있던 고대 도시와 즉묵卽墨, 중국 산동 성 동부에 있는 도시이 위험하게 됩니다. 대왕께서는 어찌하여 진나라의 사자가 당도하기 전에 당장 맹상군을 복직시키고 더 많은 봉읍을 내려 유감의 뜻을 보이지 않습니까? 맹상군은 반드시 기쁘게 받아들일 것입니다. 진나라가 아무리 강국이라고 하지만 어찌 남의 나라 재상에게 수레를 보내 초빙할 수 있겠습니까? 그렇게 하여 진나라의 계획을 미리 꺾고 천하를 제압하려는 야망을 좌절시켜야 합니다."

제나라 왕은 곧 사람을 국경으로 보내 살펴보니 과연 진나라의 사자가 국경을 넘어오고 있었다. 이 사실이 왕에게 보고되자 왕은 즉시 맹상군을 불러 재상의 자리에 복직시키고 예전의 봉읍 외에 일천 호를 더 보태주었다. 한편 진나라의 사자는 맹상군이 다시 제나라 재상이 되었다는 소식을 듣자 수레를 되돌려 돌아갔다.

풍환이 맹상군에게 말했다.

"이것이 곧 교토삼굴狡兎三窟입니다. 영리한 토끼는 굴을 세 개나 가지고 있다는 뜻이지요. 공자께서는 여태 재물만 가졌기 때문에 굴이 하나뿐이었는데 이제 설薛, 중국 산동 성 텅현 동남부 지역 지방의 땅도 생겼으며, 또한 진나라의 재상 자리도 마련해 놓은 셈으로 앞으로는 어려움이 닥치더라도 굴이 두 개나 더 생긴 것입니다."

이처럼 현명한 사람은 여러 모로 준비가 충분해야 한다. 평범한 사람은 눈앞에 아무 일이 없으면 방심한다. 그러나 현명한 사람은 언제나 예상 밖의 사태에 대비해 준비를 게을리하지 않는다.

굳이 변명하지 않는다

한나라 문제文帝 때 직불의直不疑라는 사람은 낭관郎官을 지냈다. 그와 같은 방을 쓰던 사람이 휴가를 얻어 집으로 돌아갔는데, 그는 같은 방을 쓰던 다른 낭관의 황금을 가지고 갔다. 얼마 되지 않아 금 주인이 금을 잃어버린 것을 알게 되었고, 그는 직불의가 훔쳐간 것으로 의심했다. 직불의는 굳이 해명하지 않은 채 이 일에 대해서 사죄를 하고는 황금을 사서 그에게 돌려주었다.

그 뒤 휴가를 얻어 집으로 돌아갔던 사람이 돌아왔다. 잃어버렸던 금을 가지고 와 돌려주자 그 금을 잃어버렸던 낭관은 몹시 부끄러움을 느꼈다. 이 일이 있고난 뒤부터 그는 덕이 있는 '장자長者'라는 칭송을 받았다. 문제는 그를 인재로 선발했으며, 점차 태중대부太中大夫, 한나라의 관제 중에 하나로 정사를 논의하고 왕의 물음에 답하는 고문로 승진했다.

조정에서 황제를 배알할 때 어떤 사람이 "직불의는 용모가 매우 뛰어나지만, 공교롭게 형수와 사통을 잘하니, 그를 어떻게 처리해야 할

지…."라고 비방했다. 직불의는 이러한 말을 듣자 '나는 형이 없는데…'라고 속으로 생각했다. 그러나 그는 끝내 이 사실을 입 밖에 내지 않았다.

세상사의 많은 분란이 구설수에서 비롯된다. 또 변명하고자 하면 일이 더욱 꼬이게 되는 경우가 많다. 그래서 선인들은 입에서 모든 화란禍亂이 비롯된다고 하였다. 반대로 말은 적으나 자신이 한 말은 반드시 지키는 사람은 주위 사람들로부터 확실한 신임을 받게 된다.

너그럽고
간소하다

송나라의 명신名臣 구양수歐陽脩는 이렇게 말했다.

"백성을 다스리는 것은 질병을 고치는 것과 같다. 부자富者 의사가 환자 집에 갈 때는 수레에 타고 하인을 거느리며 가는 모습이 그럴듯하게 보인다. 환자의 맥을 본 다음 의학서를 들추어보며 무슨 병인지 위엄 있게 설명하면 듣는 이도 감탄하게 된다. 그러나 아픈 아이가 그 약을 먹어도 효험이 전혀 없을 때는 그 부자 의사가 가난한 의사만 못하다. 가난한 의사는 수레도 하인도 없고 행동거지도 조잡하며 대응도 잘하지 못한다. 그러나 아픈 아이가 그 약을 먹고 낫게 되면 그 가난한 의사야말로 양의良醫인 것이다."

구양수는 어디서든 평판에 구애됨이 없이 오로지 너그럽고 간소한 행정을 펴도록 했다. 그래서 그가 부임하는 곳마다 백성들은 기뻐했으며 깊은 사모의 정을 느꼈다.

그는 말했다.

"내가 행하는 너그러운 행정이란 가혹한 일을 하지 않는 것이며, 간소한 행정이란 번잡하게 하지 않는 것이다."

한나라의 유방이 진나라 관중에 들어가 큰 인심을 얻은 원인 중의 하나는 바로 진나라의 가혹하고 복잡한 법률을 모두 없앴기 때문이다. 오직 사람을 살해한 자는 사형에 처하고, 사람을 상해하거나 남의 물건을 훔친 자는 죗값을 받는다는 세 가지 법조항만 적용하겠다는 '약법삼장約法三章'을 약속했던 것이다.

복잡하게 만들어졌던 진나라 법률은 기실 모두 백성을 탄압하기 위한 것이었다. 간소하고도 너그러웠던 이 조치에 의해 유방은 고통받던 천하 백성에게 큰 환영을 받았다.

그래서 노자도 "법망이 번잡해질수록 도적은 더욱 많아진다."라고 했다.

우리는 종종 예술의 최고 경지에서 '단순함'과 '소박함'을 본다. 삶에 있어서도 '간략함'은 가히 최고의 경지라 할 수 있다.

생선을 좋아하기 때문에
생선을 받지 않는다

공의휴公儀休라는 사람은 춘추시대 노魯나라의 박사博士였다.

그는 뛰어난 재능과 덕망으로 노나라의 재상이 되었다. 그가 재상이 된 뒤 법을 숭상하고 이치를 따르며 변칙으로 바꾸는 일이 없게 되자, 자연히 모든 관리의 행동도 단정해졌다. 봉록을 누리는 자는 일반 서민과 이익을 다투지 않게 하고, 높은 봉록을 누리는 자는 사소한 이익을 탐하지 못하게 했다.

어느 날 한 손님이 재상에게 생선을 선물했는데, 재상은 이를 받지 않았다. 손님이 물었다.

"소문에 재상께서 생선을 좋아하신다고 하기에 생선을 보낸 것인데 왜 받지 않으십니까?"

그러자 재상이 대답했다.

"생선을 좋아하기 때문에 받지 않았소. 오늘날 나는 재상 자리에 있기 때문에 충분히 생선을 살 수가 있소. 지금 생선을 받다가 파면되면, 누가 다시 나에게 생선을 주겠소? 나는 이 때문에 받지 않은 것이라오."

어느 날 재상이 채소를 먹어보니 그 맛이 좋았는데, 그는 이내 자기의 밭에 있는 채소를 뽑아버렸다. 또 자기 집에서 짜는 베가 질이 좋은 것을 보고는 당장 베 짜는 여자를 쫓아 보내고 그 베틀을 불태웠다. 그러면서 그는 "농부와 직녀織女는 어디에서 그 물건을 팔아야 한다는 말인가!"라고 말했다.

내가 좋아하는 것은 세상 사람이 모두 추구하는 바이다. 흔히 아흔아홉 칸 집을 가진 사람이 한 칸 집까지 빼앗아 백 칸을 만든다. 이로 인하여 세상은 만인 대 만인의 투쟁터로 전락하게 된다.

남보다 한 걸음 천천히 가고 남에게 양보하는 태도야말로 세상에 한 줄기 청량한 바람을 제공하는 일이다.

임어당의
《생활生活의 발견發見》

대은大隱은 시장市場에 숨는다

《생활의 발견》이라는 책을 지어 세상에 널리 알려진 문명비평가 임어당林語堂은 1895년 중국 복건 성 용계 현에서 가난한 목사의 아들로 태어나 미국 하버드대학과 독일 라이프치히대학에서 언어학을 공부한 뒤 귀국해 교직 생활과 저술 활동을 했다.

임어당이 가장 흠모했던 역사상의 인물은 도연명陶淵明이었다. 그에 의하면 "도연명이 구하고자 했던 것은 조화였지 반역은 아니었다."라고 한다.

도연명은 자신의 삶에서 조화를 구하고자 했다. 도연명의 사상에는 유교 성향의 바람직한 인생관이 경직되어 있지 않고, 도가 성향의 냉소적인 철학관과 혼합되어 있으며, 이 업신여기며 비웃는 면도 지나치지 않음으로 해서 고고한 인상을 풍기지 않는 인간의 지혜가 들어 있다. 육체의 사랑도 지나치지 않게 절제하지만 금욕주의자는 아니며, 관능미와 고고한 정신의 향기까지 잘 어우러져 있다.

임어당에 의하면, 가장 완벽한 철학자는 관능官能의 모든 아름다움을 잘 알지만 무례하지 않고, 인생을 매우 사랑하지만 절제할 줄 알고, 세속의 성공과 실패가 모두 부질없음을 알아 초연하지만 그렇다고 해서 속세를 무시하거나 적대시하지 않는 사람이다.

도연명의 삶은 그의 시처럼 자연스럽고 꾸밈이 없었다. 세상 사람은 흔히 도연명을 은자隱者, 산야에 묻혀 숨어 사는 사람로 생각하지만, 사실 그는 결코 은자가 아니었다. 그가 피하고자 했던 것은 현실 정치였지 삶 자체가 아니었다. 그는 위대한 인생에 대한 사랑이 있었기에 삶에서 도피하지 않았다. 가족을 떠나거나 주위의 나무, 숲 등 사랑하는 환경을 떠나기에는 충분히 바람직하고 합당한 사상을 가지고 있었다. 이렇듯 조화가 잘 이뤄진 인생관에서 중국 최고의 시가 탄생한 것이다. 그는 그가 태어나고 살아온 세상을 피하기보다는 맑은 아침 홀로 산책을 하거나 지팡이를 꽂고 밭에서 잡초를 뽑는 삶을 선택했다. 〈귀거래사歸去來辭〉를 지은 도연명의 귀거래歸去來의 목적지는 자신의 농토와 가족이었던 것이다.

그리고 임어당이 좋아했던 또 한 사람은 바로 17세기 명말 청초의 위대한 인상과 비평가 김성탄金聖嘆이었다. 김성탄이 한 친구와 큰 비에 길이 막혀 할 수 없이 열흘 동안 절에 갇혀 있을 때 〈유쾌한 한때〉라는 제목의 시를 짓게 되는데, 아래의 글은 그중 일부다.

식사 후 심심해서 옛날 가방을 뒤져 본다. 그러다 우연히 오래된

차용증서를 발견한다. 그들 중 몇몇은 살아 있지만 몇몇은 죽어 그 돈을 받기가 거의 어렵다. 남모르게 그것을 한데 모아 불에 태운다. 연기가 사라질 때까지 지켜보고 있다. 이게 행복 아니겠는가?

김성탄의 이러한 글에서 비가 올 때 뛰면 앞에 내리는 비를 먼저 맞는 셈이니 그대로 걸어간다는 아주 유장悠長한 생활 철학을 지닌 중국인의 기질을 충분히 엿볼 수 있다.

> 우자愚者에는 슬기가 있고,
> 유장悠長에는 아름다움이 있으며,
> 노둔老鈍에는 묘리妙理가 있고,
> 하위下位에는 이利가 따른다.

임어당이 노장老莊 사상을 간추려 지은 시다. 물론 그가 대단히 소중하게 생각하는 잠언이며, 그의 삶 속에서 끝까지 견지했던 관점이기도 하다.

임어당은 인간의 권위란 자연의 법칙에 따라 살며, 하늘과 땅과 같은 존재가 되었을 때 최고점에 도달한다고 가르치는 중국 유교철학을 인용하면서, 어떠한 인생철학도 인간에게 주어진 본능과 조화를 이루지 않으면 안 된다고 설파한다. 그에 의하면 생활을 사색의 위에 놓고 살아야 번잡스럽고 숨 막히는 철학의 세계에서 벗어나며, 어린아이와 같은 진실한 통찰력에 신선함과 자연스러움을 더할 수 있다고 한다.

소동파는 "인생이란 흔적 없이 지나가는 봄날의 꿈과 같다."라고 했고, 이백은 〈춘야도리원서春夜桃李園序〉라는 시에서 "인생은 꿈과 같으니 이렇게 즐길 수 있는 것이 몇 번이나 되겠는가?"라고 읊었다. 이렇게 하여 진리를 찾기보다는 생활의 지혜를 구한다.

여유를 사랑하는 이러한 마음은 여러 가지 요인이 결합되어 만들어졌다. 먼저 기질에서 출발해 문학의 예찬을 받았고, 동시에 철학으로 정당성을 부여받았다. 기질상 생활을 아낄 줄 알았고, 낭만주의를 바탕으로 문학성 있게 성장했으며, 주로 도교에 의해 그 타당성을 인정받았다. 하지만 여유 있는 생활에 대한 예찬이 결코 일부 부유층을 위한 것만은 아니다. 오히려 스스로 한적한 생활을 찾아 나선 가난하고 청렴한 선비를 위한 것이다.

여유에 대한 예찬은 고요한 생활, 근심 없는 마음, 자연을 마음껏 즐기는 것과 관계가 있다. 이를테면 임어당은 청담淸談, 명예나 이익을 떠난 맑고 고상한 이야기을 사랑한다. 그리하여 친구와 나누는 하룻밤의 청담이 10년 동안의 독서보다 낫다고 주장한다. 그는 바람이 불고 비가 내리는 밤, 배를 타고 강에 나가 강 양쪽 기슭의 흔들리는 불빛을 보며 사공이 들려주는 이야기를 취한 듯 듣는 모습을 그리워한다.

임어당에 의하면 교양敎養이란 한마디로 여가의 산물이다. 다시 말해 교양의 아름다움은 여유로움의 아름다움이다. 가장 현명한 사람은 가장 여유 있고 한가한 사람이다. 18세기 중국의 유명한 작가 서백향舒白香에 의하면, "시간은 사용되지 않을 때 쓸모가 있다. 여유가 있어야 비로소 우리네 인생도 충분히 견디어낼 만한 것"이라고 했다.

임어당은 한마디로 자유주의자였다. 그는 태생부터 자유주의자였으며, 그의 일생은 자유에 대한 사랑으로 점철된 삶이었다. 또한 인간의 존엄과 개인의 자유를 억압하는 제국주의, 군벌 정부, 전체주의에 저항했다. 그는 외국 유학을 마치고 돌아와 1923년부터 베이징대학의 영문과 교수로 취임한 후, 루쉰魯迅을 비롯한 지식인과 어울리면서 과감한 반봉건 정치평론과 수필을 발표했다. 1926년에는 군벌정부의 진보적인 교수에 대한 탄압으로 베이징을 떠나 샤먼대학으로 자리를 옮겨 문학과장을 지냈는데, 이곳에서도 탄압과 부패에 맞서다 1년 만에 사직해야 했다. 그리고 1927년에는 광둥廣東 국민정부에서 외교부 비서를 지냈다. 이후 광둥 국민정부가 없어지자 상하이로 간 그는 저널리즘에 투신하여 영문주간지 등에 특유의 신랄하고도 기지 있는 문체와 논리로 대중에게 중국문화 전통에 관심을 가지도록 호소하는 글을 기고하기도 했다.

《생활의 발견》은 1937년 미국에서 발간된 이래 전 세계에 수십 개의 언어로 번역되어 대단한 반향을 일으킨 책이다. 이 책이 그토록 큰 반향을 얻을 수 있었던 이유는 '의자에 앉는 것', '차를 마시는 것', '꽃과 나무에 대해 이야기하기' 등 매우 사소하고도 간단한 문제를 이야기함으로써 전체를 다루는 귀납 방법을 사용하기 때문이다.

그는 이 책을 통해 행복은 어떻게 구해지는가를 일관되게 이야기한다. 인간이 이 세상에 태어나 자연으로 다시 돌아갈 때까지의 시간이란 너무도 짧다. 그 짧은 삶을 살아가면서 나름대로의 행복과 보람을 찾기 위해서는 어떠한 태도가 가장 필요한가?《생활의 발견》은 이에 대한 답변서다.

그러한 의미에서《생활의 발견》은 '행복론'이라 할 수 있다. 그러나 행복을 현세에서 찾지 않고 사후 세계에서 영생함으로써 찾겠다는 '서구'의 행복론은 아니다. 주어진 현실의 '제한된' 조건과 인간으로서의 너무나도 명백한 한계 내에서 그것을 관조하고 인정하면서, 인간의 행복이란 다름 아닌 이 세상에 있는 것이라고 주장한다. 그에 의하면, 중국 사상의 이상형은 자신이 타고난 행복한 천성을 지키기 위해 인간 사회를 떠나지 않고 그 속에서 함께 사는 사람이다. "대은大隱은 시장市場에 숨는다."

따라서 인간 사회를 떠나 산속에서 홀로 사는 은자隱者는 아직 여전히 환경의 지배를 받는 이류 은자에 불과할 뿐이다. 여기에서 현실에 충실하여 자기가 발을 딛고 있는 분야에서 최선의 실천을 하는 '공자류'의 무실역행務實力行의 생활 방식과 현실을 관조하면서 조화로운 삶을 중시하는 '노자류'의 무위자연無爲自然의 생활 방식이 절묘하게 결합된다.

이렇게 하여 도교의 냉소주의와 유교의 적극론이 결합해 중용中庸의 철학이 만들어졌고, 임어당은 이러한 '인간다운' 철학이야말로 최고의 철학이라고 단언한다. 임어당에 의하면, 철학은 하늘에서 땅으로 끌어내려야 한다.

'남겨 둠'의 여유를 느끼면서 살 수 있다면

임어당은 인생을 진정으로 즐기는 데 인생의 목표가 있다고 말한다. 즐기는 것이 인생의 목표라는 이 말에서 의도된 목적의 의미보다는 인생에 대한 지극히 자연스러운 자세라는 사실을 직감할 수 있다. 그의 말대로 인간에겐 자신의 위치가 있으며 주위의 자연과 어울려 조화롭게 살아간다면 인생 그 자체에 대한 바람직하고 쓸만한 관점을 얻을 수 있다.

우리가 겪고 살아가야 하는 고통과 화禍의 대부분은 우리의 '욕심'으로부터 비롯된다. 인간이 목표나 꿈을 갖는 것은 매우 유익하고 좋은 일이며 존재의 이유이기도 하다. 하지만 주위를 살펴보면 그 목표와 꿈을 과도하게 설정하여 현실과 마음으로부터 큰 고통을 '스스로 만들어' 고스란히 받는 경우를 볼 수 있다. 우리의 목표와 꿈을 한 단계만 낮추고 남보다 한 걸음 천천히 갈 수 있는 '용기'가 있다면 그만큼 인생을 즐길 수 있는 '여유로운 공간'이 만들어질 것이다.

항상 '모자람'에 집착하지 않고 '남겨 둠'의 여유를 느끼면서 살 수 있다면 그 사람은 이미 자신의 삶을 향유하는 셈이다.

> 진정으로 지혜로운 자는 매사에 헷갈리지 않고, 진정한 인자仁者는 걱정이 없으며, 진정으로 용기 있는 자는 두려워하지 않는다
> 지자불혹, 인자불우, 용자불구知者不惑, 仁者不憂, 勇者不懼.
>
> ―《논어論語 · 자한子罕》

마지막으로 이 책은 우리나라에 《생활의 발견》이라는 제목으로 번역되어 나왔지만, 원작의 제목은 "The Importance of Living"이다. 원래의 제목이야말로 이 책의 핵심 내용이 아닐까 생각한다. 왜냐하면 저자는 책 전체를 통해 일관되게 '생활' 그 자체가 무엇보다도 가장 중요하다고 주장하기 때문이다.

진정한 총명이란
무엇인가

일상에서 '총명'이라는 말을 자주 사용한다. 그런데 과연 '총명'이란 무슨 의미인가? 원래 '총명하다'는 것은 그저 단순히 영리하다거나 머리가 좋다는 말이 아니다.

"밖으로 남이 하는 비판을 잘 들을 수 있는 것을 귀가 밝다고 하여 '총聰'이라 하고, 안으로 자기 자신을 잘 성찰할 수 있는 것을 눈이 밝다고 하여 '명明'이라 한다.

저절로 무릎을 치게 만드는 절묘한 말이 아닐 수 없다. 이러한 정신과 자세를 지니고 사는 사람이라면 진실로 총명한 사람이리라.

총명함은 반드시 필요하다. 그러나 반드시 진중함 속에 내재되어 작용해야 한다. 예로부터 큰 화를 당한 사람 가운데 열에 아홉은 총명한 사람이었다. 그들은 진중하게 행동하지 않았기 때문에 화를 당했던 것이다.

—《신음어》

이러한 총명은 진정한 총명이 아니다. 총명과 함께 사용되는 말이 바로 "자신의 욕망을 능히 절제하는 것을 강強하다고 한다."라는 것이다. 실로 자신을 조절할 줄 아는 사람, 그야말로 진정한 강자다. 한 글자 한 글자마다 인간의 삶을 관통하는 지혜가 고스란히 담겨 있다.
그런데 묘하게도 벤저민 프랭클린은 이렇게 말했다.

현자란 누구인가? 바로 모든 사람에게 배우는 사람이다.
강자란 누구인가? 자신의 열정을 다스릴 줄 아는 사람이다.
부자란 누구인가? 만족할 줄 아는 사람이다.

역시 동서고금을 떠나 진리는 하나인 모양이다.

세속과 타협할 것인가,
아니면 고고한 삶을 살 것인가

굴원의 비가悲歌

전국시대에 초나라의 굴원屈原은 학식이 높고 시를 잘 지었으며 정치적인 식견이 뛰어나 초나라 회왕의 두터운 신임을 받았다. 그런데 조정 대신 중에서 굴원을 시기해 기회만 있으면 비방을 하는 사람이 있었다.

어느 날 굴원이 왕으로부터 어떤 법령의 초안을 만들라는 명령을 받고 그 초안을 다듬고 있었는데, 평소부터 굴원을 시기했던 대부 근상이 그것을 뺏고자 했다. 굴원이 강력히 저항하자 그는 왕에게 굴원을 비방했다.

"지금 굴원은 자기 아니면 초나라의 법도 만들 수 없으며, 자기가 없으면 왕도 아무 일을 할 수 없다고 큰소리 치고 다닙니다. 그를 주의시켜 주십시오."

회왕은 점차 굴원을 멀리하게 되었으며, 마침내 추방시켰다. 굴원은 안타까웠다. 왕이 아첨만을 좋아하고 충신의 올바른 소리는 받아들이지 못하며, 간신이 나라를 좌지우지하는 앞날이 정말 걱정스러웠다. 굴원은 슬픔에 겨운 유배 생활 속에서 〈이소離騷〉라는 시를 지었다. 〈이소〉란 바로 '우수憂愁에 부딪히다.'라는 뜻이다.

연횡책의 변설가 장의張儀는 그 특유의 협박과 감언이설로 초나라를 유린하고 유유히 사라진 뒤, 진나라는 다른 나라와 동맹관계를 맺은 뒤 이윽고 초나라에 쳐들어왔다. 순식간에 여섯 개의 성을 점령한 진나라는 국경 지방에서 휴전 회담을 열자고 제안해왔다. 초나라에서는 이 제안을 놓고 받아들이자는 파와 받아들이지 말자는 파로 나뉘었다. 굴원은 강력히 거부하자는 주장이었다.

"진나라는 간사하고 표독스러운 나라입니다. 절대로 저들의 음모에 말려들어서는 안 됩니다. 대왕께서는 가시지 마십시오."

그러나 왕의 막내아들인 자란과 근상 등은 진나라 방문을 권했다.

"지금이야말로 진나라와 우호 관계를 맺을 수 있는 좋은 기회입니다."

결국 회왕은 회담 장소로 떠났다. 그런데 왕이 그곳에 도착하자마자 진나라는 복병을 배치해 퇴로를 차단하고 회왕을 사로잡았다. 그때서야 회왕은 굴원의 말을 듣지 않았던 것을 크게 후회하였으나 이미 엎질러진 물이었다. 그는 간신히 조나라로 도망쳤으나 진나라를 무서워한 조나라는 그를 다시 진나라로 돌려보냈다.

회왕이 진나라의 포로가 되자 회왕의 장남이 왕위에 올랐고 자란은 재상이 되었다. 사람들이 회왕을 진나라로 가게 만든 자란을 비난하자, 그는 도리어 굴원에게 책임을 뒤집어씌워 또 다시 그를 추방시

컸다.

어느 날 추방당한 굴원이 머리를 풀어 헤치고 비탄에 잠겨 강변을 거닐고 있었다. 이때 한 어부가 굴원을 보고 말을 걸어왔다.

"당신은 굴원 선생이 아니십니까? 왜 이런 곳에 계신지오?"

그러자 굴원이 대답했다.

"세상이 혼탁해도 나만은 깨끗이 살고 싶소. 모든 사람이 취해 있는데 나 홀로 취하지 않았소거세개탁아독청, 중인개취아독성舉世皆濁我獨淸, 衆人皆醉我獨醒. 그래서 내가 쫓겨난 것이라오."

이에 어부가 물었다.

"조건에 얽매이지 않고 세상의 흐름에 몸을 맡기는 것이 성인의 사는 방법이라고 합니다. 세상이 혼탁할 때는 어찌 그 흐름에 몸을 맡기지 않습니까? 모든 사람이 취해 있다면 어찌 막걸리라도 마시고 취해 보시지 않습니까? 가슴속에 빛나는 보석을 품었으면서도 어찌 스스로 쫓겨날 일을 만드셨습니까?"

그러자 굴원이 정색하며 말했다.

"얼굴을 씻은 다음에는 반드시 모자를 털고, 목욕을 한 다음에는 반드시 옷을 턴다고 합니다. 깨끗한 몸에 어찌 때를 묻히며 더럽혀질 수 있겠소? 그럴 바에는 차라리 흐르는 저 멱라수覓羅水, 중국 후난 성 동북부에 있는 강에 몸을 던져 물고기의 밥이 되겠소. 어찌 더러운 세속에 몸을 맡길 수 있으리오신목자필탄관, 신욕자필진의, 안능이신지찰찰, 수물지문문자호? 영부상류, 장어강어지복중, 안능이호호지백, 이몽세속지진애호新沐者必彈冠, 新浴者必振衣, 安能以身之察察, 受物之汶汶者乎? 寧赴湘流, 葬於江魚之腹中, 安能以晧晧之白, 而夢世俗之塵埃乎."

며칠 후 굴원은 돌멩이를 품에 안고 멱라수에 몸을 던져 목숨을 끊었다.

굴원은 마치 매미가 더러운 흙구덩이에서 허물을 벗고 나오듯 진흙탕 속에서도 더럽혀지지 않았다. 혼탁한 먼지와 티끌로 가득 찬 세상에서도 홀로 훨훨 날아 세상의 더러운 때를 뒤집어쓰지 않으니, 실로 그의 지조는 달의 고결한 기상에 비길 수 있고 태양의 영원한 빛과 같다고 할 것이다.

삼 년 동안 홰를 치지 않는 새는
이로써 날개를 기르는 것이다

내가 높은 자리에 올랐을 때 사람들이 나를 받드는 것은 높고 큰 감투를 받드는 것이며, 내가 가난할 때 사람들이 나를 비웃는 것은 베옷과 짚신을 업신여기는 것이다.

원래 나를 받드는 것이 아닌 것을 어찌 기뻐할 것이며, 원래 나를 업신여기는 것이 아닌 것을 어찌 화를 낼 것인가!

—《채근담》

우리가 잘 알고 있는 정약용은 사실 벼슬이 그다지 높지 않았다. 당시 정약용보다 더 높은 벼슬에 올라 '출세'한 사람은 대단히 많다. 또 당시 정약용보다 부자였던 사람 역시 부지기수다.

그러나 우리는 정약용보다 벼슬이 훨씬 높거나 재산을 훨씬 많이 모았던 사람을 잘 알지 못하고 기억하지도 못한다. 아니 알 필요도 없고 기억할 필요조차 없다. 더구나 그 사람을 정약용보다 훌륭한 사람이라고 말하는 사람은 전혀 없다.

역사에 이름을 남긴 인물은 비록 불우한 삶을 살다간 경우가 많지만, 역사에 지워지지 않는 강렬한 빛을 남겼다. 그렇다고 그들이 모두 재상의 높은 지위에 올랐던 것도 아니며, 만석꾼의 부귀를 누린 것도 아니다. 공자는 일평생 벼슬다운 벼슬을 거의 해보지 못했고, 불후의 명저《사기》를 남긴 사마천은 환관의 비천한 지위에 있었다.

이들은 모두 낮은 지위에 있으면서도 구애됨이 없이 태연자약泰然自若, 어떠한 충동에도 흔들리거나 동요되지 않는 마음하였다. 그러면서도 맡은 바 임무를 성실히 수행했다.

《한비자》〈유노喩老〉편에 "삼 년 동안 홰를 치지 않는 새는 이로써 날개를 기르는 것이다."라고 했다. 어떤 직함을 가지고 얼마나 부귀를 누렸는지의 여부가 그 사람의 평가 기준이 될 수는 없다. 얼마나 성실하게 노력을 다하면서 스스로에게 부끄러움이 없는 삶을 살았는지가 중요한 것이다.

아름드리 느티나무가 있는 풍경

언뜻 생각해봐도 서울의 거리 풍경이 이삼십 년 전보다는 정말이지 상당히 보기 좋아졌다.

그 이유는 과연 무엇일까? 도심 곳곳에서 여러 모양으로 높이 올라간 큰 건물의 영향인가? 아니면 거리가 갑자기 깨끗해진 것일까?

물론 그런 원인도 부정할 수 없겠지만 가장 중요한 요인은 지난 이삼십 년 동안 울창하게 자라난 가로수와 시내 곳곳의 나무 때문일 것이다. 이렇듯 우리는 알게 모르게 나무의 덕을 많이 보고 있다.

실로 한 도시의 풍경을 만드는 데 있어 나무가 기여하는 비중은 절반 이상이라고 봐야 할 것이다. 서양의 도시 풍경을 보면 백 년은 넉넉히 되어 보임직한 아름드리나무가 도시의 아늑하고 고즈넉한 정취를 그대로 드러내 보여주지 않는가?

나무는 문화다

이 세상에 자연처럼 아름다운 것은 없다. 그래서 모든 꽃과 나무는 아름답다. 그 누구도 꽃이 피워내는 아름다운 색깔을 완벽하게 흉내 낼 수 없다. 그렇다고 갖가지 색깔과 모양을 자랑하는 꽃만 아름다운 것이 아니라 새록새록 피어나는 파란 잎사귀 또한 모방할 수 없는 아름다운 천연의 색깔이요, 우리에게 안식처를 제공하는 바로 그 모습이다. 뿐만 아니라 나무는 인간의 정신에 이루 말할 수 없는 안정을 가져다준다.

우리나라는 사계절이 분명해 나무의 종류도 다양하고 볼거리도 많다. 봄에 새싹이 돋아나면서 만화방창萬化方暢, 따뜻한 봄날에 온갖 생물이 나서 자라 흐드러짐 여기저기에서 꽃이 무리지어 피어나고, 온 세상을 파랗게 물들이는 여름의 짙푸른 녹음, 가을에 보석처럼 빛나는 형형색색의 단풍, 눈이 부시도록 하얀 겨울의 눈꽃 등 다양한 아름다움을 만끽할 수 있다. 우리 곁에 사는 나무는 나뭇잎의 색깔도 매우 맑고 선명하다. 또한 단풍이 우리나라처럼 예쁘게 드는 나라도 없다고 한다. 세계에서 가장 예쁜 단풍이 드는 곳은 미국 동북부 지역과 우리나라다. 아무쪼록 이러한 하늘의 축복을 넉넉한 마음으로 향유하며 살아가야 할 터이다.

나무는 생명의 원천이다. 나무가 있음으로 하여 자연과 인간의 생명이 존재하는 것이다. 나무 한 그루는 여섯 사람에게 필요한 산소를 공급하며, 대기 중의 먼지, 이산화탄소 등을 흡수해 공기를 정화시킨다. 뿐만 아니라 우리나라의 숲은 1년 동안 약 180억 톤의 물을 저장하는 거대한 녹색 댐 역할을 한다. 그러므로 나무를 베고 숲을 없애는 것은 우리의 생명을 스스로 고갈시키고 지구를 멸망에 이르게 하는 어리석음과 같다. 우리가 사는 서울이 공해와 오염에 찌들었지만 그나마 이 정도라도 근근이 살아갈 수 있는 중요한 이유 중의 하나는, 바로 서울 주변을 둘러싸고 있는 북한산, 남산, 청계산, 수락산, 북악산, 관악산, 국립묘지, 종묘공원, 비원, 선릉 등의 녹지와 공원이 있기 때문이다.

인간이 자행한 무자비한 개발과 훼손으로 인해 오존층의 파괴, 이산화탄소의 폭발적 증가 등 생태환경이 급속도로 깨지고 있다. 인간이 살아가는 이 지구는 이제 생존의 경계에서 매우 위험한 경종을 울리고 있다. 팽창과 개발로만 치닫는 발전 논리를 벗어나 환경친화의 생명 논리를 정립하고 실천하는 것이 무엇보다 시급하다. 그중에서도 나무와 숲을 보호하고 가꾸는 것은 우리의 생명과 지구를 지키는 일의 첫걸음이 아닐 수 없다.

아무도 알아주지 않았지만 혼자서 묵묵히 황무지에 한 그루의 나무를 심었던 프랑스의 엘제아르 부피에를 굳이 거론할 필요도 없이 우리 스스로 각 가정에서 마음에 드는 나무 한 그루를 심자. 가로수도 잘 보호해야 하며, 작은 공원에도 그곳에 적절한 나무를 심어야 한다.

나무는 문화文化이다. 도심 거리에 어떠한 나무가 어떠한 모습으로 자라고 있는가만 봐도 그 나라 국민들의 문화 수준을 한 눈에 알아챌 수 있다. 산야든 노변이든 가정이든 그곳에서 자라나는 한 그루 한 그루의 나무가 바로 우리나라를 대표하는 우리의 문화상품인 것이다.

상하이에는 헝산루衡山路라는 옛 프랑스 조계租界 거리가 있다. 그곳에는 조계지로서의 고풍스러운 건물과 당시 심어진 큰 플라타너스 가로수가 자연스럽게 어우러져 상하이의 독특한 문화를 만들어낸다.

여행객으로 하여금 눈을 감아도 떠오르는 잊지 못할 사진으로 남게 한다. 파리의 샹젤리제 거리도 마로니에 가로수로 그 이름이 더욱 유명해졌다. 나무 자체는 전통傳統의 일부며 동시에 문화를 구성하는 중요한 요소다. 그런데 우리는 어떤가. 건물을 짓거나 고칠 때면 부근에 있는 나무부터 모조리 베어버린다. 그것은 스스로 우리의 전통과 문화를 말살하는 일이다.

지은 지 이삼십 년 된 아파트는 이른바 '안전'을 이유로 재건축을 추진하면서 이삼십 년 동안 자라나 이제 나무다운 울창한 모습을 보여주려는 나무를 베어낸다. 기존의 것을 '파괴'하고 새로 지은 아파트 단지에는 나무도 변변치 않고 오직 콘크리트 건물만 덩그러니 서 있으니 이 얼마나 앙상한 모습인가? 기껏해야 묘목장에서 급히 실려 온 허약하기 짝이 없는 나무가 볼 품 없이 서 있을 뿐이다. 아파트 단지에 아름드리나무가 자라나 봄에 벚꽃이 흐드러지게 피어나고, 가을에 단풍나무가 빨갛게 물들면 오히려 주변 환경이 훨씬 좋아지고 집값도 오르지 않을까? 집에도 근사한 나무가 있어야 비로소 풍치가 어우러지고 고급스럽게 보이는 것과 마찬가지로 아파트 단지도 큰 나무가 제대로 서 있어야 품위 있는 법이다.

이제 우리도 살벌한 경쟁 일변도의 생활에서 벗어나 살기 편하고 아늑한 느낌의 환경을 가꾸어야 한다. 그러기 위해 문화와 낭만이 깃든 도시 풍경을 만들어가야 한다. 이러한 도시를 연출하는 데 있어 나무가 만들어내는 풍경이 대단히 큰 몫을 한다.

우리나라에도 시내 곳곳에 삼사십 년 정도 자란 나무가 많다. 시내 곳곳에서 백 년 넘게 자란 나무를 흔하게 볼 수 있어야 한다. 이제부터라도 나무를 우리와 함께하는 가족으로 인식하고 더불어 사는 이

웃으로 돌봐야 한다. 시민들이 이러한 의식을 갖게 될 때 비로소 우리도 세계에 자랑할 수 있는 유명한 거리를 탄생시킬 수 있을 것이다.

아름드리 느티나무가 있는 풍경

때죽나무, 팽나무, 느티나무, 굴참나무, 신갈나무, 떡갈나무, 조팝나무, 산수유, 배롱나무, 튤립나무, 마로니에….

이름만 들어도 정겨운 이 나무들의 모습을 틈틈이 익혀두자. 여의도 국회의사당 부근에도 상당히 많은 종류의 나무가 자란다. 점심을 먹고 나서 근처 공원의 동산과 길을 따라 천천히 산책하면서 나무와 만나고 그들의 이름을 알아보자. 그것은 우리네 삶에 또 하나의 즐거움을 더해줄 것임에 틀림없다.

서울에 있는 동洞 이름에는 나무와 관련된 이름이 많다. 잠원동蠶院洞과 잠실蠶室 벌판에 뽕나무, 대조동大棗洞에 대추나무, 노량진鷺梁津에 수양버들, 동숭동에 잣나무, 율현동栗峴洞에 밤나무, 송파동松坡洞에 소나무, 오류동梧柳洞에 오동나무와 버드나무, 번동樊洞에 오얏나무, 도화동桃花洞에 복사꽃이 소담스럽게 피고 자라나는 모습이 그리워진다.

삶의 즐거움

 굴참나무, 신갈나무, 상수리나무가 군락을 이룬 숲속 멀리서 딱따구리가 나무를 쪼아대는 소리가 들려오는 호젓한 북한산 길을 홀로 걷다보면 마음이 뿌듯하다. 작은 넝쿨이 얽힌 덤불이 길 옆으로 수북하고 그곳을 참새 떼가 몰려 날아다닌다.
 여태까지 산속 명당 터마다 자리 잡은 사찰이 우리나라에서 가장 아름다운 관광명소라고 생각해왔다. 그중에서도 함박눈이 소복하게 내린 산속 사찰의 아담하고도 고즈넉한 모습은 참으로 절경 중의 절경이다.
 이태원 거리의 카페에서 독일 생맥주 한잔을 마시며 고개를 들어 창밖을 쳐다본다. 창밖 풍경을 관조하며 시원하고도 쌉싸름한 맥주 향 속에 내가 여기 살아 있음에 기쁨을 느낀다. 자동차는 물론 운전면허증도 없으니 음주운전 걱정이 없고, SNS에 무관심하니 과잉 정보와 과잉 소통의 번잡함도 없다. 과유불급, 모름지기 우리네 삶이란 나

스스로 조정할 수 있을 그 만큼이어야 좋은 법이다.

행운목, 파키라, 싱고니움, 금관꽃이 십 년 가까이 제각기 마음껏 자라난 사무실에서 생각을 정리해나가며 글을 쓰는 것도 참으로 행복한 일이 아닐 수 없다.

아침에 눈을 뜨면 오늘 할 일이 머리에 하나둘 떠오른다. 빨리 그 일을 해야지 하는 마음에 부지런히 자리에서 일어나 동틀 무렵의 시원한 출근길을 걷는다.

내가 하는 일에 최선을 다하고 노력하라. 그 일을 즐겨라. 그리고 그 일에 만족하라. 하루하루 거둔 아무리 작은 성과일지라도 그것을 소중히 여기고 향유하라. 그리고 담담하게 부족한 점을 인정하고 천천히 그러나 성실하게 실천에 옮겨라.

이 세상에 자기 뜻으로 태어난 사람은 없다. 인생이란 이 세상에 태어나 그저 한동안 살아가는 존재일 뿐이다. 하지만 그 삶에 어떠한 궤적을 남기고 어떠한 그림을 그려갈 것인가는 나 자신에게 달려 있다. 가장 중요한 것은 내 삶이 유행을 좇고 시류에 편승하며 끌려가는 그러한 피동적 존재가 아니라 바로 내가 내 삶의 주인이 되어야 한다는 점이다. 그러나 매사에 최선을 다하지만 원래 우리네 세상사란 뜻대로만 되지 않은 경우가 허다하다. 하지만 다음에 기회가 다시 찾아올 것임을 알기에 무리를 하지는 않는다.

대다수의 사람은 자기의 일을 힘들게 여기면서 하기 싫은 일을 억지로 한다. 그러니 즐거운 마음으로 일하고 비록 자그마할지라도 매일 자기가 이뤄낸 보람으로 사는 사람을 당할 수가 없다.

역경에 답하다

제2장

위기와 역경이란 마치 인간을 굳세게 단련시키는 용광로와도 같은 것이어서 그 속에서 단련되면

모든 것이 침과 약과 뜸으로 되어 심신이 튼튼해진다. 반대로 너무 순조로운 환경만 처하면

눈앞의 모든 것이 무기와 칼과 창으로 되어 결국 자기 몸을 상하게 만들고, 뼈가 썩어도 그것을

알지 못한다. 오래 엎드린 새가 높이 날고, 앞을 다투어 먼저 핀 꽃은 지는 것 또한 빠른 법이다.

열흘 고운 꽃은 없고, 또 천 날 좋기만 한 사람은 없다.

죽음을 각오하고 살며, 살아가는 마음으로 죽는다.
이것을 유정有情이라 한다

  청천 하늘에 별도 많고 우리네 가슴엔 수심도 많다. 세상사만큼 자기 뜻대로 안 되는 것도 없다. 어쩌면 우리가 걸어가야 하는 인생 역정의 운명이란 도무지 인간의 힘으로 어찌할 수 없는 불가해 불가침의 영역인지도 모른다.

  우리나라가 선진국 문턱에 진입했다는 낙관론도 있지만, 한편으로는 갈수록 심각해져만 가는 양극화, 비정규직 확대, 청년 실업자 증가, 그리고 갈수록 심각해지는 지구온난화와 이로 인한 폭염과 혹한 등 어두운 그림자가 두텁게 드리워져 있다. 더구나 OECD 국가 중 자살 사망률이 1위를 차지하는 현실에서 과연 성장이 무엇이고 또 인간의 행복이란 무엇인가라는 근본적인 질문에 이를 수밖에 없다. 한치 앞을 예측할 수 없을 정도로 안개 자욱한 오늘을 우리는 어떻게 살아가야 할 것인가?

  하지만 위기와 역경이란 마치 인간을 굳세게 단련시키는 용광로와도 같은 것이어서 그 속에서 단련되면 모든 것이 침과 약과 뜸으로 되어 심신이 튼튼해진다. 반대로 너무 순조로운 환경만 처하면 눈앞의 모든 것이 무기와 칼과 창으로 되어 결국 자기 몸을 상하게 만들고, 뼈가 썩어도 그것을 알지 못한다. 오래 엎드린 새가 높이 날고, 앞을 다투어 먼저 핀 꽃은 지는 것 또한 빠른 법이다. 열흘 고운 꽃은 없고, 또 천 날 좋기만 한 사람은 없다.

  실의태연 득의담연失意泰然 得意澹然.
  뜻을 잃고 실의에 빠졌을 때에는 아무 일도 없는 것처럼 태연하게

역경에 답하다 73

견디며, 또 뜻을 얻어 득의得意할 때에도 그것을 자랑하지 않고 담담하게 임한다는 뜻이다. 무릇 내리막길로 들어서는 조짐은 전성기에 나타나고 새로운 것의 태동은 가장 쇠퇴했을 때 생기는 법이다.

어떻게 위기를
돌파할 것인가

중국의 춘추전국시대에 최강국이었던 진나라가 대군을 일으켜 이웃 나라인 조나라를 공격했다.

예측 못한 기습을 받은 조나라 조정은 순식간에 불안감에 휩싸였다. 초조해진 왕이 당시 명장으로 이름 높던 염파 장군에게 물었다.

"과연 우리가 이길 수 있는 무슨 방법이 있겠소?"

그러자 염파 장군이 대답했다.

"길은 멀고 험한데다가 좁은 지역이라서 이기기 어려울 것 같습니다."

왕이 다시 악승 장군에게 물었지만 역시 같은 대답을 들어야 했다.

체념하다시피 한 왕이 이번에는 조사 장군에게 물었다.

그랬더니 조사가 대답했다.

"길은 멀고 험한데다가 좁은 지역이라서…."

여기까지는 똑같은 대답이었다. 왕의 얼굴에는 실망의 빛이 역력했다. 하지만 조사의 다음 말은 뜻밖에도 앞서 말한 장군의 대답과 전혀 다른 결론이었다.

"그곳에서의 전투는 마치 두 마리의 쥐가 쥐구멍 속에서 싸우는 것과 같으므로 용감한 장수가 이기게 되어 있습니다."

왕은 즉시 조사를 장군으로 삼아 진나라에 맞서게 했다. 이 전투에서 결국 조사가 이끄는 조나라가 대승을 거두었다.

조건은 똑같았지만, 그 주어진 조건을 보는 '눈'관점 혹은 태도과 풀어나가는 '방법'해결 혹은 실천의 방도은 완전히 달랐던 것이었다.

세상사가 아무리 어려워도 대개의 경우 결국 상대방 한 사람과의 대결로 압축된다. 이때 승부를 결정짓는 절대 요소는 정신력이다. 권투 경기에 앞서 서로 눈싸움을 할 때, 선수들끼리 서로 눈빛을 주고받는 눈싸움에서 승부는 이미 결정된다.

오래 계속되는 평안을 믿지 말라
그러나 최초의 곤란에
주저앉지 말라

자기가 가진 장점을 더욱 키우겠다고 생각하라!

자신이 가진 단점을 고친다는 것은 성인이 아니고서는 실로 어려운 일인 듯하다. 그 단점이란 자기의 몸 자체와 같아서 그것을 고쳐나가기란 너무나 힘든 수양과 고통이 따르기 때문이다.

 장점과 단점은 어떻게 보면 '동전의 양면'이라고 할 수 있다. 흔히 장점과 단점이란 완전히 별개의 것이라고 생각하기 쉽다. 하지만 어떤 특정한 시간과 장소, 특정한 상황에서는 장점이 단점으로 변하고, 반면 단점이 스스로 장점이 되기도 한다. 장점과 단점이란 영원불변한 것이 아니기 때문이다.

 장점과 단점은 서로 밀접한 관계를 맺으며 하나의 유기체로서 통일을 이룬다. 때로는 단점 그 자체가 장점을 돋보이게 하는 역할을 담당하기도 한다. 또한 때로는 단점도 힘이 된다. 그러므로 인생에서 항상 자신감으로 자기의 장점을 살려 나가는 정신이 중요하다. 자기의 단점에 대한 콤플렉스로 매일 고민하느니 그 힘으로 차라리 장점을 살려나가라! 문제는 자기의 장점을 활짝 꽃 피울 수 있는 시간과 공간 그리고 적합한 일거리를 찾아야 한다는 점이다.

어떤 사람의 운수가 한창 피어날 때는 여러 단점도 뛰어난 장점으로 변모해 찬란히 반짝거리게 되어 있다. 이를테면 어떤 탤런트나 가수, 운동선수의 전성기 때를 보면 도대체 아무런 단점이 없는 완벽한 사람으로 보인다. 하지만 그 전성기가 지나면 그처럼 화려하고 도무지 흠 잡을 데 없이 휘황찬란하던 장점이 모조리 형편없는 단점으로 전락하고 만다. 결국 한꺼번에 와르르 무너져버리고 마는 것이다.

화분이 너무 크면 화초에게 좋을 것 같지만 오히려 반대의 결과가 나타난다. 화분이 크면 화초의 뿌리가 게을러져서 번성하지 못하고 결국 잘 자라지 못한다. 오히려 화분이 좀 작다 싶을 정도면 화초 뿌리는 살아야겠다고 열심히 일을 하게 되어 뿌리가 번성하고 화초가 잘 자란다.

좋은 환경이 오히려 독이 되는 경우가 적지 않다. 거꾸로 역경이야말로 성공의 자양분일 경우도 적지 않은 법이다.

자기 자신을 사랑하라

세상에서 자기 자신 만큼 소중한 존재는 없다. 자기 자신이 존재하기 때문에 세상 만물이 비로소 존재하는 것이다. 자기 자신을 사랑한다는 것은 인생에 대해 그만큼 자부심을 가진다는 것을 의미하며, 이는 자신의 확고한 중심을 지닌다는 뜻이다. 이런 사람은 주위 사람의 이러저러한 무책임한 평판에 휩쓸리지 않고, 주위 사람에게 의존하지 않으며, 언제나 충만된 힘에 의해 자기 자신의 중심을 분명히 지니고 살아간다.

이에 반해 자기중심이 없는 사람은 항상 외부의 힘에 의해 끊임없이 동요한다. 외부의 힘은 압력이 될 수도 있고, 이러저러한 쑥덕거림일 수도 있으며, 때로는 아름다운 사랑일 수도 있다. 하지만 자신을 사랑하지 않는 사람이 다른 사람의 사랑을 기대한다는 것은 처음부터 말이 안 된다. 이렇듯 외부의 힘에 의해 동요하고 또 그것에 의존하는 삶은 항상 주관 없이 흔들리는 위태로운 삶이 아닐 수 없다.

인간이란 아무리 천재라 할지라도 하늘로부터 부여받은 능력의 10퍼센트도 사용하지 못한다고 한다. 인간은 누구나 자기가 꿈꾸는 이상형이 될 수 있는 잠재력을 지니고 있다. 이른바 이미지 컨트롤 Image Control이다. 결국 인간이란 자기 자신이 이미지한 바대로 되는 것이다. 그러므로 긍정적으로 생각하라.

긍정의 사고방식을 가지면 우리의 몸에는 다음과 같은 효과가 나타난다고 한다.

몸의 근육이 유연해지며 혈액 순환이 좋아져 영양분이 몸 구석구석까지 공급된다. 체온이 올라가면서 몸이 따뜻해진다. 그리고 동공이 20~30퍼센트 크게 열려 많이 볼 수 있게 된다. 또한 백혈구와 바이러스 항체가 증가되어 면역력이 강화된다. 나아가 엔돌핀과 도파민의 분비가 증가되어 기쁨과 의욕이 샘솟듯 솟구친다.

파랑새는 언제나 가까운 곳에 있다.

잘 알다시피 '파랑새'란 행복을 상징하는 새이다. 원래 파랑새는 벨기에의 마테를링크라는 극작가가 쓴 아동극의 제목이었다. 주인공 치르치르와 미치르 남매는 크리스마스이브에 꿈을 꾼다. 꿈속에서 남매는 요정의 안내를 받아 행복의 상징인 파랑새를 찾아 나선다. 이 과정에서 그들은 여러 곳을 거치면서 수많은 어려움을 겪어야 했다. 하지만 어느 곳에서도 그들이 애타게 찾던 파랑새는 결코 발견할 수 없었다. 결국 그들은 끝내 파랑새를 찾지 못하고 잠에서 깨고 만다. 그 순간 그들은 머리맡 창가의 새장에서 평화롭게 노니는 비둘기를 발견한다. 그리고 자신이 그토록 찾아다니던 파랑새가 바로 그 비둘기임을 깨닫는다.

행복은 멀리 있는 것이 아니라 가까이 있다.
길은 가까이 있는데도 사람들은 항상 멀리에서 찾는다.

왜
치욕을 견디는가

　인생의 험한 길을 살다보면 누구나 몇 번씩인가는 도무지 견뎌내기 어려울 것만 같은 역경이 찾아온다. 그 역경이 때로는 너무도 끔찍하여 '모든 것을 버리고, 이 세상을 떠날까?'라는 극단의 생각까지 할 수도 있을 것이다.
　《사기》를 지은 사마천은 황제에게 간언하다가 황제의 미움을 받아 궁형宮刑, 중국에서 행하던 오형伍刑 가운데 하나로, 죄인의 생식기를 없애는 형벌이라는 끔찍한 형벌을 받아야 했다. 당시 궁형은 가장 치욕스런 형벌이었기 때문에 궁형을 받느니 차라리 죽음을 택하는 사람이 많았다. 사마천이라고 해서 왜 죽음을 생각하지 않았겠는가? 하지만 그는 궁형을 받는 치욕 속에서 끝내 살아남았다. 바로 아버지의 유언이며 자신의 필생의 역작이었던 《사기》를 완성하려는 이유 때문이었다.
　사마천은 궁형을 받은 치욕을 이렇게 묘사했다.

백세의 세월이 흐른다 해도 저의 이 쓰라린 치욕은 잊혀지지 않을 것입니다. 지금도 그것을 생각하면 하루에도 아홉 번 장이 뒤엉킵니다. 집안에 있으면 망연자실해 무엇을 잃은 듯하고 길을 걸어도 어디로 가야 할지를 모를 지경입니다. 그 치욕을 생각할 때마다 식은땀이 등줄기를 흘러 옷을 적시지 않은 적이 없습니다.

어떤 죽음은 태산보다 크지만 어떤 죽음은 새털보다 가볍다.

사마천은 '임안任安에게 보내는 편지'에서 자기가 왜 궁형이라는 치욕을 견디며 살아남아야 했는가에 대해 가슴 저미는 심정을 토로했다.

가령 내가 억울한 죄로 사형에 처해진다고 해도 천하를 다스리는 황제의 눈에는 기껏해야 아홉 마리 소 중에서 털오라기 하나 없어지는 것과 마찬가지일 따름입니다'구우일모九牛一毛'라는 말이 여기에서 비롯되었다. 세간 사람의 눈에도 절의를 위해 죽은 것이 아니라 그저 지혜가 모자라고 죄과가 겹쳐 사형에 처해졌다고 보일 것입니다. 그럴 경우 저와 같은 존재란 땅강아지나 개미와 같은 미물과 무엇이 다르겠습니까?
인간이란 태어나 어차피 한 번은 죽게 마련입니다. 그러나 그 죽음 가운데는 태산보다 무거운 것이 있는가 하면 어떤 죽음은 기러기 털보다 가볍습니다. 어떻게 죽느냐가 문제인 것이지요.
고서古書에 '형벌은 사대부에까지 이르지 않는다.'라는 말이 있습니다. 이는 사대부의 체면을 살리기 위한 것이 아닐 수 없습니다. 깊은 산속에 사는 백수의 왕 호랑이도 일단 우리 속에 갇히면 꼬리를 흔들며 먹이를 구걸하게 됩니다. 협박당하고 고통 받은 결과가 그러한 변화를 가져오는 것입니다.

손발이 묶이고 벌거벗겨져 채찍을 맞고 감옥에 처박히면 옥리만 보아도 머리를 땅에 박고 그 밑의 천민이나 잡역부에게조차 겁에 질리게 되어 있습니다.

그런 때 오히려 자기가 기개를 세울 수 있다고 자부할 수 있는 사람은 실상을 모르고 하는 말입니다.

이웃 나라까지 그 명성이 쟁쟁한 왕후장상이 느닷없이 생각하지도 못한 죄를 뒤집어쓰고 깨끗이 자결하지도 못하고 그 몸을 욕보이는 것은 고금에 걸쳐 그 예가 적지 않습니다. 모든 명예를 다 버렸다는 점에서 저와 다름이 없었겠지요. 그렇기 때문에 용기가 있다거나 비겁하다는 것도 사실 상황의 산물에 지나지 않습니다. 옛날부터 사대부에게 형벌을 내리지 않았던 것은 실로 그 때문이었다고 생각합니다.

죽음을 두려워하고 부모처자를 걱정하는 것은 인지상정입니다. 저는 불행히도 조실부모하고 형제조차 없이 외롭게 살아왔습니다. 그런 제가 새삼스럽게 부모와 처자 때문에 살고자 했다고는 당신께서도 생각하시지 않을 줄로 압니다.

저는 생명을 아까워하는 비겁한 자에 불과하지만 거취만은 분명하게 하고자 했습니다. 어찌 치욕을 모르고 죄인 노릇만 하겠습니까?

천한 노예와 하녀조차도 자결할 수 있습니다. 저 또한 그렇게 하려 했으면 언제든 할 수 있었습니다.

그러나 그 고통과 굴욕을 참아내며 구차하게 삶을 이어가는 까닭은 가슴속에 품은 숙원이 있어, 비루하게 세상에서 사라질 경우 후세에 문장文章을 전하지 못함을 안타깝게 여겼기 때문입니다. 옛날부터 부귀하게 살았지만 그 이름이 흔적조차 없는 사람은 무수히 많습니다. 오직 어디에도 얽매이지 않는 탁월한 인물만이 후세에 그 명성을 드날립니다.

주나라 문왕은 갇힌 몸이 되어 《주역》을 발전시켰고, 공자는 어려운 처지에 있을 때 《춘추》를 지었습니다. 그리고 굴원은 추방된 후에 〈이소離騷〉를 지었습니다. 또한 좌구명左丘明은 눈이 먼 후에 《국어國語》를 저술했고, 손빈은 다리를 잘리고 《병법》을 편찬했습니다. 여불위는 촉나라에 유배된 뒤에 《여씨춘추》를 세상에 남겼고, 한비자는 진나라에 억류되어 있을 때 《세난說難》과 《고분孤憤》을 썼던 것입니다.

인간이란 가슴에 맺힌 한을 토로할 수 없을 때, 옛날 일을 글로 엮어 미래에 대한 희망으로 명저名著를 남기는 게 아닌가 합니다. 예를 들어 좌구명이나 손빈은 시력을 잃거나 다리가 잘려서 이미 세상에서 쓸모없는 사람처럼 되었지만, 붓에 모든 힘을 기울여 자신들의 맺힌 한을 문장으로 남긴 것이라 하겠습니다.

사마천에게 있어 운명의 장난은 여기서 그치지 않았다.

사마천은 그 뒤 자신에게 궁형이라는 치욕을 안겨준 장본인인 한무제漢武帝, 바로 그 사람의 총애를 받아 환관으로 궁정에서 봉사하게 되었다. 이 어찌 슬프고 기가 막힌 인연이 아니랴? 사마천은 하늘을 우러러 탄식하지 않을 수 없었다.

'도대체 인간이란 무엇인가?'

'그리고 역사란 무엇인가?'

'과연 인간사를 정의롭게 주재한다는 하늘의 도道란 존재하는 것인가?'

만약 사마천이 궁형의 치욕을 견디지 못하고 그냥 목숨을 끊었다면 어떻게 되었을까? 물론 《사기》는 존재하지 않았을 터이고, 사마천이라는 이름을 기억하는 사람은 아무도 없었으리라. 그리고 사마천의 사무친 그 원통함은 그저 개인 차원에 머문 채 끝나 버리고 말았을 것이다.

도대체 세상사란 원래 이런 것인가? 온갖 고통과 좌절을 겪으면서 생전에는 한 치의 명예를 얻지 못하고 죽어서야 비로소 사람들이 그 인물됨을 알아주는 그 운명이란 또 무엇이란 말인가! 사마천도 "세상사처럼 뜻대로 되지 않는 것이 없다."라고 탄식할 수밖에 없었다.

그러나 역경은 성공을 예비하는 신호탄이기도 하다. 한 가지 일을 겪지 않으면 한 가지 지혜가 생겨나지 않는다. 어떤 일이든 양면성을 지니게 마련이다.

몽골족의 거센 침입에 굴복했던 중국의 한족은 창녀보다도 낮은 제10위의 계급으로 전락해야 했다. 흉노족, 여진족, 거란족 등 이전의 모든 침입자는 한없이 중국의 고급 문명을 동경했었다. 하지만 몽골족은 중국 문화를 철저히 무시하고 파괴했다.

그러나 몽골의 어두운 지배 시대에도 반대쪽이 존재했다. 사실 중국 대륙은 중세의 최전성기를 넘어서 이미 활력을 잃어가고 있었다. 너무도 오랫동안 홀로 군림하면서 정체되었다. 바로 이 시점에서 이뤄졌던 몽골의 중국 지배는 새로운 피를 수혈했다는 긍정적인 평가도 있었다. 중국은 역사상 세계 최대의 대제국을 건설했던 몽골의 지배 아래 서양과의 교류를 이룰 수 있었으며, 아울러 한족의 자존심을 다시 일으켜 세우는 계기가 되었던 것이다.

서양 역시 마찬가지였다. 몽골의 공격과 그 이전 훈족의 진출로 인하여 게르만족의 대이동이 이뤄졌고, 이 때문에 서로마제국이 멸망하게 되기도 했다. 하지만 이러한 과정은 그리스도교의 확대에도 커다란 영향을 미쳤다.

일시적으로 혼란 혹은 폭력으로 보이는 현상도 종종 역사를 전진시키고 비약하게 만드는 역동적 과정이었던 것이다.

이 세상에 변화하지 않는 것은 없다

이른바 변두리 지역을 의미하는 '주변부'가 영구불변하게 주변부인 것은 결코 아니다.

유럽의 주변부에 지나지 않던 영국이 결국 세계를 제패했고, 중국은 그 주변부였던 몽골족이나 만주족에게 멸망당했다. 진시황의 진나라도 처음에는 중원의 변방에서 우짖는 야만국가일 뿐이었다. 일본도 중국의 주변부에 지나지 않았지만 마침내 중심부인 중국을 추월했다. 미국 사회 내에서 흑인은 영원한 주변부인 것처럼 보였지만, 결국 흑인 혼혈 대통령인 버락 오바마가 등장했다. 오늘날 서울의 금싸라기 땅으로 자리 잡은 강남 지역은 불과 30년 전만 해도 서울 중에서도 변두리 논밭에 지나지 않았다.

중심부가 영원불변으로 잘 나갈 듯 보이지만, 주변과 중심이란 고정된 구도가 아니라 끊임없이 변화하고 상호 순환되는 것이다.

성공이란 역경이라는 반대쪽이 존재하기에 비로소 가능하다.
역경이야말로 성공을 예비하고 준비하는 과정이다.
2010년 벤쿠버 동계올림픽 피겨스케이트 금메달리스트인 김연아 선수도 항상 좋은 환경만은 결코 아니었다. 그녀의 성공은 타고난 능력도 있었지만 대부분은 상상을 초월한 노력의 산물이었다. 어린 꼬마 시절부터 입고 싶은 것, 먹고 싶은 것, 놀고 싶은 것, 자고 싶은 것 모두 단념하면서 수없이 닥쳐왔던 부상 속에서 오로지 '무미건조한' 훈련에만 매진해야 했다. 그녀도 한때 피겨를 그만 둘 심각한 위기에 처했었다. 만약 그때 포기했더라면 그녀의 성공은 물론 그녀의 인생은 완전히 달라졌을 것이다.
국민 마라토너 이봉주 선수도 그 성적이 나오기까지 매일 새벽 다섯 시에 일어나 하루에 20킬로미터씩 뛰는 훈련을 수십 년 동안 계속해야 했다. 보통 사람은 도저히 견딜 수 없는 그 처절한 고통 속에서 성공의 싹이 조금씩 자라났던 것이다.
아무리 천재성을 타고 난 사람이라 해도 성실히 노력하는 자를 끝내 당해내지 못한다.

인간은
무엇으로 사는가

계포季布는 초나라에서 용맹함으로 그 이름을 드날렸다. 그는 신중하고 입이 무거워 사람들에게 두터운 신임을 얻었다. 그의 찬성 한 마디는 천만 금에 해당할 만큼 무게가 실려 있었다. 그리하여 계포일낙季布一諾, 절대로 틀림없는 승낙. 중국 초나라 장수인 계포의 한 번 승낙은 백금을 얻기보다 더 소중했다는 고사에서 유래한다이라는 말까지 생겨날 정도였다.

그는 직접 군사를 지휘해 적기를 탈취한 적이 여러 번 있을 정도였으니 가히 장사라 할 수 있었다. 하지만 그는 상황이 좋지 않아 노예의 신세로 전락했으니 그 얼마나 비참한 심정이었을까?

그는 자신의 재주를 믿었기에 비록 참기 힘든 치욕을 당할지라도 결코 부끄러워하지 않았다. 아직 제대로 펼쳐 보지 못한 자신의 재주를 이 세상에 끝내 펼쳐보려 했기 때문이었다.

결국 그는 목숨을 살려 한나라의 명장이 되었다. 진실로 용기 있는 자는 가볍게 죽지 않는 법이다. 보잘 것 없어 보이는 비첩과 천한 사람이 울분에 쌓여 자살하는 경우도 있지만, 이는 용감한 것이 아니고 다시 재기하려는 계획을 끝내 세우지 못하기 때문에 그냥 죽은 것이다.

—《사기》의 〈계포, 난포열전〉

사마천은 다시 이렇게 말한다.

"칼집 고리를 훔친 자는 극형을 받으나, 나라를 훔친 자는 제후가 된다. 그리고 그렇게 제후가 되면 '인仁이 어떻고 의義가 어떤 것이다.'라고 소리를 높이게 된다."

과연 하늘의 뜻은 존재하는가?

사마천은 그의 불후의 저작인《사기》에서 이렇게 한탄했다.

"과연 하늘의 도는 있는가?"

이 말은 사마천이《사기》를 통해 처음부터 끝까지 줄곧 붙잡고 있던 화두인 셈이었다.

그리고 그는 열전의 제1편인 〈백이숙제열전〉에서 이 문제를 진지하게 제기했다.

누군가 이렇게 말했다.

"하늘의 뜻이란 사사로움이 없으며 언제나 착한 사람의 편이다."

그렇다면 백이, 숙제는 과연 착한 사람인가? 어진 덕을 쌓고 품행을 바르게 했음에도 불구하고 마침내 굶어 죽었다는 사실은 과연 무

역경에 답하다 89

엇을 의미하는가?

옳고 그름이란 무엇인가?

공자는 그의 일흔 제자 중에 오직 안회顔回, 중국 춘추시대의 유학자로 공자의 수제자로 학덕이 뛰어났다만을 가리켜 학문을 즐기는 사람이라고 칭찬했다. 하지만 정작 안회는 끼니조차 제대로 이어갈 수 없었으며, 지게미와 쌀겨로도 배를 채우지 못하고 마침내 일찍 세상을 떠났다. 하늘이 착한 사람에게 지불하는 대가가 고작 이런 것이란 말인가!

그러나 도척盜跖은 날마다 무고한 사람을 죽이고 사람의 간으로 회를 쳐서 먹었으며, 포악한 수천 명의 무리를 이끌고 천하를 어지럽혔다. 하지만 끝내 아무 천벌도 받은 적이 없이 제 목숨을 온전히 누리고 살았다.

이러한 것은 도대체 무슨 이유인가?

평생 동안 하는 짓이 못되고 남에게 해만 끼치면서도 죽을 때까지 호의호식하고, 나아가 죽은 이후에도 그 부귀가 자손까지 이어지는 경우가 많다. 반면에 걸음 한 번 내딛는 데도 땅을 가려서 밟고, 말 한마디를 하는 데도 때를 가려서 하며, 길을 가는 데도 지름길을 찾지 않고 공정한 일이 아니면 하지 않는 사람이 오히려 재앙을 만나는 일이 부지기수다.

과연 하늘의 도천도天道라는 것은 옳은 것인가, 잘못된 일인가천도, 시야비야天道, 是耶非耶.

공자는 이렇게 말했다.

"실천하는 길이 같지 아니하면 서로 일을 도모하는 것도 같이 하지를 않는다."

이는 모든 사람이 각자의 의사에 따라 살아가야 함을 말한다. 다시 공자는 말했다.

"만약 부귀가 뜻하는 바와 같이 이뤄진다면 나는 비록 천한 하인일지라도 기꺼이 하겠다. 그러나 이뤄질 수 없다면 내 뜻대로 살 것이다."

"추운 겨울이 되어서야 소나무와 잣나무가 푸른 것을 알 수 있다."

"온 세상이 혼탁해질 때 비로소 청렴한 인물이 드러나게 된다. 세속 사람은 이 세상에서 무엇보다도 부귀를 위해 사는데 청렴한 인물은 부귀를 가볍게 보기 때문이다."

또한 공자는 이렇게 말했다.

"군자는 죽은 후에 이름을 더럽히지 않으려고 노력한다."

한편 한나라의 시인 가의賈誼는 이렇게 말했다.

"탐욕스러운 사람은 재물을 얻기 위해 죽고, 의로운 선비는 이름을 위해 죽는다. 그리고 권세를 좋아하는 사람은 권세를 위해 죽으며, 보통 사람은 그저 하루하루 살아가는 데만 급급하다."

때를 만나야 인물이 된다

《주역》에 이런 구절이 있다.

'같은 빛끼리는 서로 비춰주고, 같은 종류끼리는 서로 찾는다.'

'구름은 용을 따라 일어나고, 바람은 호랑이를 따라 일어난다. 그리

하여 성인이 나타나면 모든 만물이 우러러본다.'

성인이 이 세상에 나타나고서야 비로소 만물도 빛을 얻게 된다.

백이, 숙제는 분명 현인이었지만 공자의 붓을 통해서 비로소 그 이름이 드러나게 되었다. 안회는 학문에 충실했지만 공자의 기미驥尾, 파리가 천리마의 꼬리에 붙어서 천리를 간다는 뜻으로, 다른 사람에게 의지하여 이름을 얻는 것을 비유함에 붙어서 그 품행이 더욱 돋보였던 것이다.

함께 동굴에 숨어 사는 선비라도 그가 처한 때에 따라서 이로움과 해로움이 있다.

하물며 촌구석에 살면서 품행을 닦고 이름을 세우고자 하는 사람은 아무리 능력이 있어도 덕이 있는 유력자를 만나지 못한다면 어떻게 이름을 후세에 전할 수 있겠는가!

좋고 나쁨은
생각하기 나름이다

중국의 해남도海南島라는 섬은 지금도 오지에 속한다. 일찍이 송나라 시대의 유명한 시인 소동파는 당쟁에 희생되어 해남도에 유배를 가야 했다. 하지만 그곳에 병을 치료해줄 의사가 있을 턱이 없었다. 사람들은 모두 그를 걱정했다.

하지만 그는 이제까지 의사의 오진에 의해 잘못 치료받다가 죽어간 사람의 숫자를 세었다고 한다. 보통은 사람이 실의에 빠지면 자신이 결코 그 상황을 벗어날 수 없다고 느낀다. 그러나 한쪽에 나쁜 점이 있으면 다른 쪽에 좋은 점이 존재하는 법이다.

명나라 시대에 성리학이 절대화되자 이에 대한 반발로 정립된 것이 바로 양명학이다. 그 양명학을 창시한 사람은 왕양명王陽明이다.

어느 날 그는 친구와 함께 뜰 앞의 대나무에 대해 연구를 시작했다. 성리학을 창시한 주자의 격물치지格物致知를 익히기 위해 대나무의 이

理를 알아보고자 했던 것이다. 그러나 이렇게 대나무만을 쳐다보다가 결국 사흘 만에 친구는 우울증에 빠졌고, 다시 나흘이 지나자 자신도 병으로 눕고 말았다. 그는 고개를 끄덕이며 '역시 성인이란 아무나 되는 것이 아니야.'라고 중얼거렸다.

젊은 날 왕양명은 주자의 격물치지를 깨치기 위해 오랫동안 연구했다. 마침내 깨달음을 얻어 주자학을 극복할 수 있었으니 그때 그의 나이 서른일곱 살이었다.

새옹지마塞翁之馬라는 말이 있다.

옛날 중국 변경 지방에 새옹이라는 노인이 아들과 함께 살고 있었다. 그 아들은 말을 무척이나 좋아했는데 어느 날 가장 아끼는 말이 도망치고 말았다. 아들이 말을 아까워하자 노인은, 다시 돌아올지 모르니 안타깝게 생각하지 말라면서 태연했다.

몇 달이 지나자 과연 말이 돌아왔다. 더구나 그 말은 여러 말을 데리고 함께 돌아왔다. 이에 마을 사람이 모두 몰려와 축하했다. 하지만 새옹은 별로 기뻐하지 않았다. 사람들이 그 까닭을 물으니 노인이 말했다.

"좋은 일이 있으면 궂은일도 있는 법이오. 또 궂은일이 있으면 좋은 일도 있는 법이라오. 그러니 좋다고 마냥 기뻐하지 말아야 할 것이며, 나쁜 일이 일어났다고 슬퍼만 할 필요가 없다오."

며칠 뒤 아들이 그 말을 타고 놀다가 다리가 부러졌다. 마을 사람이 찾아와 노인을 위로했다. 그러자 노인은 이렇게 말했다.

"나쁜 일이 좋은 일로 될 수도 있다오. 슬프면 슬픈 대로 살아야지…."

그로부터 1년이 지났을 무렵 북방 오랑캐가 침략했다. 그러자 모든 장정이 징용되어 전쟁터에 나가야 했다. 그리고 그 젊은이들은 대부분 전사하고 말았다. 하지만 새옹의 아들은 다리가 부러졌기 때문에 징용을 피할 수 있었다.

그렇다. 세상일은 새옹지마인 것이다. 1승 1패는 살아가다 보면 항상 일어날 수 있는 병가지상사兵家之常事다. 그러니 결코 오늘의 실패를 두려워 말라.

산에 오를 때는 험난한 길을 참고 견뎌야 하며, 눈길에서는 미끄러지는 위험을 참고 견뎌내며 전진해야 한다.

하루 종일 계속되는 소나기는 없다취우부종일驟雨不終日. 참는다는 말에 깊은 의미가 담겨져 있다. 기다림의 철학은 바로 이 지점에서 비롯되었다.

사물이 조락해가는 상황에서 당연히 변화되어야 한다는 것을 모두 알지만, 아무도 움직이려 하지 않는다. 모두가 그것이 정의를 위한 것인 줄 분명히 알면서도 아무도 움직이려 하지 않는다. 오로지 영웅호걸만이 습관과 습속에 따르지 않고 홀로 정도正道를 추구한다.

이렇게 습속에 따르지 않고 정도를 추구하는 것을 가리켜 '독복獨復'이라 한다. '독복'은 《주역》의 "중행독복, 이종도야中行獨復, 以從道也."에서 비롯된 말이다. 길을 가다가 중도에 되돌아와 정도正道를 추구한다는 뜻이다.

운명이란
삶을 완전히 뒤바꾸는 것이니

여기 소개하는 이야기도 도무지 예측할 수 없는 인간의 운명에 관한 것이다. 화禍와 복福이란 어쩌면 동전의 양면처럼 자주, 그리고 철저히 뒤바뀐다.

한나라 고조 유방의 총애를 받던 여인은 모두 황후인 여후의 표독스러운 복수의 칼날을 피할 수 없었다. 그런데 유방의 사랑을 덜 받았기 때문에 오히려 살아남아 끝내 황제의 어머니가 된 여인이 있었다. 바로 박희라는 여인이었다.

유방과 항우가 천하를 놓고 겨룰 때 박희의 아버지는 항우 진영에 있었다. 그 후 전쟁에서 패하자 그 가족은 포로가 되어 아버지는 처형당하고, 박희는 노예가 되어 베를 짜는 여인이 되었다.

어느 날인가 우연히 베 짜는 방에 들른 유방은 박희가 꽤나 예쁘게 보여 그녀를 후궁으로 불러들였다. 그러나 박희의 미모도 사실은 대단하지 않았기 때문에 유방의 머리에서 까맣게 잊혀졌다.

박희는 관부인과 조자아라는 두 명의 후궁과 매우 친했다. 세 친구는 언제나 약속을 지키자며 맹세했다.

"우린 나중에 누가 먼저 귀인이 되더라도 서로 잊지 말자. 꼭."

그 후 관부인과 조자아는 유방의 총애를 받는 몸이 되었다. 어느 날 유방과 같이 나들이하던 두 후궁은 잠시 쉬고 있을 때, 박희와의 약속을 말하며 서로 웃었다. 그러자 유방이 꾸중을 하며 왜 웃느냐고 물었다. 두 후궁이 그 이유를 말하니 유방은 갑자기 박희가 불쌍하다는 생각이 들었다.

그래서 그 즉시 박희를 불러내 잠자리를 같이 했다. 그때 박희가 조용히 속삭였다.

"지난 밤 제 배에 푸른 용이 들어오는 꿈을 꾸었답니다."

"그래, 그건 길조구나. 내가 그 꿈을 이뤄주겠다."

이렇게 박희는 단 한 번의 정情을 받았다. 그 뒤로 유방을 두 번 다시 만나지 못했다. 박희는 이 단 한 번의 사랑으로 아들을 잉태했다.

유방이 죽자 유방의 사랑을 받던 후궁은 모조리 여후에게 앙갚음을 당해야 했다. 그러나 박희는 '불쌍한 여인'으로 취급되어 살아남았던 것이다.

여후가 죽은 후에는 여씨의 전횡에 진력이 난 중신들이 박희를 불러들였고, 그 아들을 황제로 세웠다.

한편 두희竇嬉는 뒷날 한나라 문제의 황후가 된 사람이다. 그녀는 원래 명문가 출신이었으나 집이 가난해 일찍부터 궁중에 시녀로 뽑혀 들어가 한고조 유방의 부인인 여후를 섬기고 있었다.

그녀가 궁궐로 들어간 얼마 후 여후는 궁중에 있는 여인들을 제후의 후궁으로 보냈는데, 두희도 거기에 포함되었다. 두희는 조나라 출신이기 때문에 고향인 조나라 땅으로 가고 싶었다. 그래서 담당자에게 간곡히 부탁했다.

"저를 꼭 조나라에 보내주시는 거죠?"

담당자는 그렇게 해주겠다고 약속했다.

하지만 담당자는 그 약속을 까맣게 잊어버리고 그녀를 대代나라로 가는 일행에 포함시켰다. 그 보고서는 그대로 여후에게 올라가 승인되었다. 결국 두희는 대나라로 가게 되었고, 그녀는 울며불며 담당자를 원망했지만 이미 엎질러진 물이었다.

대나라는 북쪽 변경지방의 오지로 흉노와 국경을 맞대고 있는 위험한 곳이기도 했다. 그녀는 차마 떨어지지 않는 발걸음을 옮겨 대나라로 향했다. 대나라로 간 두희는 그곳 제후의 사랑을 한 몸에 받고 아들 둘과 딸 하나를 낳았다.

당시 대나라 왕에게는 정실부인이 있었고, 그 사이에 네 명의 아들이 있었다. 그러나 그 부인은 얼마 지나지 않아 죽고, 그녀가 낳은 아들들도 특별한 이유도 없이 차례로 병이 들어 모두 죽고 말았다.

그 후 여후가 죽고 여씨 일족이 몰락하자, 중신들은 여씨를 싫어해 여씨의 아들이 아닌 대나라 왕을 천자로 모시기로 결정했다. 이렇게 해서 대나라 왕이 황제로 즉위해 몇 달 뒤에 태자를 정하게 되자 아들 중에 가장 나이가 많은 두희의 장남이 태자로 뽑혔다.

이에 따라 두희는 황후의 지위에 올랐다. 그렇게도 가기 싫어했던 곳으로 간 바로 그 이유 때문에 결국 황후의 자리까지 올랐던 것이다.

승부의 열쇠는
숫자의 많고 적음이 아니다

한나라를 붕괴시켰던 왕망을 무너뜨리고 후한을 세운 유수劉秀는 중국 역사상 최소의 군대로 최대의 적을 격파한 것으로 유명하다.

왕망이 한나라를 멸망시키자 각지에서 왕망에 반대하는 반란이 잇따랐다. 이에 왕망은 자그마치 백만 명의 군대를 동원해 진압에 나섰다. 이 군대는 호랑이 이빨과 같은 강력한 군대라는 뜻으로 '호아오위병虎牙伍威兵'이라 불렸으며, 나라 안에서 내로라하는 63개 가문의 병법의 대가가 총출동했다. 더구나 우람한 거인 거무패巨無覇를 장군으로 삼았는데, 그는 신장이 열 자, 허리의 굵기가 열 아름이나 되었다. 작은 수레는 탈 수 없었고, 세 필 말로도 견디지 못했으며, 잘 때는 북을 베개로 삼고, 먹을 때에는 쇠젓가락을 써야 할 정도였다. 여기에다가 범, 표범, 물소, 코끼리 등의 맹수를 몰아 위엄을 자랑했다.

백만 명이나 되는 군대가 출정하자 그 행렬은 천 리까지 뻗었으며, 그들이 내뿜는 함성과 흙먼지는 온 세상을 진동시켰다. 이 장관에 그만 반란군은 겁을 집어먹고 모두 곤양성으로 도망치고 말았다.

그러자 왕망의 군대는 곤양성을 수십 겹으로 포위한 채 세찬 공격을 퍼부었다. 비 오듯이 쏟아지는 화살 때문에 성 안의 백성은 물을 길러 다닐 때도 문짝을 지고 다녀야 했으며, 전차가 마구 성벽을 부숴 댔기 때문에 곤양성은 백척간두의 위기에 몰리게 되었다.

그런데 왕망의 진영에 문제가 일어나기 시작했다. 63개 파의 병법 대가들이 대가들답게 갖가지 묘안을 내놓고 서로 자기의 주장이 무조건 옳다고 핏대를 올리는 바람에 도무지 수습할 수 없는 분란이 일어났다. 급기야 왕망의 대군은 63개 파로 갈기갈기 찢겨 명령계통이 엉망이 되고 말았다.

이 틈에 뒷날 한나라를 재건한 유수가 눈부신 대활약을 했다. 그는 불과 열세 명의 부하를 데리고 곤양성을 빠져나가 부근 지방에 가더니 단 번에 보병과 기병 삼천여 명을 모집해 이끌고 돌아왔다. 그리고는 곧장 삼천 명을 지휘하고 몸소 선두에 나서 왕망의 군대에 대한 공격에 나섰다. 백만 대군을 겨우 삼천 명으로 공격하다니 기가 막힐 일이 아닐 수 없었다.

원래 유수는 신중하다 못해 겁이 많은 인물이라고 소문이 나 있던 사람이었다. 그러던 그가 군사를 이끌고 직접 선두에 나서는 모습을 본 곤양성의 반란군은 생각했다.

"평소에 그토록 신중했던 유수가 저렇게 돌격하는 것을 보니 분명 성 밖에 많은 병사를 불러온 게 틀림없다. 이기는 것이 확실하지 않다면 굳이 저 사람이 나설 이유가 없지 않은가!"

그리고는 모두 성문을 열어젖히고 맹렬한 기세로 공격에 나섰다. 이리하여 백만 대군을 만 명이 기습 공격하는 기이한 상황이 벌어졌다.

이미 내부의 지휘 계통이 무너진 왕망의 군사는 오합지졸처럼 갈팡질팡하다가 와해되고 말았다. 게다가 갑자기 일진광풍이 불어 지붕의 기와가 사정없이 날리고 빗물이 마치 동이물을 엎지르듯 쏟아졌다. 그러자 범도 표범도 사자도 떨고 머뭇거려 속수무책이 되고 말았다. 이 때문에 물에 빠져죽은 자가 수만 명에 달했다. 승패는 이미 결정이 나 버린 상태였다.

이렇게 하여 사상 최소의 군대로써 최대의 군대를 격파한 '곤양성 싸움'은 막을 내렸다. 이후 왕망 정권은 불과 15년 만에 멸망하고 말았다.

큰소리를 지르는 것은 두렵기 때문이다. 자신이 약하기 때문에 허장성세를 부리는 것이다. 이는 마치 코브라 뱀이 자기 몸을 부풀려 위협하는 것과 마찬가지다. 또한 지도자가 상장이나 상금을 남발하는 것은 그가 궁지에 몰렸기 때문이다.

가난하면
부모조차 박대한다

춘추시대, 천하의 합종책으로 여섯 나라에서 모두 재상의 자리에 올랐던 소진蘇秦!

하지만 그가 아직 입신양명의 뜻을 이루지 못하던 때, 다 헤진 옷에 떨어진 신을 신은 거지 행색으로 집에 돌아오자 부모, 형제, 아내까지 그를 무시하고 박대했다.

소진은 마침내 성공했고, 여섯 나라의 재상이라는 일찍이 존재한 적이 없었던 높디높은 자리에 올랐다. 언젠가 그가 고향집에 들른 적이 있었다. 이때 그의 행차는 왕의 행차보다 오히려 성대할 정도였다. 그가 집에 도착했을 때 그의 형제와 아내는 눈을 내리뜨고 감히 쳐다보지도 못했다. 그들이 엎드린 채로 음식을 먹자 소진이 웃으며 형수에게 물었다.

"왜 전에는 거만하더니 지금은 공손한 것입니까?"

이에 형수가 엎드린 채 얼굴을 땅에 대고 사과하며 말했다.

"아주버님께서 지위가 높고 부귀한 것을 보았기 때문입니다."

이 말을 들은 소진이 하늘을 우러러 탄식해마지 않았다.

"사람은 같은 사람인데, 부귀해지면 친척도 두려워하고 가난해지면 부모조차 박대하는구나! 하물며 세상 사람이야 말해 무엇 하리오? 만약 내가 밭 두 마지기만 있었더라면 내 어찌 여섯 나라의 재상이 될 수 있었으랴!"

실로 소진은 어제 아무것도 가진 것이 없었기 때문에 오늘 그토록 성공할 수 있었던 것이다.

안개 속을 걸으면
자기도 모르게
옷이 젖는다

군자는 언제나 정도를 지키고 덕을 쌓아서 스스로의 가치를 높이면서 때를 기다려야 한다. 예를 들어 지위가 높아지지 않고 보수가 오르지 않는 것은 오로지 천명에 의한 운명으로서 인간의 힘으로는 어떻게 할 수 없는 것이다.

무엇보다도 우선 각자의 일자리에서 주어진 책임을 완수해야 한다. 아무리 하찮게 보이는 일일지라도 불평불만을 말하지 않고 성실히 책임을 다한다. 항상 그러한 자세로 근무에 임하면 언젠가 반드시 인정받을 때가 온다. 새로운 전망이 열리는 것이다.

안개 속을 걸으면 자기도 모르게 옷이 젖는다. 좋은 사람을 가까이 하면 자기도 모르게 좋은 사람이 된다는 말이다. 일종의 '벤치마킹 Bench Marking'인 셈이다. 우리나라의 양궁이 계속해서 세계를 제패할 수 있는 중요한 이유는 예전에 김진호라는 대선수가 있었기 때문에 가능했다. 김진호 선수를 보고 후배 선수들이 모방하고 배우는 사이에 양궁이 세계 최고 수준으로 발전했다.

또한 우리의 바둑이 세계 최고의 실력을 자랑하는 것은 이세돌, 이창호, 조훈현이라는 '바둑 천재'가 있기 때문이며, 마라톤이 전성기를 누렸던 것은 이봉주와 황영조라는 영웅이 있었기 때문이다. 김연아를 보고 많은 어린이가 피겨를 배우는 현상 역시 마찬가지다. 이렇듯 보고 배우는 모방 효과를 관찰 학습, 또는 모델링Modeling이라고 한다.

친구를 보면 그 사람의 됨됨이를 알 수 있다. 좋은 친구를 사귀면 마치 난초꽃이 만발한 방 안에 있는 것과 같아서 자연히 향긋한 향기가 풍겨 나오게 된다. 반대로 별 볼 일 없는 사람을 사귀면 오랫동안 어시장에 서 있는 것과 같아 비린내가 코를 찌른다.

군자는 교제할 상대를 신중하게 선택하지 않으면 안 된다. 공자도 "자기보다 못한 자를 친구로 삼지 말라."라고 말했다.

하지만 타인의 미美를 빼앗지 말라. 상대방의 지혜를 받아들이면서 정작 그 장본인을 무시하는 것은 옛 성인도 수치로 여겼다. 아무리 조그만 의견일지라도 남으로부터 빌려온 것은 반드시 그 취지를 밝혀야 한다. 다른 사람의 미를 훔쳐 자기의 것인 양 꾸며서는 안 된다.

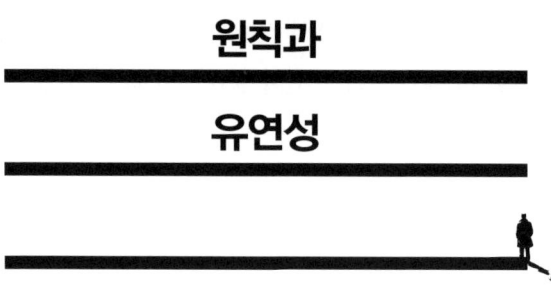

원칙과 유연성

'기준基準'의 의미인 영어 'standard'는 원래 '군기軍旗'라는 뜻으로서, 중세시대 전쟁에서 병사가 전투를 벌일 때 가장 높은 곳에 꼿꼿하게 박아놓고 병사로 하여금 결전을 치르도록 독려하는 의미였다.

이 군기가 쓰러지면 병사들은 더 이상 전진을 하지 못하고 패퇴해야만 했다. 따라서 'standard'라는 단어는 전쟁터의 용사가 적의 어떠한 공격에도 굴하지 않고 꼿꼿이 버티는 자세에 적용되어 '최후의 저항, 반항, 확고한 입장'이라는 의미를 지녔었다. 결국 '기준', '표준'이라는 의미의 'standard'는 사회의 최후의 버팀목이라는 뜻을 내포한다. 이 '기준'이 무너지면 전체 사회가 붕괴됨을 의미한다. 한편 '원칙'을 나타내는 'principle'의 어원은 라틴어 'principium'으로부터 비롯된 것으로 그 의미는 '시작' 또는 '근원'이다.

오늘날 일본이 심각한 위기에 놓이게 된 데에는 여러 요인이 있을 것이다. 사회 전체에 만연된 창조성의 결여, 적극성의 부족, 경쟁의식의 약화, 노령화와 청년층의 실업 등등의 요인이 지적될 수 있다. 이에 못지않은 중요한 요인은 바로 기준의 결여, 다른 말로 하면 보편정신의 결여다.

일본은 제2차 세계대전을 일으켜 수많은 무고한 사람을 살육하고도, 일본에 원자폭탄이 투하됨으로써 자신들이 피해를 입었다는 피해의식만을 지니고 있다. 그런 까닭에 강제 위안부 문제, 난징 학살, 식민지 지배 등 과거 역사에 대한 반성이 전혀 없이 거꾸로 자기들이 평화애호 민족임을 강변한다. 일제 강점기의 강제징용자가 납부했던 연금 반환 요구에 일본 정부가 고작 99엔을 지급한 것이 그 대표적인 사례다.

일본인의 이러한 사고방식의 배경에는 인류가 공통으로 지닌 보편정신이 결여되었기 때문이라고 파악된다. 인권, 민주, 박애, 자비, 관용 등의 인류 보편 정신과 문화에 취약한 것이다. 무속 신앙의 범주를 크게 벗어나지 못한 신도神道가 현대 일본 사회에 아직도 널리 퍼져 있다는 사실은 이러한 현상을 충분히 설명해준다고 할 것이다. 일본은 오랫동안 철저히 고립된 조건에 있었다. 그러한 지리 조건에 특히 무사武士, 사무라이 계급에 의한 장기 지배 하에서 무조건 복종이 강요되었다. 일본인이 자랑하는 '예의 바름'도 그러한 억압 사회에서의 '얕은 보신술'에 지나지 않는다. 단 한 번도 아래로부터 민중의 반란이나 혁명이 일어나지 않았다.

이렇듯 '기준'과 '원칙' 그리고 보편성이 취약하기 때문에 당연히 그 뿌리 역시 취약할 수밖에 없다. 2011년 3월에 발생한 일본 원전 방사능 누출 문제 또한 이로부터 비롯된 것이다. 시작과 근원이 취약하니 결국은 모래성일 수밖에 없다.

　기준과 원칙은 이처럼 중요하다. 이러한 기준과 원칙을 보완해 빛을 발하는 것이 유연성이다.
　지나치게 곧으면 부러지기 쉽고, 사람이 너무 맑으면 친구가 없는 법이다.

　중국 역사에서 흉노족은 중국 민족을 끈질기게 괴롭힌 민족이었다. 인공위성에서 유일하게 육안으로 관찰할 수 있는 인공 건축물이라는 저 유명한 만리장성도 실은 천하의 영걸로 꼽히는 진시황이 흉노족을 두려워 해 쌓았던 성곽이다. 항우를 물리치고 천하를 석권한 유방도 흉노족을 공격하다가 오히려 완전히 포위를 당해 간신히 목숨만을 건져 도망쳐야 했을 정도로 흉노는 강성한 민족이었다. 특히 흉노는 묵특 선우의 시절에 그 전성기를 맞았다.
　묵특이 처음 즉위했을 때는 옆의 나라인 동호족이 매우 강성하던 때였다. 동호족은 묵특이 즉위했다는 소식을 듣고 사신을 보냈다.
　"귀국의 선왕이 탔던 천리마를 가지고 싶소."
　그러자 신하들이 모두 반대하고 나섰다.
　"천리마는 우리 흉노의 보배입니다. 절대로 줘서는 안 됩니다."
　그러나 묵특은 천리마를 주도록 했다.
　"남의 나라와 이웃하고 있으면서 어찌 말 한 마리를 아낄 수 있겠는가?"
　얼마 뒤 동호족은 다시 사신을 보내 요구했다.
　"묵특 선우의 아내 중 한 명을 보내라."

그러자 신하들이 벌 떼처럼 들고 일어났다.

"동호가 지나치게 무례해 이제 후궁까지 요구하고 있습니다. 단연코 그 제의를 묵살하고 거만하기 짝이 없는 그들을 쳐서 다시는 그런 무례함이 없도록 해야 할 것입니다."

하지만 묵특은 이렇게 말하며 후궁 한 명을 동호족에게 보냈다.

"남의 나라와 이웃하면서 어찌 한 여자를 아끼겠는가?"

동호는 더욱 교만해져 서쪽으로 쳐들어왔다. 그러면서 동호와 흉노와의 접경지대인 천여 리의 땅을 요구했다. 그 땅은 사실 쓸모도 없이 버려진 땅으로서 사람도 살지 않은 황무지에 불과했다. 묵특이 신하를 모아놓고 어떻게 해야 좋겠느냐고 묻자 몇몇 신하가 말했다.

"그 땅은 어차피 버려진 땅입니다. 이웃하는 나라로서 그 쓸모없는 땅 정도를 아낄 필요는 없다고 봅니다."

묵특은 뜻밖에도 이제까지와는 전혀 다른 태도를 보였다.

"땅은 나라의 근본이다. 어찌 그 땅을 줄 수 있다는 말이냐?"

땅을 줘야 한다고 말한 신하를 모조리 처형시켰다. 그리고는 말에 오르면서 전국에 명령을 내렸다.

"만약 뒤쳐진 자가 있다면 베어 죽이겠다."

묵특은 곧바로 동호족에 대한 기습 공격에 나섰다. 이때 동호족은 흉노를 가볍게 생각해 전혀 방비를 하지 않고 있었다. 묵특이 이끄는 흉노의 전사들은 동호족을 대파했고, 그 왕까지 죽였다.

묵특이야말로 뒷날 흉노에 쳐들어온 한고조 유방의 대군을 대파하고 유방으로 하여금 치욕스러운 후퇴를 하게 만들었던 흉노의 영걸이었다.

원칙과 유연성을 어떻게 적절하게 구사하는가는 사실 대단히 어려운 문제다. 이 문제를 적절히 해결할 수 있는 사람이야말로 진정한 고수고 승자가 될 자격을 갖춘 사람이다.

의심을 품고
일을 시작하면
성공하지 못한다

춘추전국시대, 조나라는 동서 양쪽으로 동호, 임호, 누번 등 삼호라고 불리는 유목민족과 국경을 맞대고 있었다. 그들은 모두 기마술에 능했고 활을 쏘는 데 뛰어났다.

이에 반해 중국 민족의 군대는 예로부터 전차 중심의 부대로서 네 마리의 말이 이끄는 무거운 전차를 끌고 다녀야 했다. 그러기에 중국 군대는 유목민족의 기마부대에게 언제나 열세에 몰렸다. 특히 조나라는 세 유목민과 국경선을 맞대고 있었기 때문에 피해를 더 크게 받았다.

조나라 무령왕은 노심초사했다.
"어떻게 해야 북방의 날랜 기마부대를 이길 수 있을까?"
그는 유목민의 기마부대에 대항하는 유일한 방법은 전차 중심의 방식을 버리고 그들의 장점을 익혀야 한다고 결심했다. 우선 중국의 전통 의상인 몸 전체를 하나로 내려 덮는 옷이 아니라 저고리와 바지로 나누어 말타기에 편리한 북방민족의 옷차림인 호복胡服을 입어야 한다고 생각했다. 호복을 입고 활을 쏘며 호복기사胡服騎射 말을 달리는 강력한 기마부대를 창설하고자 했다.

하지만 예상대로 신하들의 반발은 거셌다. 무령왕은 조나라가 유목민에게 당하는 고통에 대해 자세히 설명했다. 그러한 위협을 이겨내기 위해서는 그들의 장점을 받아들일 수밖에 없다는 논리를 폈다. 그동안 완강히 반대를 하던 대신 누완은 왕의 의견에 동조했다. 하지만 대다수의 신하들은 "오랑캐 옷을 입게 되면 스스로 중화민족임을 포기하는 것입니다."라며 여전히 반대 의견을 굽히지 않았다. 무령왕은 현명한 원로대신인 비의를 만나 상의했다. 비의는 이렇게 말했다.

"대공大功을 논하는 자는 여러 사람에게 묻지 않는 법입니다. 또한 의심하면서 시행하면 이름을 떨칠 수 없고, 의심하면서 일을 하면 공을 이룰 수 없다고 했습니다의행무명, 의사무공疑行無名, 疑事無功. 폐하께서는 이미 종래의 풍속을 버렸다는 비난을 받을 각오를 하셨습니다. 어리석은 자는 일이 이뤄졌는데도 아직 그것을 모르며, 지혜로운 자는 아직 형태가 나타나기 전에 벌써 그것을 봅니다. 폐하께서는 조금도 주저하실 필요가 없습니다."

이에 무령왕은 크게 기뻐했다.

"광인狂人이 즐거워하는 바는 지자智者가 이를 슬퍼하며, 어리석은 자가 조소하는 바는 현자가 이를 밝게 살핀다. 나는 호복의 효능을 의심하지 않는다."

무령왕은 스스로 호복을 입었다. 그러자 많은 관리가 뒤따라 호복을 입기 시작했다.

오늘의 실패가
내일의 실패로
직결되지는 않는다

 참으로 하늘의 뜻은 예측하기 어렵다. 시련을 주는가 하면 곧이어 영광이 따라오기도 하고, 영광을 주는가 하면 곧바로 시련이 닥쳐오기도 한다. 어떠한 영웅호걸도 이를 비켜갈 수 없었다.
 훌륭한 인물은 역경에 처할 때에도 그것을 감수해내고 평온할 적에도 만일의 경우를 준비한다. 그렇기에 아무리 전지전능한 하늘이라 해도 도저히 훼방을 놓을 수 없다. 여기에서 발상을 전환할 필요가 있다.
 역경에 처했을 때에는 모든 것이 좋은 약이 되어 절조나 행동이 모두 자기도 모르는 사이에 닦아진다. 그러나 순조로울 때에는 눈앞의 모든 것이 흉기로 변해 몸의 모든 기운이 빠져나가도 깨닫지 못한다. 오랫동안 웅크리고 앉아 힘을 모은 새는 한 번 날기 시작하면 반드시 하늘 높이 날아오른다. 이러한 이치만 터득한다면 도중에 지쳐서 주저앉을 염려가 없고 공을 빨리 이루려고 안달하는 일도 없다.
 세상은 항상 변하는 법이다. 자연도 언제나 변하고 사회도 변하며 유행도 변한다. 우리 인간의 생각과 상황도 항상 변한다. 오늘의 실패가 반드시 내일의 실패로 곧바로 연결되는 것은 아니다.

> 내리막길로 향하는 징후는 최전성기에 나타나고,
> 새로운 것의 태동은 쇠퇴의 극에서 생겨난다.
> 천지지도, 극즉반, 영즉손 天地之道, 極則反, 盈則損.
> ―《채근담》

> 우회하는 것이 곧바로 가는 것보다 빠를 때가 의외로 많다.
> 헝클어진 실타래를 그냥 풀려고 하지 말라.
> 자칫 급하게 마음을 먹어 그 실타래를 빨리 풀려고 서두르다 보면 오히려 엉켜버려 완전히 속수무책이 되어 버린다.
> ―《손자병법》

욕구는 어떤 무엇에 대한 결핍으로부터 출발한다. 그렇기 때문에 못다 이룬 사랑이 아름답게 생각되는 법이다. 그래서 흔히들 첫사랑의 집착으로부터 자유롭지 못하다. '놓친 고기가 커 보인다.'라든가 '남의 떡이 커 보인다.'는 말 역시 이러한 사실을 잘 알려준다. 인간의 심리는 미완성인 과제일수록 크게 부각된다. 자신이 버린 사랑보다 버림받은 사랑을 잊지 못하는 법이다.

셰익스피어의 작품에 나오는 로미오와 줄리엣은 부모가 한사코 반대했기 때문에 그 사랑도 그토록 죽기를 각오했던 것으로 볼 수 있다. 원수지간인 양쪽 집안 부모의 반대가 두 사람의 사랑을 키웠던 것이다. 반대하면 관계가 더욱 진해지는 법이다.

활동하는 마음은 늘 즐겁다

사람이 살다보면 승부를 걸어야 할 때가 반드시 온다. 일생을 건 건곤일척의 승부! 그러나 대다수의 사람은 그 천재일우의 기회를 머뭇거리다가 그만 놓치고 만다. 머뭇거리면 오히려 당한다. 쓰러지고 나서 비로소 멈춰라.

인생을 한 번 멋있게 살아볼 생각을 지닌 사람이라면 마땅히 자신이 승부를 거는 일에 마지막 힘까지 다할 의지가 있어야 한다. 일의 성패는 우리 인간의 권한 밖에서 하늘이 결정하는 것인지도 모르지만 최선을 다해 노력한다는 사실 그 자체가 이미 인생에서 참된 주인의 자세다.

토머스 제퍼슨은 말했다.

"항상 활동하는 마음은 늘 즐겁다. 그것이 바로 행복의 참된 비결이자 지름길이다."

천하가 태평할 때라면 성실한 사람이 필요하고 그런 사람에게 어느 한 분야를 맡겨도 무리가 없다. 그러나 어려운 문제에 봉착했다든가 긴급한 위기에 직면해 그것을 타개하고자 할 때에는 절대 상식인 常識人을 기용해서는 안 된다. 국부局部에 구애받는 인물과는 국사를 논할 수 없다.

꿈과 목표는 감염된다. 그리고 매력 있는 목표는 사람을 끌어들인다. 기대감을 제공하면 상대방도 죽을 각오로 달려드는 법이다.

여기 여불위呂不韋라는 사람이 있다. 그는 원래 비천한 일개 상인에 불과했지만 기회가 왔을 때 놓치지 않고 일생일대의 승부를 걸었다. 그리고 결국 진시황의 천하통일 시대를 열게 만들었다.

여불위는 전국시대 한韓나라 양책 지방의 상인이었다. 여러 나라를 왕래해 값이 쌀 때 물건을 사놓았다가 비쌀 때 파는 방법으로 엄청난 재산을 모았다.

진나라는 소왕 40년에 태자가 죽고 2년 후에 차남인 안국군이 태자가 되었다. 안국군에게는 20여 명의 아들이 있었지만 총애를 받았던 화양 부인에게는 아들이 없었다.

그 20여 명의 아들 가운데 자초라는 왕자가 있었다. 자초의 생모인 하희는 안국군의 사랑을 받지 못했다. 결국 자초는 조나라에 인질로 보내져야 했다.

조나라에 간 자초는 매우 곤궁한 생활을 해야만 했다. 더구나 진나라가 조나라를 자주 공격했으므로 그는 갈수록 조나라의 냉대를 받을 수밖에 없었다. 그 무렵 여불위는 장사 때문에 조나라의 수도 한단에 머물고 있었다. 거기에서 인질로 보내진 자초를 만나게 되었다.

여불위는 자초를 보는 순간 생각했다.

"이것은 기화奇貨, 진귀한 상품, 뜻하지 않게 찾아낸 물건을 의미한다다. 구해놓고 보자! '기화가거奇貨可居, 진기한 물건은 훗날을 위하여 잘 간작하는 것이 옳다는 말'라고 하지 않았는가."

그 뒤 여불위는 자초를 다시 찾아갔다. 이 무렵 자초는 특별히 하는 일없이 무료하게 시간만 보내고 있었다.

여불위가 큰절을 하면서 자초에게 말했다.

"제가 이제부터 공자님의 대문을 크게 해드리겠습니다."

자초는 힘없이 웃음을 짓고 말했다.

"먼저 당신의 대문을 크게 만들고 나서 나의 대문을 크게 할 수 있는 것이겠지요."

"저의 대문은 공자의 대문이 커지는 것을 기다려야 합니다."

자초는 여불위의 뜻을 알아채고 여불위를 안방으로 불러들여 깊은 얘기를 나눴다.

여불위가 차근차근 말하기 시작했다.

"지금 진나라 왕은 연세가 많고 공자의 아버님 안국군은 태자로 있습니다. 안국군은 화양 부인을 총애하는데 그 부인에게는 후사가 없습니다. 그렇다면 후계를 정하는 데는 화양 부인의 힘이 크게 작용할 것이 틀림없습니다. 공자는 20여 명의 형제 중 중간쯤 태어나신 분으로 아버님의 관심도 별로 없고 오랫동안 외국에서 인질 생활을 하고 계십니다.

안국군이 왕위에 오르면 당연히 후계를 정해야 합니다. 항상 옆에 있는 큰 형님이나 다른 형제분에 비해 공자께서 훨씬 불리한 입장입니다."

자초가 물었다.

"사실 그렇습니다. 어떻게 좋은 방도가 있겠습니까?"

"공자께서는 돈도 없으며 따라서 아버님에 대한 선물은 고사하고 찾아오는 손님과 교제하는 일도 없습니다. 저도 별로 여유는 없습니다만, 이제부터 제가 가진 천금의 전 재산을 던져서라도 안국군과 화양 부인께서 당신을 후계자로 삼게 만들겠습니다."

여불위의 말에 자초는 깊이 머리를 숙였다.

"잘 부탁드립니다. 성공하면 진나라의 반을 당신께 드리겠습니다."

자초는 진심어린 말투로 대답했다.

색이 시들면 사랑도 시든다

여불위는 오백 금을 자초에게 교제비로 주고, 나머지 오백 금으로 조나라의 진귀한 물건을 사서 진나라로 들어갔다.

그는 즉시 화양 부인을 가장 잘 움직일 수 있는 화양 부인의 언니를 만났다. 그 언니는 여불위가 이전부터 몇 번 장사 관계로 만나 선물도 많이 바쳤던 사람이었다. 여불위가 처음에 자초를 기화로 판단한 것도 그러한 관계를 잘 활용하면 승산이 있다고 여겼기 때문이었다.

여불위는 선물로 사왔던 물건을 그녀에게 모두 바치면서 넌지시 그녀를 떠보았다.

"지금 진나라에 계신 자초 왕자님은 각국의 유명 인사들과 널리 접촉하여 그 명성이 날로 높아지는 총명한 분입니다. 그 분은 항상 '화양 부인을 하늘처럼 존경한다. 아버님과 부인을 사모해 밤낮으로 눈물을 흘린다.'고 말씀하십니다."

화양 부인의 언니는 매우 기분이 좋았다. 그 틈을 타서 여불위는 다음과 같이 화양 부인께 말씀드리라고 일러두었다.

"옛말에 색으로 남을 섬기는 자는 색이 쇠하면 사랑도 잃게 된다고 했습니다. 지금 당신은 태자의 사랑을 한 몸에 받지만 애석하게도 후사가 없습니다. 그러니 이제부터라도 총명하고 효심이 두터운 분을 골라 태자의 후계를 정하고 그를 양자로 삼아야 합니다. 그렇게 해야 태자가 살아계실 때는 물론이고 혹시 태자에게 만일의 일이 생겨도 양자가 왕위에 오르기 때문에 당신은 권세를 잃지 않고 살아갈 수 있는 것입니다. 젊을 때 발판을 튼튼히 해둬야 합니다. 색향色香이 쇠하고 총애를 잃은 뒤에는 이미 때가 늦습니다.

자초는 총명한 분입니다. 그는 형제의 순서로 보아도 그렇고 생모의 순위로 보더라도 자신이 후계자가 되리라고는 전혀 생각지 않을 것이므로 당신을 끝까지 섬길 것입니다. 자초를 후계자로 정해 놓으면 당신은 평생 편안하게 살 수 있을 것입니다."

화양 부인이 이 말을 들으니 그럴 듯했다. 얼마 후 화양 부인은 안국군에게 자초가 총명하며, 또 그와 교제하는 많은 제후가 얼마나 그를 칭찬하는가를 자세히 설명했다.

그리고 눈물을 흘리며 말했다.

"저는 다행히도 태자님의 사랑을 한 몸에 받지만 아들이 없습니다. 바라옵건대, 자초를 후계자로 정해 저의 장래를 맡길 수 있도록 해 주십시오."

안국군은 그 청을 받아들였다. 이후 안국군과 화양 부인은 자초에게 많은 액수의 자금을 보내게 되었고, 여불위에게도 자초를 잘 돌봐주도록 부탁했다. 자초는 급속도로 여러 나라의 관심을 끌기 시작했다.

돈 많은 여불위는 미모가 뛰어난 무희를 집에 들여놓고 있었다. 어느 날 자초는 여불위의 집에 초대받아 간 적이 있었다. 그는 가장 아름다운 무희를 보는 순간 한눈에 반하고 말았다. 자초는 축배를 들자마자 즉시 그 여자를 자기에게 달라고 했다.

여불위는 당황했다. 더구나 그 무희는 이미 여불위의 애첩이 되어 아이까지 임신하고 있었다.

그러나 이 요청을 거절하면 이제까지 전 재산을 던져 투자한 것이 물거품이 되어버리고 말 일이었다.

'자초는 귀한 보물이다! 큰일을 앞두고 있으니 작은 일은 양보하자.'

여불위는 그녀를 자초에게 보내면서 말했다.

"이 여인이 장차 금란金卵을 낳아 줄 것입니다."

그녀는 임신한 사실을 숨긴 채 자초에게 다시 시집을 갔다.

후에 그녀는 자초와의 사이에서 사내아이를 낳았다. 그 아이의 이름은 정政이며, 이 징이 바로 천하를 통일한 진시황이다.

농사를 지으면 열 배의 이익을 얻을 수 있다. 보물을 비축해 두면 능히 백배의 이익을 얻을 수 있다. 그런데 임금이 될 인물을 키워 '투자'하면 그 이익이란 계산할 수 없을 정도가 된다. 여불위는 사람을 알아보는 눈이 있었던 것이다.

그는 그러한 투자 대상을 정확히 찾아냈고, 그 투자 기회를 민첩하게 포착해 과감히 실천했다. 자신의 투자 대상이 진정으로 꽃을 피우기 위한 정확한 방법을 찾아냈다. 당시 투자 대상의 아버지인 태자와 태자가 총애하는 화양 부인이 아들이 없다는 점을 교묘하게 활용하고 자신의 재산을 던져 결국 자신의 투자 대상이 권좌를 거머쥘 수 있게 했던 것이다. 이러한 인맥관계를 통로로 이용할 수 있다고 판단한 것이 여불위의 성공 요인이었다.

망설이는 호랑이는
벌만도 못하다

　기회가 왔을 때 그 기회를 잡지 못하면 결국 패배하고 몸을 망치게 된다. 바로 한신이 그러한 경우다. 책사 괴통은 한신의 재능을 알아보고 그에게 항우, 유방과 함께 천하를 삼분하라는 방책을 제안한다.
　괴통이 한신을 찾아가 말했다.
　"처음에 천하가 진나라에 대항해 군사를 일으키고, 영웅호걸들이 왕을 자칭하면서 세력을 모으자, 천하의 뜻있는 사람이 구름처럼 모여들어 물고기 비늘처럼 밀집해 배열되었고 불길처럼 번졌습니다. 당시에는 사람들이 오직 진나라를 어떻게 멸망시킬 것인가만 생각하면 되었습니다. 그러나 지금은 초나라와 한나라의 전쟁으로 인해 죄 없는 천하 백성이 시달리고 있습니다. 중원에는 시체와 뼈가 아무렇게나 널려 있습니다.
　초나라 항왕은 팽성에서 군사를 일으켜 사방으로 적을 격파하고 형양에 이르기까지 곳곳을 점령해 천하에 위세를 떨쳤습니다. 그러나 그의 군대는 이제 곤경에 빠져 성고 서쪽의 산지에 막혀 전진하지 못한 채 3년을 꼼짝도 못하는 형편입니다. 한편 한왕은 수십 만 대군을 이끌고 제대로 싸워보지도 못한 채 형양에서 패하고 성고에서 부상을 당해 결국 완과 섭 지방까지 퇴각해 있습니다. 이야말로 '지혜와 용기를 모두 갖춘 사람도 곤경에 빠질 날이 있다.'는 속담을 그대로 말해 주고 있습니다.

저의 생각으로는 이러한 상황은 천하의 성현이 아니고서는 어느 누구도 천하의 화란禍亂을 진정시킬 수 없습니다. 지금 천하 양웅의 운명은 장군의 손에 달려 있습니다. 장군께서 한나라를 섬기면 한나라가 이기고 초나라를 섬기면 초나라가 이깁니다.

제가 속마음을 털어놓고 계책을 말씀드려도 장군께서 받아들이시지 않을까 걱정스럽습니다. 만약 저의 계책을 받아들이실 수 있다면 두 사람 모두에게 손해가 되지 않고 공존하여 장군과 함께 천하를 삼분함으로써 장군께서 그 하나를 취하시어 삼국정립의 시대로 가는 것이 가장 상책입니다. 장군은 현재성덕賢才聖德으로서 또 많은 부대를 거느리셨고 강국인 제나라를 지니면서 연나라와 조나라를 귀순케 하시니, 이제 한나라와 초나라의 힘이 미치지 못하는 지역에 진출해 양 군의 후방을 견제하는 한편 백성의 희망대로 항우와 유방의 전쟁을 제지해 안정을 도모한다면 천하가 바람처럼 몰려오고 메아리처럼 호응할 것입니다.

그런 연후에 대국을 분할해 약화시키고 그로써 제후를 봉하면 제후들이 회복된 뒤 천하는 그 은공에 감동해 제나라에 모두 귀순하게 될 것입니다. 제나라를 지키면서 은덕으로써 제후를 보살피고 겸허한 태도로 예를 다하면 천하의 제왕이 서로 다투어 제나라에 접근할 것입니다. 듣건대 '하늘이 내린 기회를 받지 않으면 도리어 벌을 받으며, 시기가 왔는데도 행동하지 않으면 재앙을 입는다.'고 합니다. 아무쪼록 장군께서 세밀히 이 점을 고려하셔야 할 것입니다."

그러나 한신은 머리를 가로저었다.

"한왕은 나에게 커다란 은혜를 베풀었소. 그의 수레에 나를 타게 했고, 그의 옷을 내게 주어 입도록 했으며, 그의 밥을 내게 주어 먹도록 했소. 속담에도 '남의 수레를 얻어 탄 자는 그의 환난을 나눠야 하며, 남의 옷을 얻어 입은 자는 그의 근심을 함께 나눠야 하고 남의 음식을 얻어먹은 자는 그의 사업을 위해 목숨을 바쳐 일해야 한다.'고 했소. 내가 어찌 사사로운 이익에 사로잡혀 의리를 저버릴 수 있다는 말이오?"

그러자 괴통이 다시 말을 이었다.

"지금 장군께서는 스스로 한왕과 관계가 매우 좋다고 생각해 만세에 남길 공업을 세우고자 하지만 그것은 잘못입니다. 당초 상산왕과 성안군은 그들이 평민일 때는 문경지우刎頸之友의 우정을 나눴지만 이후 두 사람 사이에 충돌이 생겨 원수로 변했습니다. 상산왕이 항왕을 배반하고 항영의 머리를 들고 한왕에게 항복하자 한왕은 그를 동진케 해 성안군을 죽이도록 하고 그의 머리와 다리를 절단해 사람들에게 비웃음을 받았습니다. 두 사람의 우정은 천하에서 가장 좋았으나 결국 서로를 죽이려는 처지에 이르렀는데 왜 그렇게 되겠습니까?

화禍는 끝없는 탐욕에서 비롯되고 인심은 또 변화무쌍한 것입니다. 지금 장군께서는 충심으로써 한왕과 교류한다고 믿으시지만 장군과 한왕의 관계가 상산왕과 성안군보다 더 공고하지는 않을 것입니다. 대부 종은 망해가는 월나라를 일으켜 세우고 월왕 구천을 마침내 천하의 패자로까지 만들었지만 결국 구천에게 죽임을 당했습니다.

이것이 바로 들짐승이 없으면 사냥개는 쓸모없게 되어 잡아먹히는 세상의 이치입니다. 교분과 우정으로 말하면 장군과 한왕이 장이와 성안군만 못하고 충신忠信으로 말하면 장군과 한왕의 관계가 대부 종과 범여와 구천만 못합니다. 이 두 가지의 예로 볼 때, 장군은 분명히 아실 수 있습니다. 이 문제를 심사숙고하시기 바랍니다.

더구나 저는 '용기와 지략이 군주를 떨게 하는 자는 곧 생명이 위태롭고, 공로가 천하를 뒤덮은 자는 상을 받지 못한다.'고 들었습니다. 장군의 공로와 책략을 말씀드려 보겠습니다. 장군께서는 서하西河를 건너 위왕을 포로로 잡고 정형에서 성안군을 베어 조나라를 항복시켰으며 연나라와 제나라를 평정하고 남쪽으로 용저의 20만 대군을 무찔렀으며 서쪽으로 한왕에게 승리를 보고했습니다.

실로 공로는 천하에 비길 데 없고 지략은 불세출不世出입니다. 그래서 지금 장군께서 초나라에 가면 초나라가 믿지 못할 것이고 한나라에 가면 또한 한나라가 두려워하는 어려운 처지에 놓여 있습니다. 이때 장군께서는 그런 위세와 공로를 가지고 어디로 가시겠습니까? 지금 장군께서는 남의 신하이면서도 군주를 벌벌 떨게 하는 위세를 가졌으며, 그 이름 또한 천하에 드날리고 있습니다. 저는 장군께서 대단히 위태롭다고 생각합니다."

"이제 그만 말씀하시오. 며칠 동안 생각해보리다." 한신은 이렇게 말할 뿐이었다.

며칠이 지난 후 괴통이 다시 찾아와 한신에게 권했다.

"의견을 들을 수 있는 것은 성공의 징조이고, 반복해 사고할 수 있는 것은 성공의 관건입니다. 잘못된 의견을 듣고 잘못된 결정을 하고도 오랫동안 안전한 것은 매우 드뭅니다. 의견을 듣고 판단착오를 하지 않는 자에게는 감언이설로써 그를 미혹시킬 수 없으며, 문제를 고려함에 있어서 본말전도가 없는 자에게는 감언이설로 그를 교란시킬 수 없습니다.

비천한 일을 함에 만족하는 자는 군주의 지위를 쟁탈할 기회를 잃게 되며, 작은 봉록에 미련을 두는 자는 공경재상公卿宰相, 높은 벼슬아치를 통틀어 이르는 말의 자리를 얻지 못합니다. 그러므로 총명한 사람은 기회에 임해 결단을 내리며 만약 머뭇거리면 곧 일을 그르칩니다.

자그마한 일에만 전념하면 곧 천하의 대사를 잃게 되며, 시비판단의 지혜가 있지만 결정한 뒤에 또다시 감히 실천하지 못하면 이것이 곧 실패의 화근입니다. 그래서 '망설이는 호랑이는 벌과 전갈의 독만도 못하며, 제자리걸음만 하는 준마는 안정되게 전진하는 둔마만 못하다. 맹분과 같은 용사도 결단이 없으면 반드시 뜻을 이루려는 필부의 결심만 못하며, 순임금과 요임금의 지혜도 입을 열지 않고 말을 하지 않으면 벙어리의 손짓만 못하다.'는 말은 행동이 얼마나 중요한가를 잘 알려주고 있다고 하겠습니다.

공은 이루기 어려우나 잃기는 쉽고, 시기는 얻기 어려우나 놓치기는 쉬운 것입니다시난득이이실時難得而易失. 기회를 놓쳐서는 안 되며, 시기는 다시 오지 않습니다. 제발 깊이 헤아려주시기 바라옵니다."

그러나 한신은 계속 주저했다. 자기의 공로가 이토록 크기 때문에 한왕이 차마 자기의 제나라를 빼앗지 않을 것이라고 생각해 그는 괴통의 제안을 듣지 않았다. 그 얼마 뒤 한신은 유방에게 사로잡혀 결국 죽임을 당해야 했다.

삼십육계에서 배우는 전략과 전술

제1계는 만천과해瞞天過海, 하늘을 속이고 바다를 건넌다는 책략이다.

삼국지에 나오는 명장 태사자太史慈는 완전히 포위된 성에서 이 책략으로 탈출에 성공했다. 그는 매일 아침 성에서 나와 적병이 보는 앞에서 활 쏘는 연습을 했다. 처음엔 적병들이 경계도 하고 무기를 들고 열심히 방어태세를 취했으나, 얼마 지나자 태사자가 나타나도 아예 쳐다보지도 않으려 했다. 그러던 어느 날 성을 나온 태사자는 아무도 쳐다보지 않는 틈을 노려 그대로 적진을 빠져나와 피신할 수 있었다.

제2계는 위위구조圍魏救趙의 책략이다.

전국시대에 위나라가 조나라를 공격하자 조나라는 제나라에게 구원을 청했다. 이때《손자병법》의 저자로 유명한 제나라의 군사軍師 손빈은 군사를 직접 조나라로 보내지 않고 위나라 수도를 향해 군대를 진격시켰다. 그러자 위나라는 할 수 없이 조나라에서 군대를 부리나케 철수시킬 수밖에 없었다. 손빈은 그 군대를 기습해 대파했다. 위위구조의 책략은 이렇듯 직접 상대방을 공격하지 않고 우회해 적의 허점을 공격한다는 뜻이다.

제3계는 차도살인借刀殺人, 칼을 빌려서 적을 죽인다는 책략이다.
자기는 직접 손을 대지 않고 남의 힘을 빌려 적을 제거한다는 뜻이다. 제갈량이 손권의 힘을 빌려 조조의 대군을 적벽에서 격파하고 이를 계기로 촉나라의 건국에 성공했던 책략은 바로 이러한 '칼을 빌려 적을 죽이는' 방식의 책략이었다.

제4계는 이일대로以逸待勞, 여유로움을 가지고 상대가 피로해지기를 기다린다는 책략이다.
춘추시대 진나라의 명장 왕전이 초나라 군대와 전쟁을 벌일 때의 이야기다. 왕전은 초나라 군대와 대치해 싸울 생각은 하지 않고 오직 견고한 성벽만 굳게 쌓아 진지를 지킬 뿐이었다. 초나라 군사들이 계속 도발했지만 거들떠보지도 않은 채 매일 병사를 편히 쉬게 하면서 먹고 마실 음식을 넉넉히 제공했다. 그리고 때로는 병사들과 함께 식사를 하며 사기를 북돋기도 했다. 얼마 뒤 왕전은 사람을 시켜 병사의 동정을 살피게 했다.
"병사들이 무엇을 하고 있는가?"
"예, 돌 던지기와 뜀뛰기 놀이를 하고 있습니다."
왕전은 그 말을 듣자 무릎을 치면서 말했다.

"이제 때가 왔다. 병사들의 몸과 마음이 다 튼튼해졌으니 싸움을 해도 좋다."

이때 초나라 군대는 몇 번에 걸친 도전에도 진나라 군대가 전혀 싸울 기색이 없고, 또 식량이 부족했기 때문에 막 동쪽으로 군사를 철수시키고 있었다. 왕전은 그제야 비로소 때가 왔다는 듯이 전군을 이끌고 추격했다. 특히 힘센 장사들을 공격 선봉에 세워 초나라 군대를 대파하고 초나라 장군 항연을 죽였다. 이에 초나라 군대는 완전히 와해되었다. 진나라는 그 기세를 몰아 초나라를 공략해 1년 만에 초나라 왕을 사로잡고 초나라를 멸망시켰다.

제5계는 진화타겁釁火打劫, 불난 틈을 타서 도둑질한다는 책략이다.
상대방이 조금이라도 틈을 보이면 그것을 이용해 지체 없이 공격해 격멸시키는 작전이다.

제6계는 성동격서聲東擊西, 동쪽을 향해 소리치지만 실제로는 서쪽을 공격한다는 책략이다.
성동격서의 전술은 바둑에서도 자주 사용하는 방책이다. 한쪽 말을 공격하지만 실제 공격 목표는 그 말을 공격하면서 결국 그 옆에 있는 다른 말을 포위해 죽이려는 것이다.

제7계는 무중생유無中生有, 무에서 유를 만들어낸다는 책략으로 허와 실을 교묘히 결합시켜 적을 혼란스럽게 하는 전술이다.
당나라 시대에 안록산이 반란을 일으켜 옹구성을 포위했을 때의 이야기다. 옹구성은 결사 항전했지만 화살도 모두 바닥나버려 전멸할 상태까지 이르렀다. 이때 성의 장수는 장순이라는 장군이었다. 그는 병사들에게 천 개의 볏짚 인형을 만들게 하고 그것에 검은 옷을 입혀 진짜 병사처럼 꾸몄다. 그리고는 깜깜한 밤에 그것을 새끼줄로 매어 성벽 밖으로 떨어뜨렸다. 그러자 적병은 소나기처럼 화살을 퍼부었다. 장순은 볏짚 인형에 꽂힌 수만 개의 화살을 적병에게 보이며 놀려댔다.

며칠 후 장순은 볏짚 인형 대신 이번엔 진짜 병사를 새끼줄로 매어 성 밖으로 내려 보냈다. 적병은 이번에도 인형이겠지 하면서 전혀 신경을 쓰지 않았다. 결국 안전하게 내려간 병사들은 적병을 급습해 여지없이 대파했다.

제8계는 암도진창暗渡陳倉의 책략이다.
유방과 항우가 천하를 놓고 자웅을 겨룰 때, 힘이 약했던 유방은 변두리 한중 지방으로 들어가면서 중원에는 뜻이 없음을 항우에게 보여주기 위해, 한중 지방과 중원을 연결하는 유일한 길이었던 잔도栈道를 스스로 불태웠다. 그런데 이는 교묘한 위장술이었다. 뒷날 명장 한신이 관중 지방을 공격할 때 마치 그 잔도栈道를 수리하는 체 하면서 몰래 진창 지방에 있던 다른 샛길을 통해 우회한 후, 진창으로 진격해 항우 휘하의 군대를 격파했다. 암도진창은 이 고사로부터 비롯된 작전이다.

제9계는 격안관화隔岸觀火, 기슭을 사이에 두고 불을 본다는 책략이다.

여기에서 불이란 적의 내분을 가리킨다. 따라서 '행운이란 자면서 기다리는 것이다.'라는 말이 있듯이 이 작전은 얼마 동안 관망하면서 적의 내분과 자멸을 기다린다는 의미다.

제10계는 소리장도笑裏藏刀, 웃음 속에 칼을 품는다는 책략이다. 송나라 시대의 조위라는 장군은 수천 명의 병사가 적군에게 항복했다는 소식을 듣고는 빙긋이 웃으며 이렇게 말했다.
 "떠들 것 없네. 모두 내 명령에 따른 것일세."
 이 이야기를 들은 적군은 항복한 병사들의 목을 모조리 베었다.

제11계는 이대도강李代桃僵, 자두나무가 복숭아나무로 변해 쓰러진다는 책략이다.
이는 A로써 B를 대체하는 전략이다. 일부 손해를 보는 대신 전체의 승리를 쟁취한다는 책략이다. 바둑에서 말하는 사석작전과 마찬가지의 작전이다.
 《손자병법》의 저자인 손빈이 전기 장군에게 경마 내기의 비법을 알려주었다. 전기 장군 측 하등의 말과 상대 상등의 말을 경주시킨다. 이어 장군 측 상등의 말과 상대 중등의 말을 대결시킨다. 계속해서 장군 측 중등의 말과 상대 하등의 말을 대결시킨다. 이렇게 하면 언제나 2:1로 승리하게 되어 있다. 과연 전기 장군은 이 방법으로 큰 승리를 거두었다.

제12계는 순수견양順手牽羊, 손을 따라서 양을 이끈다는 책략이다.

순수견양이란 그곳에 있는 것을 마음대로 훔친다는 의미다. 이는 소규모 유격대로써 적의 심장부에 침투해 들어가 신출귀몰한 공격으로 승리를 거두는 작전을 말한다.

제13계는 타초경사打草驚蛇, 풀을 쳐서 뱀을 놀라게 한다는 책략이다.
직접 목표물을 치지 않고 주변부터 공격하면서 상대의 동정을 살피는 작전이다. 또한 이는 직접 뱀을 치지 않고 풀을 쳐서 뱀을 꾀어낸다는 의미도 있다.

당나라 당도현의 왕노라는 지사는 뇌물을 엄청 밝히는 인물이었다. 어느 날인가 고을 사람이 연명으로 그의 부하의 뇌물 수수 사건을 고발해왔다. 그러자 왕노는 도둑이 제 발 저린 격으로 크게 놀라 자신도 모르게 그 고소장 위에 "너는 풀을 쳤다고 하지만, 나는 이미 뱀처럼 놀랐다."고 써놓았다.

제14계는 차시환혼借屍還魂, 시체를 빌어서 혼을 되돌린다는 책략이다.
쓸모 있는 사람은 이용할 수 없다. 그러나 쓸모없는 사람은 이쪽의 원조를 구하니, 쓸모없는 사람을 이용하라. 요컨대 무엇이든 이용하라는 뜻이다.

무력으로 남을 돕거나 공격이나 방어를 대신 맡는 것은 기회를 보아 그를 지배하려는 계산이다. 인류 역사를 살펴보면 왕조가 바뀔 때마다 대부분 망국亡國 군주의 자손을 내세운다. 삼국지의 조조는 당시 아무런 실권도 없던 황제를 자기의 진영에 기거하도록 해 명분도 얻고 세력 확대의 방편으로 삼았다. 이런 유형의 전술이 차시환혼의 작전이라 할 것이다.

제15계는 조호이산調虎離山, 호랑이를 잘 다루어서 산을 떠나게 한다는 책략이다.

호랑이는 산중에 있을 때 천하무적이다. 하지만 산을 떠나 일단 들판에 나오면 사냥하기에 훨씬 쉬워진다. 그러므로 이 작전은 요새에 버티고 있는 호랑이라는 강적을 밖으로 꾀어내어 쳐부수는 작전이다. 단지 그 강적을 어떻게 꾀어내느냐가 이 작전의 관건이다.

제16계는 욕금고종欲擒姑縱, 잡으려고 한다면 일정한 기간 동안은 방치하는 것이 좋다는 책략이다.

쥐도 궁지에 몰리면 고양이를 무는 법이다. 오히려 도망갈 길을 열어주면 적은 자연히 세력이 약화된다. 제갈량은 맹획을 칠종칠금, 일곱 번 전쟁을 벌여 매번 사로잡았지만 모두 그냥 놓아주었다. 결국 맹획은 제갈량의 신출귀몰한 작전과 인품에 감복해 스스로 무릎을 꿇고 진심으로 제갈량을 섬기게 되었다.

제17계는 포전인옥拋磚引玉, 벽돌을 던져 구슬을 당긴다는 책략이다.

새우를 던져 도미를 낚아라. 미끼를 던져 상대를 유혹하는 작전이다.
　　당나라 시인 상건常建은 어느 날 시 두 구절을 지어 벽에 적은 뒤 친구 조하趙嘏에게 대구對句를 지으라 했다. 그러자 그 친구는 훨씬 뛰어난 두 구절의 시를 지었다. 이 고사로부터 벽돌을 던져 구슬을 당긴다는 말이 생겼다.

제18계는 금적금왕擒賊擒王, 적과 싸워 이기려면 먼저 왕을 잡으라는 책략이다.
적의 주력부대나 지휘부를 직접 강타해 분쇄함으로써 적을 궤멸시키는 작전이다.

보통 왕이나 대장을 비롯한 지휘부를 잃으면 그 군대는 순식간에 지휘 계통을 잃고 사기가 떨어져 일패도지―敗塗地, 싸움에 한 번 패하여 간과 뇌가 땅바닥에 으깨어진다는 뜻으로, 여지없이 패하여 다시 일어날 수 없게 되는 지경한다. 결국 이 작전은 어떤 일이든 급소를 찌르는 것이 선결 과제임을 알려준다.

제19계는 부저추신釜底抽薪, 가마 밑에서 장작을 빼내는 책략이다.
이는 적의 보급로를 끊거나 사기를 꺾어 적을 격파하는 작전이다.

삼국지의 효웅梟雄 조조는 관도의 싸움에서 원소의 대군을 격파함으로써 일인자의 자리에 우뚝 설 수 있었다. 그 전투에서 시종 열세에 몰렸던 조조는 원소의 보급기지를 기습함으로써 일거에 형세를 역전시켰다.

후한 시대에 오한이라는 명장이 있었다. 어느 날 어두운 밤에 도둑이 군영을 습격해 왔다. 병사들은 크게 당황해 혼비백산하여 어쩔 줄 몰라 했다. 하지만 오한은 이 소식을 듣고도 그냥 침상에 누운 채 미동조차 하지 않았다. 장군의 흔들리지 않는 모습을 본 병사들은 비로소 평정을 되찾을 수 있었다. 오한은 곧바로 정예 병사를 선발해 도둑을 기습해 격파했다. 적과 대결할 때 적의 허를 찌르면 적은 패한다.

제20계는 혼수모어混水摸魚, 물을 휘저어서 고기를 더듬어 찾아낸다는 책략이다.
적을 혼란시켜 지휘 계통을 마비시키거나 전력을 약화시키는 작전이다.

　유비는 제갈량의 헌책으로 오나라의 손권을 부추겨 위나라의 조조와 싸우게 하고 적벽대전을 승리로 이끈 뒤에 형주를 차지했다. 이를 근거로 유비는 촉 지방에 무혈 입성했고, 결국 천하를 삼분하는 데 성공했다. 유비는 천하의 형세가 어지러운 틈을 타서 확실한 이익을 챙겼다.

제21계는 금선탈각金蟬脫殼, 매미가 허물을 벗는다는 책략이다.
이는 진영을 강화해 끝까지 싸울 태세를 취하는 듯 보이면서 상대가 움직이지 못하는 틈을 타서 은밀히 주력부대를 이동시키는 작전이다. 마치 매미가 살그머니 허물을 벗고 날아가는 모습과 비슷한 데서 붙여진 작전명이다.

　유방이 항우에게 완전 포위되었을 때의 이야기다. 도저히 빠져 나갈 길이 없어진 유방은 사자를 항우 진영으로 보내 성의 동문으로 나가 항복하겠다고 전했다. 그리고는 부녀자와 노약자를 동문 쪽으로 내보냈다. 항우의 부하들이 항복하는 유방의 모습을 보고자 온통 동문 쪽으로 몰려나와 구경에 나섰다. 유방은 이 틈을 노려 성의 서문을 통해 탈출했다. 항우가 성에 들어갔을 때 성은 속이 빈 껍질만 남아 있었다.

제22계는 관문착적關門捉賊, 문을 닫아걸고 적을 잡는다는 책략이다.
힘이 약한 적은 완벽히 포위해 섬멸하라는 작전이다.
　소적小敵은 괴롭혀라. 놓치고 쫓아가면 이롭지 못하다.
　별 것 없이 보였던 적이 얼마 지나지 않아 무서운 강적이 되어 나타나는 바람에 당황한 경우가 종종 있을 것이다. 그러므로 그런 화근이 될성부른 싹은 처음부터 아예 철저히 분쇄하라는 뜻이다.

제23계는 원교근공遠交近攻, 멀리 있는 나라와는 손잡고 가까운 나라는 공격한다는 책략이다.
전국시대 진나라의 책사 범저가 제안한 외교정책이다. 진나라는 이 외교 정책을 훌륭히 구사해 마침내 천하의 패권을 움켜쥐는 데 성공했다.

제24계는 가도벌괵假道伐虢, 길을 빌려 괵나라를 친다는 책략이다.
작은 나라의 곤경을 틈타서 이를 정벌하는 작전이다.
　춘추시대 강대국 진나라는 괵나라라는 약소국에 대한 공격에 나섰다. 괵나라를 치기 위해서는 그 이웃에 있는 우나라를 거치지 않으면 안 되었다. 진나라는 우나라 왕에게 보석과 준마를 선물하고는 그 나라를 지나갈 수 있도록 해달라고 청했다.
　우나라 중신들은 반대의견을 냈다.

"우리나라와 괵나라는 이웃하면서 서로 의지하는 관계입니다. 만약 길을 빌려 주시게 되면 괵나라가 쓰러지는 날에 우리도 곧바로 무너질 것입니다. 부디 받아들이지 마십시오."

하지만 왕은 이를 묵살하고 길을 빌려 주었다. 결국 진나라는 괵나라를 정벌한 뒤 돌아가는 길에 우나라까지 멸망시키고 말았다.

제25계는 투량환주偸梁換柱, 대들보를 훔쳐 기둥으로 바꾼다는 책략이다.

상대의 대들보가 될만한 인물을 매수, 농락해 상대를 집어삼킨다는 전략이다.

하늘을 훔쳐 해로 바꾼다. 다른 군대와 연합해 싸울 때 은밀히 그 주력군을 빼내 싸움을 불리하게 만들고 기회를 보아 그 군대를 병탄한다.

진시황은 제나라를 멸망시킬 때 후승이라는 실력자를 매수한 다음 계속 내통자를 늘려 결국 싸움을 시작하기도 전에 제나라를 허수아비로 만들어버렸다.

제26계는 지상매괴指桑罵槐, 뽕나무를 가리키면서 회화나무를 꾸짖는다는 책략이다.

직접 상대를 비판하지 않고 제3자를 통해 간접 비판하는 전략이다.

제27계는 가치부전假痴不癲, 바보 행세를 하면서 상대가 방심하도록 하는 책략이다.

일찍이 노자는 "지도자는 지략을 깊숙이 감추고 있으므로 겉으로는 바보로밖에 보이지 않는다. 이런 모습이야말로 가장 올바른 모습이다."라고 갈파했다.

뛰어난 지도자는 자기의 재능을 쉽게 드러내지 않는 법이다. 천하쟁패를 놓고 동진東晋과 전진前秦이 맞붙은 '비수의 淝水의 싸움'에서 동진의 총대장 사안은 겉으로 아무런 능력이 없는 일개 백면서생으로 보일 뿐이었다. 그는 관리가 되기 전에도 은자였으며, 재상으로 임명된 이후에도 역시 은자처럼 보였다. 그는 기묘한 전술을 구사해 결국 싸움에서 승리를 거두었다.

제갈량과 마지막으로 겨뤘던 위나라의 장수는 사마의였다. 실제 그는 뛰어난 전략가였으며, 그렇기 때문에 제갈량의 신출귀몰한 작전도 결국 무산되고 말았다. 사마의의 힘이 점점 커지자 위나라 황제 조상은 그를 몹시 경계했다. 그러자 사마의는 노쇠해 곧 죽을 것처럼 위장했다. 그 모습을 보고 조상은 비로소 안심하고 그에 대한 경계를 완전히 풀었다. 이 틈을 노려 사마의는 그를 죽이고 왕위를 찬탈했다.

제28계는 상옥추제上屋抽梯, 적을 지붕에 올려놓고 사다리를 없앤다는 책략이다.

이는 일부러 허점을 보여 적을 끌어들이고 후속 부대를 끊어 포위 섬멸하는 작전이다. 언제나 그렇지만 특히 강한 적을 유인할 때는 절묘한 지략, 달콤한 미끼, 철저한 사전준비 등이 필요하다. 그렇게 하여 적을 지붕에 올려놓은 다음 사다리를 치워버리는 것이다.

제29계는 수상개화樹上開花, 나무 위에 꽃을 피운다는 책략이다.
기러기가 하늘 높이 줄을 지어 날아가는 모습을 보라. 깃털이 풍부한

두 마리가 날개를 펼침으로써 크게 위세를 보인다. 정예부대를 아군의 진지에 배치해 위세 있게 보임으로써 적에게 위압감을 준다.

이 작전은 깃발, 창, 칼, 북, 꽹과리 등으로 아군을 대병력으로 보이게 하는 연막 전략이며, 아군이 소수이거나 열세일 때 구사하는 작전이다. 6.25 한국전쟁 당시 국군과 미군이 어디선지 홀연히 나타나 북과 꽹과리 소리를 울려대면서 쳐들어오는 '중공군'에게 호되게 당했던 것이 바로 이 작전이었다.

제30계는 반객위주反客爲主의 책략이다.
이는 손님의 입장에서 시작해 마침내 주인의 자리에 올라선다는 뜻이다.

뻐꾸기는 자기가 직접 새끼를 키우지 않는다. 대신 개개비 둥지의 개개비 알 속에 자기의 알을 하나 집어넣는다. 뻐꾸기의 알은 개개비 알보다 먼저 부화해 개개비 알을 둥지 밖으로 밀어내 없애버린다. 혹시 개개비 알이 부화해도 그 새끼조차 밀어내 죽w버린다. 하지만 개개비는 이 사실을 모른 채 자기 새끼인 줄 알고 온몸이 부서져라 먹이를 물어와 열심히 키운다. 이윽고 뻐꾸기 새끼는 어미 개개비보다 몸집이 커진다. 이때 주위에서 뻐꾸기가 울음소리를 보내고 뻐꾸기 새끼는 그 신호를 좇아 개개비 둥지를 떠난다.

당나라 말기의 주전충은 황소의 난이 일어났을 때 반란군의 장군이었다. 하지만 그는 당나라 조정에 항복한 뒤 결국 당나라의 실권을 쥐었고 마침내 당나라를 무너뜨렸다.

제31계는 미인계美人計의 책략이다.

두말할 것도 없이 뛰어난 미인을 이용해 상대를 교란시키고 파멸시키는 작전이다.

　미인계의 대표 사례는 오나라와 월나라 간에 와신상담의 혈투가 벌어질 때 범여가 오나라 부차 왕에게 서시라는 절세 미녀를 보낸 것이라 하겠다. 실제 오나라 부차 왕은 서시에게 홀딱 빠져 정사를 까맣게 잊었고, 결국 월나라의 공격을 받아 나라를 잃고 자기도 죽어야 했다.

제32계는 공성계空城計, 성을 말끔히 비워놓는다는 책략이다. 제갈공명이 육출기산六出祁山해 사마의가 이끄는 강군强軍과 맞서 싸울 때의 이야기다. 어느 날 제갈공명은 성문을 모조리 열어놓고 도사 차림으로 성루에 올라 한가롭게 거문고를 탔다. 그러자 사마의는 '천하의 공명이 저렇게 행동하는 것은 무슨 특별한 작전이 있어서겠지.'라고 생각해 서둘러 군사를 철수시켰다.

제33계는 반간계反間計, 적의 첩자를 역이용해 허위 정보를 흘리고 상대를 혼란시키는 책략이다.
진평은 천하의 항우를 꺾었던 유방 진영에서 '꾀주머니'라고 불렸던 인물이다. 항우 곁에는 범증이라는 훌륭한 모사가 있었다. 이것이 항상 유방 진영에게 부담을 주었다. 유방이 이를 근심한 것은 두말할 나위도 없다. 어느 날 진평이 꾀를 냈다.

　먼저 진평은 항우의 진영에 밀사를 잠입시켜 범증이 반란을 획책한다는 소문을 퍼뜨리게 했다. 그리고 유방은 항우 진영에 연락을 취해 한 사람의 사신을 초청했다. 그렇지 않아도 범증이 반란을 꾀한다는 소문이 돌던 터라 매우 꺼림칙해 하던 항우는 이 기회에 유방 진영에서 무슨 정보라도 얻기 위해 사신 파견에 기꺼이 응했다.

마침내 항우의 사신이 유방의 진영에 도착했다. 그러자 성대히 차린 상이 들어왔다. 그런데 상을 가지고 들어오던 사람은 그 사신을 보더니 "아니, 범증 선생님이 아니잖아?"라고 말하며 곧바로 그 상을 물리고 다른 상으로 바꿔 들어왔다. 다시 들어온 상은 볼품없이 차려진 상이었다. 사신의 기분이 몹시 상한 것은 말할 필요도 없었다. 사신은 그대로 돌아가 항우에게 이 사실을 고해 바쳤다. 항우는 범증을 크게 의심했다. 결국 이에 견디지 못한 범증은 항우 진영을 스스로 떠나야 했다. 얼마 지나지 않아 범증은 화병으로 세상을 떠나고 말았다. 이렇게 범증을 잃은 항우는 결국 천하도 잃어야 했다.

이러한 모든 계략은 진평이 생각해낸 반간계였다.

제34계는 고육계苦肉計, 고육지책의 책략이다.
이는 상대를 속이고 약화시키기 위해 자기 몸에 상처를 내는 작전이다. 때로는 자기의 애첩이나 아끼는 신하를 눈물을 머금고 희생시키는 것도 포함된다.

적벽대전이 벌어질 때, 오나라 장수 주유는 화평책을 주장하며 조조에게 항복하자는 부하장수 황개를 능지처참하도록 명령했다. 다행히 감영 등 많은 장군이 나서 설득하는 바람에 사형만은 면했다. 하지만 황개는 살점이 떨어지고 몇 번이나 혼절할 만큼 끔찍한 고문을 받아야 했다. 황개는 몰래 밀사를 조조 진영에 보내 자기가 곧 조조에게 항복하러 갈 것이라는 서신을 전했다.

이것은 완벽한 거짓 작전이었다. 이에 속은 조조는 자기 진영으로

다가오는 황개의 군사를 항복하러 오는 것으로 알았으나 황개는 이를 이용해 화공작전을 썼던 것이다.

제35계는 연환계連環計의 책략이다.
적이 강할 때 맞겨뤄서는 안 된다. 적으로 하여금 스스로 얽히게 한 뒤 쳐라.

적벽대전에서 화공작전이 성공한 것은 조조 병사들의 함대가 쇠사슬 고리로 연결되어 자유롭게 활동할 수 없었기 때문에 가능했다. 그 작전은 촉나라의 방통이 획책했다. 단번에 승부를 내는 것이 아니라 두 가지 이상의 계략을 결합시켜 승리를 거두는 책략이다.

필재우는 송나라의 명장이었다. 당시 송나라는 금나라의 침략을 받아 치열한 전투가 계속되었다. 어느 날 필재우는 어두워졌을 때 삶은 검정콩을 땅에 뿌려놓고는 금나라 군대에게 싸움을 걸었다. 그리고는 짐짓 패퇴하는 것처럼 후퇴하자 금나라 군사들이 맹추격했다. 그런데 금나라의 굶주린 말들이 콩 냄새를 맡고는 모두 멈춰 콩을 먹기에 정신이 없었다. 이 틈을 노려 필재우는 총공격에 나서 대승을 거뒀다.

제36계는 주위상走爲上, 달아나는 것이 상책이라는 책략이다.
36계 중에서 줄행랑이 최고라는 말이다. 전군이 퇴각해 적을 피함으로써 기회를 기다려 적을 격파한다. 이는 전쟁을 함에 있어서 만약 아군의 병력이 열세라면 마땅히 퇴각을 해야 하고, 또 승산이 없다면 결코 싸우지 말라는 뜻이다.

남북조 시대에 단도제라는 명장이 있었는데, 그는 전쟁을 할 때 항상 도망치는 것을 상책으로 삼으면서도 번번이 기민하게 승리를 거두었다. 이 일로부터 '단공 삼십육계'라는 말이 나오게 되었다. 전군이 퇴각한다는 것은 결코 패퇴나 항복과는 완전히 다르다. 힘을 그대로 비축해 유리한 기회를 틈타 전투를 벌이겠다는 것이다.

타협 사회의 토양 위에
발전이 있다

오늘날 우리나라가 이만큼 발전할 수 있었던 데는 개개인의 활력 넘치는 적극성과 정신력이 커다란 자산이라고 할 수 있다. 열심히 일하고 지치지 않는 승부 정신이 활기찬 사회 분위기를 만들었다. 이는 사회 전체 구성원이 수동성과 소극성으로 일관하고 창조성마저 결핍되면서 결국 사회 전체가 위기에 빠지게 된 일본의 경우와 대조를 이룬다.

다만 승부 정신과 활력이 도를 넘어 사회 전체가 만인 대 만인의 투쟁터로 전락한다면 그것은 모든 사람에게 큰 비극이 된다. 우리나라 사람의 성격을 약간 과장되게 표현하자면 '내 눈에 흙이 들어가도' 정신이다. 내 눈에 흙이 들어가도 절대로 인정하지 못하겠다는 '불굴의 정신'이다. 절대 양보하거나 타협하는 분위기가 설 땅이 없다.

다수결 원칙이란 다수가 옳아서가 아니라 현실에서 다수에게 소수가 양보를 함으로써 사회를 올바르게 이끌자는 일종의 현실 타협이다. 대부분 양보와 타협 속에 상호 이익과 발전이 존재한다.

예를 들어 60:40의 상황에서 40이 60에 양보하면 무리 없이 운용되겠지만 양보를 하지 않고 끝까지 버티면 그야말로 쌍방에 어려운 싸움이 일어날 수밖에 없다. 사실 90:10의 상황에서도 10이 버티면 그것을 해결하기 위해서 적지 않은 힘이 필요하다. 이러한 과정에서 낭비되고 소진되는 사회의 에너지는 상상을 초월할 정도로 엄청나다.

물론 이렇게 소수가 인정하지 않고 버티는 요인은 다수가 소수를, 승자가 패자를 전혀 인정하지 않고 패자의 존립 근거를 아예 송두리째 빼앗으려는 풍조 때문이기도 하다. 양보를 하면 자신의 모든 것을 잃어버리는 사회에서는 양보와 인정을 이끌어내기가 어렵다. 이러한 사회에서는 항상 제로섬 게임Zero-sum Game이 되어 '전부 아니면 전무' 식의 싸움이 도처에서 전개된다. 사회 구성원 전체의 삶은 너무나 각박하고 견디기 어려운 큰 스트레스를 받게 된다. 이는 사회보장제도가 미흡할수록 가중되며, 적자생존과 약육강식의 신자유주의 광풍에 의해 더욱 악화된다. 우리나라의 자살 사망률이 몇 년째 OECD 국가 중 1위로서 OECD 평균의 2.6배에 이르는 것은 결코 우연이 아니다.

승자가 패자를 인정할 줄 알고, 다수가 소수를 관용하고 배려하는 사회 분위기를 만들어가야 한다. 때로는 60이 40에게 양보하는 상황도 있어야 한다. 그럴 때 상승효과를 발생시켜 양보와 타협의 사회 전통이 형성될 수 있다. 서로 양보하고 타협하며 관용할 줄 아는 것이야말로 좋은 사회를 만들어가는 중요한 요소이고, 또 그것은 민주주의를 발전시켜나가는 시민의식이기도 하다.

신하에게
굴복하고
천하에
이겨라

제3장

어떤 인물이 성공을 거둘 때 그 옆에는 반드시 그를 돕는 뛰어난 인물이 있음을 볼 수 있다. 인류 역사에 나타난 영웅호걸은 결코 혼자만의 힘으로 공을 이룬 게 아니다. 한 사람의 장군이 공을 세우려면 만 명 병사의 고통이 필요하다는 말처럼 그들은 무수한 사람의 힘을 딛고 비로소 성공을 이루어낼 수 있었다.

한 사람만의 힘으로 사업을 성공하기에는 결코 쉽지 않다. 한 사람의 힘이 다른 사람의 지혜롭고 올바른 협력을 얻었을 때 비로소 성공할 수 있다. 그러한 협력을 얻을 수 있는 힘은 예리함이 아닌 인격이다.

어떤 인물이 성공을 거둘 때 그 옆에는 반드시 그를 돕는 뛰어난 인물이 있음을 볼 수 있다. 인류 역사에 나타난 영웅호걸은 결코 혼자만의 힘으로 공을 이룬 게 아니다. 한 사람의 장군이 공을 세우려면 만 명 병사의 고통이 필요하다는 말처럼 그들은 무수한 사람의 힘을 딛고 비로소 성공을 이루어낼 수 있었다.

그 무수한 사람 중에서도 가장 중요하게 평가되는 존재는 바로 그 옆에서 올바른 길을 제시하고 직언했던 참모라고 할 수 있다. 정치를 할 때나 사업을 할 때나 성공으로 가는 가장 중요한 관건은 바로 좋은 참모가 옆에 있느냐 없느냐의 여부다. 어떤 의미에서는 영웅으로 하여금 큰 성공을 거둘 수 있게 만들었던 참모가 오히려 성공의 진정한 주인공이라고 해도 결코 지나침이 없으리라.

참모가 갖춰야 할 조건으로는 무엇보다도 정확한 견식과 두려움 없는 행동력이며, 낭만과 공정성을 갖춘 성격이어야 한다.

어떻게 보좌할 것인가

제2인자, 넘버 투는 누구인가? 그리고 넘버 투는 어떻게 될 수 있는가?

넘버 투는 보좌 역할이라는 그 자체에만 철저하며 결코 최고에 대한 야심을 가지지 않는다. 무엇보다도 의심을 받아서는 안 된다.

보좌역으로서 대표 인물은 중국 고대국가인 주나라의 주공, 강태공으로부터 제나라 환공을 천하의 패자로 만든 관중, 유방의 천하통일을 이끌었던 한나라의 소하와 장량, 삼국지의 제갈공명, 송나라 건국 공신 조보趙普, 칭기즈칸의 참모 야율초재가 바로 그러한 사람이라 할 것이다.

또한 지금도 많은 중국인에게 군자로 숭앙받는 중국의 현대 정치인 주은래周恩來도 제2인자로서의 성격을 두루 지니고 있었다. 그는 결코 희로애락의 감정을 표정이나 행동에 나타내지 않았다. 언제나

묵묵히 일에 몰두했고, 남이 싫어하는 일을 스스로 떠맡아 했으며, 결코 불만을 입에 담지 않고 남을 비판하지 않았다. 나아가 그는 가히 군자君子라고 할 만한 고매한 인품과 큰 포용력으로 국내의 '문혁파文革派'와 '주자파走資派'라는 양대 적대 세력을 동시에 포용했고, 냉철한 눈으로 국내외 정세를 정확히 파악해 슬기롭게 대처해 나갔다. 역사에 남을 닉슨 미국 대통령의 중국 방문을 이끌어낸 것도 바로 그였다. 자신의 실각 위험을 무릅쓰고 문화대혁명의 소용돌이 속에서 주자파로 몰려 목숨이 경각에 달려 있던 등소평을 보호함으로써, 중국을 살려내고 도광양회韜光養晦, 어둠 속에서 빛을 숨기고 새벽을 키워 자신의 명성이나 재능을 드러내지 않고 참고 기다린다는 뜻하여 강국으로 발돋움하는 확실한 싹을 키워낸 탁월한 안목의 소유자였다.

그가 있기 때문에
나는 쇠약해졌지만
천하는 살이 쪘다

양귀비와의 비통한 사랑으로 유명한 당나라 현종도 초기에는 '개원지치開元之治'라고 불리는 선정을 베풀었던 황제였다.

현종 21년에 한휴韓休라는 사람이 재상이 되었다. 그는 매우 곧은 성격이었다. 현종은 가끔 지나친 쾌락을 즐길 때면 스스로 마음이 찔려 좌우를 돌아보면서 물었다.

"지금 이 사실을 한휴가 아느냐, 모르느냐?"

언제나 이 말이 끝나기가 무섭게 곧바로 한휴의 상소가 들어왔다. 어느 날인가는 많은 신하가 한휴를 은근히 비방하며 말했다.

"한휴가 재상이 되고 난 뒤 폐하께서는 옥체가 쇠약해지셨습니다."

그러자 현종은 이렇게 말하는 것이었다.

"비록 짐은 쇠약해졌지만, 천하는 한휴 때문에 살쪘다."

중국 고대국가인 주나라의 주공周公은 보좌역의 모범을 보인 인물이었다. 지금도 주나라는 중국과 동양 사회에서 가장 본받을 만한 국가의 전형으로 숭앙받는 나라다.

그러한 주나라의 토대를 만든 인물은 바로 강태공과 주공이라는 양대 기둥이었다.

잘 알려져 있다시피 강태공은 '궁팔십 달팔십窮八十 達八十'이라 해서 자그마치 80년 동안이나 뜻을 얻지 못해 낚시로 소일했다. 오늘날 낚시꾼을 가리켜 강태공이라 하는 것도 여기에서 유래되었다. 그렇게 낚시로 소일하던 그는 마침내 주나라 문왕의 눈에 띄어 일약 왕의 스승으로 모셔졌고, 이후 주나라가 천하를 장악하는 데 확실한 역할을 했다.

한편 주공은 무왕이 세상을 떠난 뒤의 혼란을 수습하고 주나라의 정치, 토지, 행정, 예법 등 모든 체제를 완성시킨 인물이다. 특히 그는 덕치주의를 강조해 후대의 공자도 그를 모범 군자의 표상으로서 존경할 정도였다.

주공은 주나라를 건국한 무왕의 아우로서 무왕과 함께 주나라 건국에 없어서는 안 될 중요한 역할을 수행했다. 무왕이 세상을 떠나자, 나이 어린 태자가 뒤를 이었는데, 그가 바로 성왕이었다. 이때 주공은 스스로 섭정이 되어 국사를 도맡았다. 미인은 질투받기 마련이고, 선비는 모함받기 마련이다. 많은 사람이 나서서 주공이 반드시 성왕의 자리를 빼앗고 말 것이라고 모함했다. 그러자 주공은 강태공과 아우 소공을 불러 이렇게 말했다.

"내가 굳이 천자의 임무를 대신하는 것은 제후들이 왕실에 대한 반란을 일으킬 것을 우려하기 때문이오. 만약 내가 왕위를 빼앗으면, 내가 죽어 선친께 무슨 말씀을 아뢸 수 있겠습니까? 선친께서 오랜 세월 노력하신 결과가 이제야 그 열매를 맺었지만, 무왕께서 세상을 떠나고 남으신 성왕은 아직 나이가 너무 어리오. 그래서 나라의 기반을 공고하게 만들어놓기 위해 나는 감히 섭정의 자리에 앉은 것이오."

이는 한 치도 틀림없는 주공의 본심이었다. 그는 섭정하는 동안 관제官制를 새로 정하고 새로운 주나라의 예악을 제정하는 등 나라의 기틀을 확고히 세웠다. 정전제와 봉건제 등 주공이 당시 제정했던 모든 제도는 이후 중국과 동양 여러 나라의 정치, 경제, 사회 등 모든 분야에서 모범이 되어 커다란 영향을 끼쳤다. 실제로 성왕이 성장하자 그는 섭정을 거두고 스스로 물러나 신하의 위치로 돌아갔다.

한편 주공은 자기의 아들 백금을 영지인 노나라로 보내면서 이렇게 말했다.

"나는 문왕의 아들이며, 무왕의 아우요, 또 성왕의 숙부다. 그래서 제후 중에서 가장 고귀한 신분으로 대접 받는 몸이다. 하지만 누군가가 나를 방문할 때면 머리를 감다가도 중단했으며, 식사를 하다가도 곧바로 뛰어나가 만났다. 한 번 머리를 감으려면 세 번씩이나 머리를 손으로 잡고 있어야 했고, 식사할 때마다 세 번씩이나 입에 넣었던 음식을 뱉어야 했다. 자나 깨나 내가 미흡한 점이 없는가, 천하의 어진 사람을 놓치지 않는지를 염려하며 지내왔다. 그러니 너도 노나라에 가면 비록 나라를 다스리는 높은 지위에 있다고 하지만 결코 교만하게 굴어서는 안 된다는 사실을 명심하라.

또한 위에 있는 사람은 다음과 같은 네 가지를 지켜야 한다. 첫째, 친족을 소홀히 하지 말 것. 둘째, 중신重臣에게 자기가 무시당했다는 생각을 갖게 하지 말 것. 셋째, 옛 친구는 웬만한 이유 없이 버리지 말 것. 넷째, 한 사람에게 너무 많은 것을 기대하지 말 것. 반드시 이 네 가지를 지키도록 하여라."

창업은 쉽고
수성은 어렵다

올바른 참모는 직언을 서슴지 않는다.

  직언이란 몸에는 좋으나 입에는 쓴 양약과 같은 것이다. 대다수의 리더는 그것을 제대로 받아들이지 않는다. 직언을 기꺼이 받아들이고 잘못을 시정한 자는 역사에 길이 남는 업적을 이룰 수 있었다. 직언이란 비록 그 때문에 화를 입을지라도 두려움 없이 간할 수 있는 뛰어난 용기를 필요로 한다.

  중국의 수많은 황제 중에서도 명군이라고 일컬어지는 황제는 바로 당나라의 태종 이세민李世民이다. 비록 우리에게는 고구려 침입으로 이미지가 과히 좋지는 않지만 중국 한족의 역사상 최전성기를 구가했고, '정관貞觀의 치治'라 하여 치세의 모범을 보여준 황제로 손꼽힌다. 그의 행적을 기록한 《정관정요貞觀政要》는 오늘날까지 제왕학帝王學의 기본서로 널리 알려져 있다.

그의 옆에는 참으로 뛰어난 참모가 있었다. 바로 위징魏徵이었다. 위징이라는 명참모가 있음으로 해서 당태종은 비로소 천하 명군의 이름을 얻을 수 있었다.

위징은 자가 현성玄成이며 거록현 출신이다. 어려서 고아가 되었고, 출가해 도사가 된 후 줄곧 학문에 정진했다. 수나라가 기울어가던 무렵 그는 반란을 일으킨 이밀李密을 수행해 도성에 들어갔다가 패한 뒤 당나라에 항복하기를 권했다. 그 뒤 그는 당나라 고조 이연李淵을 섬겼고, 이어서 태자 이건성李建成을 보좌했다. 이후 당태종을 보좌하게 된 그는 황제에게도 직언을 서슴지 않았다. 당태종 역시 그의 '공격성이 강한' 거침없는 직언을 아무런 노여움도 없이 잘 받아들여 자기 수양과 치세에 활용했다.

어느 날 당태종이 신하를 불러 모은 자리에서 물었다.

"나라를 세우는 창업創業과 나라를 온전히 지키는 수성守成 중에서 어느 편이 더 어려운 것인가?"

이에 재상으로 있던 방현령이 대답했다.

"아직 질서가 잡히지 않았을 때는 군웅이 들고 일어나기 때문에 그들과 힘을 겨뤄 이긴 다음에 그들을 신하로 삼아야 합니다. 그러므로 창업이 더 곤란하다고 생각합니다."

하지만 위징은 반대 의견을 폈다.

"예로부터 어느 제왕이나 천하를 간난신고 가운데서 얻었지만, 안일에 흘렀을 때에 잃지 않은 자가 없습니다. 그러므로 창업보다 수성이 더 어려운 것입니다."

그러자 당태종이 이렇게 말했다.

"방현령은 나와 함께 천하를 얻기 위해 몇 번이나 죽을 고비를 넘기고 겨우 살아남았으니 당연히 창업의 어려움을 알고 있는 것이오. 반면 위징은 천하를 얻은 뒤에 나와 함께 천하를 다스려 항상 교만과 사치는 부귀에서 생기고, 환란은 일을 소홀하게 하는 데서 생김을 두려워하고 있었소. 그래서 수성의 어려움을 알고 있는 것이오. 하지만 지금은 창업의 어려움은 이미 지나갔고, 이제 수성의 어려움에 직면해 있소. 이제부터 경들과 함께 두려워하고 삼가해 이 수성의 과업을 온전히 이루고자 하오."

원래 당태종 이세민은 이른바 '현무문玄武門의 변變'이라는 정변을 일으켜 형과 동생 일족을 모조리 죽이고 황제의 자리에 오른 인물이다. 위징은 바로 태종이 죽인 큰형 이건성의 참모였다. 이미 이세민에게 큰 야심이 있음을 간파했던 위징은 태자 이건성에게 몇 번에 걸쳐 먼저 손을 써서 태종을 제거하라고 건의했다. 하지만 이건성은 그의 의견을 받아들이지 않고 있다가 선제공격을 받아 결국 죽임을 당해야 했다.

형을 죽이고 태자의 자리에 오른 이세민은 즉시 위징을 불러 그가 형제 사이를 이간시키려 했다는 죄목으로 엄하게 국문했다. 하지만 위징은 얼굴색 하나 변하지 않고 태연자약하며 논리정연하게 답변했다.

"태자께서 신의 말을 따랐더라면 반드시 오늘의 화는 없었을 것입니다."

이 말을 들은 이세민은 고개를 끄덕였다. 그러고는 위징의 사람됨에 크게 감탄해 그를 죽이지 않고 오히려 옆에 두고서 중용했다.

충신보다
양신良臣이 좋다

어느 날 위징이 별안간 희한한 말을 태종에게 아뢰었다.

"폐하께서는 신을 어진 신하양신良臣가 되게 하시고, 충성된 신하충신忠臣가 되게 하지 마시옵소서."

당태종이 깜짝 놀라 물었다.

"아니, 그게 무슨 말이오? 도대체 어진 신하와 충성된 신하가 어떻게 다르다는 것이오?"

그러자 위징은 이렇게 말했다.

"순임금을 섬긴 직, 계, 고요는 군신이 마음을 합해 천하를 다스리고 함께 영광을 누렸습니다. 이것이 바로 신이 말씀드리는 어진 신하입니다. 이에 반해 하나라의 걸왕을 섬긴 관용봉과 은나라의 주왕을 섬긴 비간은 임금의 앞에서 임금의 잘못을 꺾고 공공연히 임금에게 충언을 했지만, 몸은 주살당하고 결국 나라도 멸망했습니다. 이것이 신이 말씀드리는 충성된 신하입니다."

이 말을 들은 황제는 고개를 끄덕였다.

일반적으로 권력자 주변에는 그 비위를 맞추는 사람들로 넘쳐난다. 그들은 듣기 좋은 아부로 귀를 가리고 미사여구의 아첨으로 눈을 멀게 한다. 그리고 자기들의 자리를 지키기 위하여 유능한 사람들을 모함하고 해친다. 이렇게 하여 기껏해야 주변 잡사를 처리하는 집사형의 사람들만 남게 된다. 결국 유능한 인재들은 떠나가고 사업은 쇠락하며 나라는 기울어 간다.

유방이 천하를 손에 넣게 된 데에는 소하만이 아니라 상승장군 한신과 명참모 장량이 있었기 때문이었다.

임금이 어질면
신하가 충성스럽다

당태종은 새매를 매우 좋아했다.

어느 날 태종이 새매를 어깨 위에 올려놓고 놀고 있는데 위징이 입궐했다. 태종은 새매를 숨길 겨를도 없었기 때문에 할 수 없이 안쪽 품에 넣었다. 그러자 위징은 일부러 시간을 끌면서 옛날 제왕들이 향락에 빠져 나라를 위태롭게 만든 여러 가지 예를 들어 말을 계속하는 것이었다. 태종은 품속에 넣은 새매가 질식해 죽지 않을까 초조하기만 했다. 하지만 꼬장꼬장한 위징의 신경을 건드려서는 안 된다고 생각해 꾹 참았다.

그렇게 한참이 지난 후에야 위징은 돌아갔다. 태종이 급히 품에서 새매를 꺼냈으나 새매는 이미 죽어 있었다. 태종은 새매의 죽음을 너무나 슬퍼한 나머지 그 새를 죽게 만든 위징이 정말로 미워졌다.

태종은 몹시 화난 얼굴로 주먹을 불끈 쥐며 말했다.

"내 그 촌놈을 이참에 반드시 죽여 버릴 테다."

그러자 문덕황후가 깜짝 놀라 물었다.

"지금 무슨 말씀이십니까? 혹 폐하께 거역하는 신하라도 있다는 말씀이신지요?"

"누구긴 누구겠소? 그 늙은 위징이라는 작자지. 그 자는 사사건건 짐에게 거역하니, 그 자가 있는 한 나는 아무 일도 하지 못하겠소."

태종은 얼굴을 잔뜩 찡그리며 말했다.

문덕황후는 아무 말도 하지 않고 조용히 나갔다. 그러더니 한참 만에 예복으로 갈아입고 방에 들어서면서 태종에게 축하드린다는 말을 했다. 태종은 영문을 몰라 어리둥절했다.

"아니, 무슨 말을 하는 것이오? 축하하다니 무얼 축하한다는 말이오?"

이에 문덕황후는 이렇게 대답했다.

"예로부터 임금이 어질면 신하가 충성스럽다고 했습니다. 지금 폐하께서 어지시기 때문에 위징도 아무런 두려움 없이 충언을 드리는 것입니다. 이 얼마나 기쁜 일이옵니까?"

이 말을 들은 태종은 다시 얼굴이 환해졌다.

안락할 때
위태로움을 생각하라

어느 날 당나라 태종이 위징에게 물었다.

"제왕 중에는 자손에게 제위를 넘겨 사직이 십 대도 넘게 오래 유지되기도 하지만, 일 대나 이 대를 넘기지 못하고 망해 버리기도 하오. 심지어 자기 스스로 제위를 잃어버리는 경우도 있소. 이것을 생각하면 짐은 언제나 마음이 놓이지 않소. 그래서 백성을 정말로 자애롭게 다스리고 있는지, 혹은 감정에 치우쳐 내 마음대로 정치를 하지는 않은지 하는 걱정으로 항상 마음이 괴롭다오."

그러자 위징은 이렇게 대답했다.

"희로애락의 감정이란 현명한 자나 어리석은 자나 모두 가지고 있습니다. 다만 현명한 자는 그것을 억제할 줄 알고 과도하게 발산하지 않습니다. 하지만 어리석은 자는 그것을 억누르지 못하고 결국 자신을 파멸로 빠지게 만듭니다. 폐하께서는 높으신 성덕으로 설사 나라가 태평할 때에도 언제나 위태롭고 어려울 때를 생각하십시오. 그렇게 스스로 성찰하고 경계하시어 유종의 미를 거두시도록 하옵소서. 이렇게 하시면 우리나라는 자자손손 폐하의 높으신 성덕을 우러러 받들 것입니다."

그 뒤 태종이 측근에게 물었다.

"나라를 유지하는 것은 어려운 일인가, 쉬운 일인가?"

그러자 위징이 앞으로 나오더니 대답했다.

"매우 어려운 일입니다."

태종이 다시 되물었다.

"아니, 우수한 인재를 등용하고 그들의 의견을 잘 들으면 좋은 것이 아닌가? 반드시 어렵다고 생각되지는 않는데…."

위징은 다시 말했다.

"이제까지의 제왕을 되돌아보십시오. 나라가 위태로울 때는 우수한 인재를 등용하고 그 의견에 귀를 기울이지만, 나라의 기반이 웬만큼 닦아졌다고 생각되면 반드시 마음속에 교만함이 생기게 마련입니다. 그렇게 되면 신하도 자기 한 몸 지키는 데 열중할 뿐 군주에게 허물이 있어도 구태여 간하려 들지 않습니다. 이렇게 되어 나라의 세력이 날이 갈수록 기울어가고, 마침내는 멸망에 이르게 됩니다. 예로부터 성현이 '안락한 곳에 있을 때 위태로움을 생각하라거안사위居安思危'라고 했습니다. 나라가 안락하고 태평스러울 때야말로 마음을 굳게 다잡아 정치에 임하지 않으면 안 됩니다. 그래서 신은 나라를 유지하는 일이 어렵다고 말씀드린 것입니다."

이 말을 들은 태종은 몇 번이나 고개를 끄덕였다.

문제는 리더가
자세를 바로 하느냐다

어느 날 당나라 태종이 크게 한탄했다.

"짐은 항상 천하를 올바르게 다스리기 위해 불철주야 노력해왔다. 그러나 아무리 노력해도 결코 성인을 따를 수 없다. 이러다가 후세에 웃음거리만 되는 것이 아닐까?"

이에 위징은 이렇게 대답했다.

"옛날 노나라 애공은 공자에게 '세상에는 건망증이 심한 사람도 많은 모양이오. 이사 갈 때 마누라를 잊어버리고 간 사람도 있다더군요.'라고 말했습니다. 그러자 공자는 '그보다 더 심한 사람도 있습니다. 그 포악했던 걸주는 마누라는 물론 자기의 몸까지도 까맣게 잊고 있었습니다.'라고 대답했다고 합니다. 폐하께서 그것만 명심하신다면 결코 후세에 웃음거리가 되지 않을 것입니다."

또 언젠가 태종이 신하에게 말했다.

"군주는 무엇보다도 먼저 백성의 생활이 안정되도록 힘쓰지 않으면 안 되오. 백성을 착취해 사치한 생활에 빠지는 것은 마치 자기 다리의 살을 도려내 먹는 것과 같이 배가 부를 때에는 몸이 축 늘어지고 말 것이오. 천하의 안정을 생각한다면 먼저 자기의 자세를 바르게 해야 하오.

내 일찍이 몸은 똑바로 서 있는데 그림자가 굽었다느니, 군주가 훌륭한 정치를 하는데 백성이 제멋대로 행동한다는 이야기는 듣지 못했소.

나는 자신의 파멸을 초래하는 것은 바로 자신의 욕망이라고 생각하오. 언제나 산해진미만 먹고 풍악과 여자에게만 빠져 있다면 욕망은 끝이 없어지고 비용도 끝이 없어질 것이오. 그렇게 되면 막상 중요한 정치에는 마음이 없어져 백성이 고난에 빠질 것이오. 게다가 군주가 도리에 맞지 않은 말을 한마디라도 한다면 민심은 뿔뿔이 흩어져 반란을 꾀하는 자도 나올 것이오. 그러므로 나는 언제나 이러한 점을 염려해 애써 나의 욕망을 억누르려는 것이오."

위징이 말을 이어받았다.

"예로부터 성인으로 추앙받아온 군주는 모두 그것을 실천했습니다. 그렇기 때문에 완벽한 정치를 할 수 있었습니다. 일찍이 초나라의 장왕이 첨하라는 현인을 불러 정치의 요체를 묻자 그는 '먼저 군주가 자신의 자세를 바로 하는 것입니다.'라고 대답했습니다. 장왕이 다시 그 자세한 방책에 대해 물었지만 그때도 그는 '군주가 자세를 바로 하는데 나라가 어지러워진 경우는 이제껏 없었습니다.'라고 대답할 뿐이었습니다. 지금 폐하께서 말씀하시는 것은 첨하가 말한 것과 똑같습니다."

태종은 만년에 위징에게 이렇게 물었다.

"요즈음 신하 중에 자기 의견을 말하는 자가 보이지 않는데 과연 어찌된 일이오?"

그러자 위징은 이렇게 대답했다.

"폐하께서는 이제까지 허심탄회하게 신하의 의견에 귀를 기울여 오셨습니다. 거슬리는 의견을 말하는 자가 있더라도 마땅히 그렇게 해야 할 것입니다. 하지만 똑같이 침묵을 지켜도 사람에 따라 그 이유가 다릅니다. 의지가 약한 자는 마음으로 생각을 하면서도 말을 하지 못합니다. 평소에 곁에서 모신 적이 없는 사람은 신임을 받지 못한다고 생각해 함부로 말하지 않습니다. 또 지위에 연연하는 자는 말을 잘못했다가 모처럼 얻은 자리를 잃을까 두려워해 적극적으로 말하지 못합니다. 지금 모두 의견을 말하지 않는 것은 이와 같은 이유 때문입니다."

이에 태종이 고개를 끄덕이며 말했다.

"참으로 그대의 말이 맞소. 나는 언제나 그 점을 유의하고 있소. 신하가 군주에게 간할 때는 실로 죽음을 각오하고 나서야 할 것이오. 그것은 형장으로 가거나 적의 대군 한가운데로 돌진하는 것과 다름이 없소. 감히 간언하는 신하가 적은 것도 그런 이유 때문이오. 나는 앞으로 겸허한 태도로 간언을 받아들일 생각이니 모쪼록 신하들도 아무 염려 말고 서슴없이 자기의 의견을 말해 주기 바라오."

남을 거울로 삼으면
나의 잘잘못을 알 수 있다

위징이 죽었을 때 당나라 태종은 이렇게 말하며 슬퍼했다.

"구리로 거울을 만들면 이것으로 의관을 바로잡을 수 있다. 옛 사람을 거울로 삼으면 세상 흥망의 인과 관계를 알 수 있다. 그리고 남을 거울로 삼으면 내 행동의 잘잘못을 알 수 있다. 이제 위징이 죽었으니 나는 진실로 거울 하나를 잃었다."

그리고는 친히 비문을 썼다.

뒷날 고구려 공격에 나섰다가 참패를 당한 태종은 크게 탄식했다.

"위징만 살았더라도, 이 공격을 말렸을 텐데…."

당 태종은 거의 실정失政이 없는 명군이었다. 자신을 비춰볼 수 있는 위징과 같은 직신直臣이 있었기 때문이었다. 그런데 고구려 원정은 당 태종의 분명한 실책으로 기록되고 있다. 바로 위징이라는 거울을 잃었기 때문이었다.

이성계와 정도전

정도전은 이성계를 도와 고려 왕조를 무너뜨리고 조선 왕조를 세우는 데 큰 공을 세운 명참모다. 그러나 정도전이 처음부터 잘 풀렸던 것은 결코 아니다. 처음엔 오히려 고난의 연속이었다. 귀양살이를 하고 고향에 내려가 서당 선생을 했으며, 살던 집조차 철거되어 떠돌이 생활을 해야 했다. 노비 출신이라는 모함도 받아야 했다. 그러나 그의 뜻은 범상치 않았다.

어느 날 그의 친구이자 유학자인 권근, 이숭인과 평생 무엇이 가장 즐거운 일인가에 대해 담소를 나눈 적이 있었다.

"내가 가장 즐겁게 생각하는 바는 바로 조용한 산방에서 시를 짓는 일이라네."

이숭인이 말했다.

그러자 옆에 있던 권근이 말했다.

"역시 따뜻한 온돌에서 화로를 끼고 앉아 미인 곁에서 책을 읽는 것이 가장 큰 즐거움이겠지."

그러나 정도전은 남달랐다.

"나는 첫눈이 내리는 겨울에 가죽옷을 입고 준마를 타고서 누런 개와 푸른 매를 데리고 평원에서 사냥하는 것이 가장 즐겁다네."

훗날 이숭인은 아주 평범한 선비로 살다 죽었고, 권근은 부귀영화를 누렸으나 지조가 없다는 평을 들었다. 그러나 정도전은 광야를 달리며 천하를 경영하겠다는 뜻을 결국 이루었다.

불우했던 정도전은 마지막 승부를 걸었다.

'내가 이렇게 죽을 수는 없다. 반드시 내 뜻을 펴고 말리라. 뜻을 펴기 위해서는 무엇보다도 무력을 손에 쥔 인물을 잡아야 한다. 지금 저 북쪽에 웅거하는 이성계야말로 내가 찾는 인물이 아닐까? 그는 강직하고 기개 있는 장군이다. 그 사람과 내가 손을 잡으면 반드시 천하를 얻을 수 있게 되리라.'

이렇게 생각한 정도전은 북쪽 변경의 함주까지 이성계를 찾아갔다. 북풍한설 휘몰아치는 차가운 겨울이었다. 그는 이성계를 만나 "이만한 군대를 가지고 무슨 일인들 못하겠습니까?"라고 말했다.

정도전이 이성계를 만난 지 5년 만에 위화도 회군이 있었고, 10년 만에 조선 왕조를 건국했다. 물론 정도전은 킹메이커로서의 역할을 다했다.

주는 것이 받는 길이다

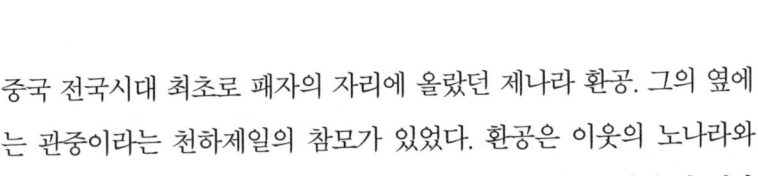

중국 전국시대 최초로 패자의 자리에 올랐던 제나라 환공. 그의 옆에는 관중이라는 천하제일의 참모가 있었다. 환공은 이웃의 노나라와 다섯 번 싸워 다섯 번 모두 이겼다. 이에 노나라는 땅을 거의 다 빼앗기게 되었다.

노나라에는 조말이라는 용기 있는 장수가 있었다. 어느 날 환공이 노나라와 회담을 벌이고 있을 때 조말은 갑자기 단상에 뛰어올라 환공에게 비수를 들이대면서 그간 빼앗은 노나라 땅을 모두 되돌려 달라고 협박했다. 환공은 황망 간에 닥친 위기를 모면하고자 그 요구를 허락했다. 조말이 내려간 뒤 환공은 그 일을 없었던 것으로 하고 조말을 당장 죽이려 했다. 그러나 관중은 환공을 말리면서 이렇게 말하는 것이었다.

"폐하께서는 협박을 당해 어쩔 수 없었다고 하시겠지만 어디까지나 약속은 약속입니다. 그것을 없었던 것으로 하고 상대를 죽인다면 신의를 저버리는 처사입니다. 그렇게 되면 스스로 하신 약속을 스스로 깨뜨리시는 것이 되어 천하로부터 따돌림을 당하게 됩니다. 주는 것이 곧 받는 길입니다. 작은 이익에 만족하신다면 제후들의 신망을 잃게 되며 천하의 명성을 스스로 버리게 될 뿐입니다."

환공은 결국 노나라로부터 빼앗은 땅을 고스란히 돌려주었다.

그 뒤 북쪽의 산융족山戎族이 연나라를 침공하자 연나라는 제나라에 도움을 청했다. 이에 환공은 군사를 이끌고 산융족을 토벌한 뒤 고죽국까지 격파했다. 환공이 귀국길에 오르자 연나라 왕이 감격한 나머지 전송하러 나왔다가 자신도 모르게 제나라 땅까지 들어서게 되었다. 그러자 환공이 말했다.

"천자를 제외하고는 제후끼리의 전송에서 국경을 넘지 않습니다. 나는 연나라에 대해 예를 갖추지 않을 수 없습니다."

환공은 그 자리에서 국경의 도랑을 파게 하여 연왕이 전송하며 따라온 곳까지 연나라의 땅으로 떼어주었다. 또한 환공은 연나라 왕에게 어진 정치를 베풀라고 권하면서 주나라 왕실에게 공물을 바치도록 했다.

환공의 이러한 행동은 제후들에게 높이 평가되었다. 그러자 제나라와 손을 잡으려는 나라가 줄을 이었다. 그리하여 환공은 제후들에 의해 마침내 천하의 패자霸者로 추대되었다.

관중은 위정자의 덕목에 대해 이렇게 말했다.

"아무리 견고한 요새라 할지라도 그것만으로는 적을 막을 수 없다.

아무리 강한 군비를 가졌더라도 그것만으로 적을 파괴할 수 없다. 또한 아무리 넓은 영토와 풍부한 물자를 가졌더라도 그것만으로는 인심을 붙들어 놓을 수 없다. 오직 위정자에게 확고한 지도 이념이 있어야 비로소 화를 미리 방지할 수 있다. 그때그때 정황에 따라 적절한 대책을 세우는 것이 지도자의 요건이며, 공평무사한 것이 위정자로서의 덕목이다. 위정자는 언제나 시의에 맞는 정책으로 군신을 통솔하여 갖고 있는 능력을 충분히 발휘해야 한다."

지혜로운 자는 법을 만들지만, 어리석은 자는 그것을 지킬 뿐이다

중국 전국시대 백화제방百花齊放, 많은 꽃이 일제히 핀다는 뜻으로, 온갖 학문이나 예술, 사상 따위가 성함을 비유적으로 이르는 말의 어지럽던 천하를 통일시킨 진나라도 처음에는 서북방 변두리에 자리 잡은 미개국에 불과했었다. 그런 까닭으로 중원 국가들로부터 오랑캐 국가로 경멸당해야 했다.

그런 진나라를 일거에 강대국의 반열에 오르게 만든 인물은 다름 아닌 상앙商鞅이었다. 그는 냉혹하리만큼 엄격한 법가사상을 정책으로 강력히 추진했다. 기껏해야 미개한 변두리 나라에 지나지 않던 진나라에 질서체계를 만들었고, 근본이 되는 사회개혁을 통해 부국의 길로 도약하도록 만들었다.

진나라 왕이었던 효공이 상앙을 중용한 이후, 상앙은 활기차게 법을 개혁해 부국강병책을 추진하려고 했다. 하지만 신하의 거센 반발을 두려워한 효공은 상앙의 개혁책을 시행하는 데 주저주저하고 있었다. 이에 상앙이 효공을 설득했다.

"행동을 주저하면 명성을 얻지 못하고, 일을 추진하면서 머뭇거리면 결코 공을 이룰 수 없습니다. 식견이 높은 사람은 세상의 비난을 받기 마련이며 새로운 생각을 하는 사람도 대부분 백성의 조롱을 받습니다. 어리석은 자는 일을 분별하는 데 어둡지만 현명한 사람은 보이지 않는 것을 보기 때문입니다. 백성과는 처음부터 같이 일을 도모할 수 없으며 오직 일이 이뤄진 연후에 비로소 함께 즐길 수 있습니다. 높은 덕을 논하는 사람은 세상과 타협하지 않고 큰 공을 이루는 사람도 남과 상의하지 않습니다. 성인은 진실로 나라를 부강하게 하는 일이라면 옛 전통을 따르지 않고, 진실로 백성을 이롭게 하는 일이라면 옛날의 예법에 집착하지 않는 것입니다."

그러자 감룡이 반론을 폈다.

"그렇지 않습니다. 관습을 바꾸지 않고 백성을 이끄는 사람이야말로 성인이며, 법을 바꾸지 않고 훌륭한 정치를 행하는 사람이야말로 지혜로운 사람입니다. 백성의 관습에 맞추어 가르치면 수고로움이 없이 공을 이룰 수 있고, 법에 따라 다스리면 관리도 익숙해 백성도 안심하는 것입니다."

상앙이 반박했다.

"감룡의 말은 속된 의견일 뿐입니다. 법인은 관습에만 의지하며 학자란 배운 것에만 집착합니다. 이 두 부류의 사람은 관직에 앉아 법을 지킬 수는 있어도 그 이상의 일을 해낼 수 없습니다. 예禮나 법은 절대 바꿀 수 없는 것이 아닙니다. 하, 은, 주의 3대는 예를 달리했으면서도 천하를 지배했으며 춘추 오패도 각기 그 법이 달랐으나 모두 패자가 되었습니다. 지혜로운 사람은 법을 만들고 어리석은 사람은 그것을 지킬 뿐이며, 현명한 사람은 예를 바꾸지만 못난 사람은 그것에 얽매이는 법입니다."

이번에는 두지가 반론을 제기했다.

"백 배의 이로움이 없으면 법을 바꾸는 것이 아니며, 열 배의 편리함이 없이는 도구를 바꾸지 않습니다. 옛 법을 따르면 과오가 없으며 예에 따르면 잘못이 없습니다."

그러자 상앙은 다시 차분하게 설명했다.

"나라를 이롭게 할 수 있다면 굳이 옛 것을 따라야만 하는 것이 아닙니다. 탕왕과 무왕은 옛것을 따르지 않아도 왕자가 되었으며 반면 하나라와 은나라는 예를 바꾸지 않았지만 결국 망했습니다. 옛것에 따르지 않는다고 모두 잘못이 아닙니다. 그리고 예를 잘 지킨다고 해서 무조건 잘하는 것도 아닙니다."

효공은 상앙의 주장에 찬성했다.

결국 상앙은 재상으로 중용되었다.

상앙은 진나라를 전면적으로 개혁하고 구조를 바꾸는 길로 이끌었고, 이를 계기로 진나라는 천하통일로 가는 확실한 토대를 마련할 수 있었다.

사냥개와
사냥개를 부린 사람

한나라 5년, 항우를 격퇴하고 천하를 평정한 한고조 유방이 논공행상을 실시했다. 하지만 신하가 각기 자기의 공적을 내세웠기 때문에 1년이 넘도록 매듭짓지 못했다. 마침내 고조는 최고의 공적을 세운 자는 소하라고 선포하고 그에게 가장 넓은 땅을 하사했다. 그러자 공신들은 입을 모아 불평을 늘어놓았다.

"우리는 목숨을 걸어 제 일선에 나아가서 많은 사람은 백 수십 회, 적은 사람도 수십 회씩의 전투를 겪어 왔습니다. 공적에 차이는 있을지언정 누구나 성을 공략하고 땅을 빼앗는 싸움을 치러온 것입니다. 그러나 승상 소하로 말하자면 단 한 번도 싸움터에 나가본 일이 없고 다만 후방의 책상 위에서 붓대나 놀리면서 문서 쪽지만 뒤적거렸을 따름이 아니었습니까? 그런 사람이 어찌 우리보다 윗자리의 대접을 받아야 한다는 말인지요?"

그러자 고조는 대답했다.

"귀공은 사냥이라는 것을 아시오?"

이에 공신이 "물론 알고 있습니다."라고 대답하자 고조는 "그렇다면 사냥개가 무엇인지도 알고 있겠군."이라고 말했다. 공신이 "그렇습니다."라고 대답하자 고조가 말을 이었다.

"사냥을 할 때 짐승을 쫓아가서 잡는 것은 사냥개지만 그 개의 끈을 풀어주어 달려 나가게 하는 것은 사람이오. 그대는 도망치는 짐승을 쫓아가서 잡아온 셈이니 공을 따지더라도 사냥개의 공이라고 할 수 있소.

그에 비하면 소하는 그대의 끈을 풀어주어 뛰게 한 자니, 이는 요컨대 '사람'의 공적이오. 그뿐만이 아니라 그대는 그대의 몸 하나만을 가지고 짐을 따라온 것이었소. 그런데 소하는 자기 일족 중 싸울 수 있는 장부 수십 명을 차출해 전쟁터에 내보냈소. 그 공도 또한 무시할 수 없는 것이오."

공신들은 아무도 다른 이야기를 하지 못했다.

제후에 대한 영지의 분배가 끝나고 이번에는 서열 문제가 제기되었다. 그러자 대신들은 모두가 입을 모아 아뢰었다.

"조참曹參은 몸에 칠십여 군데 상처를 입도록 싸웠을 뿐만 아니라 그 공로 또한 누구보다 큽니다. 그 분이야말로 제 일위에 해당합니다."

고조는 이미 공신의 불만을 꺾고 소하에게 가장 큰 영지를 내준 바 있으므로 서열 문제에 관해서는 공신의 주장을 반박할 마땅한 이유를 찾아내지 못했지만 내심으로는 역시 소하를 첫째 자리에 앉혔으면 하고 생각했다. 그때 고조의 눈치를 알아챈 관내후 악군鄂君이 앞에 나서서 말했다.

"여러 신하의 의론은 모두 틀린 것입니다.

과연 조참 대감은 대단한 업적을 세우셨습니다. 그러나 그것은 일시의 공에 지나지 않습니다. 보다 넓은 안목으로 한 번 생각해 보십시오. 폐하께서는 항우와 싸우시던 5년간 싸움에 패하여 부하를 잃고 폐하 혼자서 탈출을 하셨던 일도 여러 차례였습니다. 그때마다 소하 대감은 관중에서 사졸을 파견해 전선의 군대를 보충했고, 비록 폐하의 병력 동원 명령을 받지 못할 때에도 여러 차례에 걸쳐 수만 명의 사졸을 폐하의 신변에 파견해 주었습니다.

형양성에서 한나라와 초나라 양군이 여러 해에 걸쳐 지겨운 공방전을 전개할 때에도 식량이 떨어질 만하면 관중에서 보급이 오곤 하여 배고픔을 모르고 싸울 수 있었습니다. 또 폐하께서는 산동山東에서 여러 번 패하셨습니다만, 소하 대감은 폐하께서 언제든지 귀국하시어 재기의 터전을 잡을 수 있도록 관중을 끝까지 보위하고 있었습니다. 이것이야말로 만세에 빛나는 영원한 업적입니다.

조참 같은 분을 수백 명 잃었다 해도 우리 한나라의 입장에서는 커다란 손실이라 할 수 없을 것입니다. 한나라에 조참 같은 분들이 있다고 해서 그것에만 의존하여 반드시 우리 한나라의 방위에 만전을 기할 수 있다고 할 수 없습니다. 어찌 일시의 공을 만세의 공보다 높이 평가할 수 있겠습니까? 소하 대감을 제 일위, 조참 대감을 그 다음으로 정하는 것이 옳다고 생각합니다."

그 말이 끝나자마자 고조는 기뻐하며 말했다.

"과연 악군의 말이 지당하오. 그의 말대로 하는 것이 좋겠소."

그리하여 소하에게는 커다란 특전이 주어졌다. 임금 처소에 오를 때도 신을 벗지 않고 칼을 차는 것이 허용되었으며, 입조하여 알현할 때 다른 신하와 달리 종종걸음을 치지 않아도 된다는 특별대우를 해주었다.

장막 안에서 계략을 꾸며 천리 밖의 승리를 얻다

천하통일 후 한나라 고조 유방이 낙양에 머물던 어느 날, 대궐에서 문득 내려다보니 장군들이 여기저기 무리를 지어 앉아서 무슨 말인지 쑥덕거리는 것이었다.

고조는 장량에게 물었다.

"저 자들은 저렇게 매일같이 모여 도대체 무얼 하는 것이오?"

장량이 의아한 표정을 지으며 대답했다.

"폐하께서는 아직도 모르시겠습니까? 반란을 모의하는 중입니다."

"아니! 이제야 천하가 안정됐는데, 반란이라니 무슨 망발이오?"

이에 장량이 찬찬히 설명했다.

"폐하께서는 한낱 서민으로부터 일어나서 저 사람들을 부려 천하를 장악하셨습니다.

그런데 폐하께서 천자가 되신 지금 땅을 하사받은 자는 소하라든가 조참과 같이 옛날부터 폐하의 마음에 들어 온 사람뿐인 반면에 벌을 받은 자는 평소부터 폐하의 미움을 샀던 사람입니다.

현재 각 개인의 공적을 평가하는 중입니다만 필요한 땅을 모두 계산하면 천하의 땅덩어리를 모두 준다고 해도 오히려 모자랄 지경입니다. 그래서 저 사람들은 폐하께서 자기들 모두에게 땅을 내리시지는 못할 것 같다, 그렇다면 과거의 과실을 들추어내어 오히려 주벌을 도모하시지나 아니할까 두려워해 저렇게들 모여 앉아 아예 반란을 모의하는 것입니다."

이 말을 들은 고조는 심각한 표정을 지었다.

"그러면 어떻게 해야 좋겠소?"

"폐하께서 평소에 가장 못마땅해 하셨고 그 사실을 남들이 다 인정하는 그런 인물이 있는지요?"

"그야 두말할 필요도 없이 옹치지. 그 자는 나를 여러 번 골탕 먹였거든. 지금이라도 죽여 버리고 싶은데, 공적이 크기 때문에 참는 중이라오."

"그러시다면 우선 옹치에게 벼슬을 내리시고 여러 신하가 모인 자리에서 발표해 주셔야 합니다. 옹치가 벼슬을 받았다고 하면 다른 사람들도 저절로 조용해질 것입니다."

고조는 술자리를 베풀고 옹치에게 벼슬을 내리는 한편, 승상과 어사를 독촉해 상을 주는 행사를 조속히 추진할 것도 그 자리에서 발표했다. 아니나 다를까 군신들은 모두 술잔을 부딪치며 환성을 올렸다.

"그 옹치도 벼슬을 받았는데, 하물며 우리야 기다리기만 하면 된다오."

장량, 장자방張子房은 중국 역대 참모 중에서도 가장 뛰어난 참모였다.

그는 유방이 지적한 바와 같이 '장막 안에서 계략을 꾸며 천리 밖의 승리를 얻는' 데 있어서 누구도 따를 수 없는 일인자였다. 무적 항우를 마지막으로 몰아넣었던 '사면초가'의 전술도 장량이 낸 전술이었다.

그는 항상 뒤에서 참모 역에 만족하고 결코 앞에 나서지 않았다. 유방이 천하통일을 이룬 후 그는 자신에게 하사된 엄청난 규모의 영지를 사양하고 스스로 벼슬자리에서도 물러나 도사로 살면서 여생을 유유자적 즐기며 천수를 누렸다. 이에 반해 한신, 팽월, 경포 등은 큰 공을 세우고도 끝까지 벼슬자리에 머물다가 결국 모두 토사구팽으로 참수당하는 비운에 처하고 말았다. 장량은 권력의 생리를 잘 알고 있었으므로 비정하고도 살벌한 권력 투쟁이 벌어지는 그곳을 스스로 떠났던 것이다.

무엇보다도 그에게는 개인의 욕망이 없었다. 그는 전국시대 한(韓)나라 출신이었다. 그의 집안은 대대로 한나라 재상을 지낸 바 있는 명문가였다. 장량이 조정에 나아가기 위해 열심히 학문을 닦던 중 진나라 진시황에 의해 조국 한나라가 멸망하고 말았다.

그에게는 오직 멸망한 조국에 대한 애정만 있을 뿐이었다. 그는 힘센 장사를 고용해 일백이십 근짜리 철퇴로 진시황을 저격했지만 실패하고 말았다. 이후 그는 유방의 진영에 참여하면서 조국을 멸망시킨 진나라를 멸망시키는 데 큰 역할을 담당했고, 또한 한나라 왕을 암살했던 항우에 대한 보복도 끝내 이루었다. 어쩌면 그에게 있어서 유방조차도 그의 목적을 실현시키기 위한 도구에 불과했는지 모른다.

장량이야말로 유능하면서도 가장 깨끗하고 현명한 참모의 '표준'이 되는 인물이 아닐 수 없다.

제갈량의 출사표

《삼국지》에는 일세를 풍미한 영웅호걸이 즐비하지만 실제 주인공은 단연 제갈공명이라는 점에 이의를 달 사람은 별로 없을 듯하다. 그만큼 제갈공명은 현대를 사는 우리 모두의 마음까지 휘어잡아 《삼국지》를 읽는 매 순간마다 마음 깊숙이 감동을 불러일으키는 인물이 아닐 수 없다.

실로 제갈공명이야말로 가장 뛰어난 참모라 할 것이다.

그는 천하삼분지계를 헌책하여 유비에게 촉나라를 세우게 했고, 적벽대전에서 조조의 대군을 몰살시키게 만들었던 제1의 군사軍師였다. 맹획을 칠종칠금七從七擒, 일곱 번 잡았다가 일곱 번 풀어준다는 뜻으로 상대를 마음대로 다루거나 인내를 가지고 상대가 숙여 들어오기를 기다린다는 말 끝에 심복으로 만들었고, 노회한 사마의의 군대를 공성계空城計로 물리쳤으며, 심지어 그가 세상을 떠났을 때에도 '죽은 공명이 산 사마의를 쫓는' 기막힌 작전을 구사했다.

그는 단순히 지략가일 뿐 아니라 의리를 목숨처럼 중시했고, 평생을 성실한 인간성으로 살았던 군자 중의 군자였다. 한마디로 그는 한나라 왕실의 부흥이라는 이상을 실현시키기 위해 헌신한 순교자였다.

그는 관우, 장비, 유비가 죽은 후 마지막 힘을 모아 위나라 공격에 나섰다. 당시 위나라와 촉나라의 군사력은 객관적인 비교에서 6:1 정도로 촉나라가 절대 열세였다. 이 사실을 모를 리 없는 공명이었다. 하지만 그는 한나라 부흥이라는 유비와의 약속을 반드시 지키고자 했고, 더구나 자기가 죽고 난 이후엔 전혀 그 가망이 없음을 이미 잘 알고 있었다. 그래서 그는 이기기 어려운 싸움에 스스로 나선 것이었다. 여섯 번에 걸친 싸움에서 공명은 끝내 승리를 거두지는 못했으나, 그렇다고 패배하지도 않았다.

제갈량은 처음 공격에 나서면서 유비의 아들 유선에게 〈출사표〉를 남겼는데, 오늘날까지 그 글을 보는 후세 사람 모두 눈물을 흘리지 않은 자가 없었다고 할 정도로 명문 중의 명문으로 평가받고 있다.

신 제갈량 말씀 올립니다.
선제께서는 창업을 이루던 도중에 쓰러지시고, 이제 천하는 삼분되었는데, 그중 우리 익주는 가장 피폐해 있습니다. 참으로 위급 존망의 때가 아닐 수 없습니다. 그러나 신하들이 안에서 태만치 않고 충신들이 제 몸 돌보기를 잊은 채 나라에 봉사하는 것은 오직 선제의 마음을 좇아 폐하께 보답하고자 하는 충정 때문입니다. 그러므로 폐하께서는 오로지 힘써 선제의 유덕을 빛내고 선비들의 마음을 너그럽게 보살펴 주시옵소서.
마땅히 선善은 높이 받들어 이를 널리 펼치시고, 악은 벌주어서 이를 물리치시옵소서. 조금도 개인 사심으로써 궁중과 조정의 차별을 두지 않으시도록 하십시오. 만약 간사한 짓으로 죄를 범하는 자가 있다면 벌로써, 충의선량한 사람이 있으면 마땅히 충분한 상을 내림으로써 공평무사한 정사를 천하에 보이시도록 하십시오.

어진 신하를 가까이 두시고 소인을 멀리한 것이야말로 전한前漢의 문제와 무제께서 나라를 융성하게 하신 기초이며, 소인을 가까이 두고 어진 신하를 멀리 한 것은 후한後漢의 환제와 영제가 사직을 쇠퇴하게 만든 이유였습니다.

신은 한낱 포의布衣의 몸으로 원래 남양 땅에서 스스로 밭을 갈아 난세를 근근이 살고자 했을 뿐, 제후의 밑에 가서 벼슬하여 몸의 영달을 꾀하려고 생각한 적이 전혀 없습니다. 그러나 선제께서는 신의 비천함을 꺼려하지 않으시고 고귀한 신분으로 친히 방문하시어 저의 초가를 찾으시기를 세 번, 당세의 방책을 물으셨습니다.

신은 이에 감격하여 선제를 위해 한 몸을 바쳐 헌신할 것을 맹세하였던 것입니다. 선제께서도 붕어崩御하실 때 신을 부르시어 국가 대사를 부탁하셨습니다.

그 뒤 신은 밤낮으로 송구하여 선제의 명령을 성취하고자 노력하고, 또 부탁하신 보람이 나타나지 못할까, 선제의 명민하심을 상하게 하지는 않을까 항상 두려워하고 있습니다. 그래서 작년 5월 남쪽의 노수를 건너 깊이 불모의 땅에 들어갔고, 이제는 남쪽의 만족은 완전히 평정되었습니다. 그 후 군사의 힘도 길렀고 병기도 넉넉해졌으므로 이제 대군을 거느리고 북진해서 위나라를 쳐 중원을 평정하여 한나라의 사직을 부흥하고 도읍을 낙양으로 돌려가고자 합니다.

이야말로 신이 선제의 은혜에 보답하고 폐하께 충절을 다하는 길입니다. 그리고 이것이 신에게 주어진 평생의 임무이기도 합니다.

폐하께서는 신에게 적을 치고 공을 세우라고 위탁하옵소서. 공이 없으면 신은 벌로써 선제의 혼에 고하겠습니다.

아무쪼록 선정을 베푸시고 바른 말을 받아들이셔서 깊이 선제의 유언에 따르옵소서.

지금 먼 곳으로 떠남에 있어 표表에 임해 슬피 울며 말할 바를 잊었습니다.

작전은
내 가슴속에 있다

기쁨도 혼자서 새긴다.
조용히 가는 자는 건전하게 간다.
그리고 건전하게 가는 자는 먼 곳까지 간다.

중국의 위진남북조시대, 천하는 북쪽의 전진前秦과 남쪽의 동진東晋으로 나뉘어 있었다. 하지만 군사력에 있어서는 북쪽의 전진이 훨씬 강했다. 더구나 전진의 황제 부견은 영특한 군주로서 전진의 국력을 빠른 속도로 강화시켰다.

이때 부견의 옆에는 명참모 왕맹王猛이 있었다. 왕맹은 이전에도 여러 왕조로부터 조정 입궐을 권고 받은 적이 있었으나, 이에 응하지 않았다. 그러다가 부견의 인품을 알아보고 기꺼이 그의 참모가 되었다. 그가 입궐한 지 불과 수십 일도 되지 않아 그는 호족의 횡포와 부정부패를 척결하는 일에 나섰다. 이제까지 호족의 하늘 높은 줄 모르는 권세가 무서워 아무도 생각할 수조차 없던 일이었다. 그러나 그는 과감하게 실천에 나서 죄질이 무거운 이십여 명의 호족을 체포, 처형하고 그 시체를 저자 거리에 매달아 놓았다. 이후 그는 군대 개혁, 교육 진흥, 수리 시설 개발, 농업과 양잠 육성 등에 박차를 가해 전진을 순식간에 강대국으로 발돋움시켰다.

부견은 자기의 곁에 왕맹이 있음을 기뻐하면서 자랑했다.

"촉나라 유비에게는 공명이 있었고, 나에게는 왕맹이 있도다."

이제 천하에서 전진에 대적할 수 있는 나라는 오직 남쪽의 동진밖에 없다. 부견은 천하통일을 꿈꾸었다. 그러던 때 왕맹이 세상을 떠났다. 부견은 통곡을 하면서 부르짖었다.

"하늘이 내가 천하통일의 대업을 이루기를 원하지 않는구나. 어찌 이렇게 빨리 나의 왕맹을 빼앗아 간다는 말인가!"

이후 부견은 백 만의 군사를 일으켜 남쪽의 동진을 공격해 들어갔다. 당시 동진의 군사는 전진의 십분의 일에 불과할 정도였다. 왕맹은 임종 때 부견에게 유언을 남겼다.

"동진은 비록 중원에서 멀리 떨어져 있지만, 중국 중원의 정통성을 가지고 있으며 군신 상하가 질서를 존중하고 화목합니다. 신이 죽은 후에도 폐하께서는 동진을 공격하려는 생각을 마십시오. 그보다는 북쪽의 선비족과 강족光族이야말로 우리의 숙적입니다. 얼마 지나지 않아 우리의 근심거리가 될 터이니 차차 이들을 제거하여 나라의 기반을 튼튼히 하지 않으면 안 됩니다."

전진의 백만 대군의 대열은 수로와 육로를 통해 동서 만 리까지 이어지면서 진군을 시작했다. 그 위풍당당한 장관은 천지를 진동시키고도 남음이 있었다.

한편 막강한 전진이 군사를 몰아 총공격해 온다는 급보에 동진의 조야는 불안에 휩싸여 벌벌 떨고 있었다. 당시 동진의 총사령관은 재상 사안謝安이었다. 사안은 재상으로 임명되기 전에도 은자처럼 살았고, 재상으로 임명된 이후에도 은자처럼 처신했던 현인이었다. 동진의 모든 사람이 떨었지만 사안은 오히려 태연했다. 누군가 사안에게 달려가 도대체 어떻게 작전을 쓸 것인가를 묻자, 그는 담담하게 말했다.

"염려할 것이 없다. 작전은 내 가슴속에 있다."

두 영웅은 나란히 설 수 없다.
하나의 산은 두 마리의 호랑이를 키울 수 없는 법이다.
이리하여 전진과 동진이라는 천하의 양웅은 비수淝水라는 강을 사이에 두고 서로 대치했다. 유명한 '비수의 싸움'이 시작된 것이었다.
전진군의 선봉부대는 수양성을 공략해 서전을 승리로 장식했다. 이때 동진의 선봉부대는 이미 군량미 부족이라는 극한 상황에 몰리고 있었다. 이 점을 알아챈 부견은 주서라는 장군을 동진 진영에 파견해 항복을 권했다. 그런데 바로 이 주서라는 인물은 원래 동진의 장군으로서 이전에 벌어졌던 전투에서 패한 뒤 포로가 되어 부견 밑에 있던 사람이었다. 그는 비록 몸은 부견 밑에 있었지만 마음은 언제나 고국 동진에 있었다. 동진 진영에 도착한 주서는 동진 장군들에게 이렇게 털어 놓았다.

"전진의 군사 백 만은 아직 결집이 약한 상태입니다. 만약 백만 대군이 결집된다면 승리하기 어렵습니다. 그러니 지금의 기회를 놓치지 말고 곧바로 기습 공격해야 합니다. 그러면 전진의 군사를 무너뜨릴 수 있습니다. 저도 내부에서 호응하겠습니다."

며칠 후 동진군은 전진군을 향해 기습 공격을 감행했다. 이 전투에서 전진군 5만 명이 크게 패해 서로 앞을 다투어 도망치려다가 무려 1만 5천여 병사가 물에 빠져 죽고 말았다.

동진군은 계속해 진격을 늦추지 않았다. 보고에 접한 부견은 수양성에 올라가 동진 진영을 살펴보았다. 동진군의 군사 배치와 진지는 정연하여 한 치의 빈틈도 없었다. 다시 눈을 돌려 팔공산을 바라보니 바람에 흔들리는 초목이 모두 동진군으로 보이는 듯했다.

"군사도 많고 정예 중의 정예로다. 강적이다, 강적이야!"

부견도 두려움을 감출 수 없었다.

양군은 비수淝水를 사이에 두고 며칠을 대치했다. 그러던 어느 날 전진 진영에 동진 진영으로부터 서찰이 날아들었다. 내용은 이랬다.

"이렇게 양군이 강을 사이로 두고 대치하다가는 싸움이 얼마나 길어질지 모르는 일이오. 그것은 양군 모두에게 좋지 못한 일이오. 그러니 만약 귀측에서 속전속결을 원한다면 조금 후퇴하여 우리 측이 강을 건넌 뒤 정정당당하게 싸움을 벌여 승패를 결정짓는 방법이 어떻겠소?"

전진의 장군들은 모두 후퇴는 말도 안 되는 소리라고 일축했다. 그러나 부견은 고개를 저으며 주장했다.

"조금 후퇴하는 척 하다가 저들이 강을 반쯤 건넜을 때 기병으로 돌진해 공격한다면 승리는 우리의 것이다."

이에 장군들도 수긍했다.

이윽고 전진군이 후퇴를 개시했다. 그런데 여기서부터 일이 빗나가기 시작했다. 고향을 떠나 멀리 이국 만리 전쟁터에 끌려온 젊은이

들은 막상 후퇴를 시작하자 마치 봇물이 터지듯 서로 앞을 다투어 도망치기 시작했다. 순식간에 통제 불능의 상태가 되고 말았다. 이렇게 되니 동진군이 강을 반쯤 건넜을 때 공격한다는 원래의 작전은 쓸래야 쓸 수가 없게 되었다. 뒤에서는 동진군이 맹추격해 오고 있었다. 속수무책으로 전진군은 도망쳤다. 부견은 군사를 돌이키려고 안간힘을 썼다.

이 순간 "우리는 졌다, 어서 도망쳐라!"라는 고함소리가 갑자기 여기저기서 터지는 게 아닌가! 이는 바로 주서가 부하들과 짜고 질러댄 고함소리였다.

한 마리 개가 그림자를 보고 짖으면 뭇 개들이 덩달아 짖는 법이다. 이 고함소리가 불에 기름을 붓는 격이 되어 전진의 군대를 더더욱 속수무책으로 도망치게 만들었다.

더군다나 전진의 후속 부대들도 여지없이 패배를 당했다는 소문을 듣고 도망치기 급급했다. 전진의 군사는 밤낮을 가리지 않고 걸음아 나 살려라고 도망치기 바빴다. 바람 소리나 학이 우는 소리를 듣고도 동진군이 뒤쫓아오는 소리인 줄 알고 앞을 다투어 도망쳤다풍성학려風聲鶴唳. 이 와중에 대다수의 병사가 굶주림과 추위에 시달리다가 죽고 말았다. 불과 3개월 전에 백만 대군의 위용을 자랑하며 당당히 진군했던 부견은 겨우 십만의 패잔병 속에 묻혀 궁궐로 돌아와야 했다. 엎친 데 겹친 격으로 왕맹의 예견대로 선비족과 강족의 반란에 부딪쳐 부견은 결국 목숨을 잃고 나라도 멸망하고 말았다.

그런데 바로 이 절체절명의 순간에 동진의 총사령관인 사안은 태연하게도 자기의 별장에서 손님과 함께 바둑을 두면서 승부를 다투고 있었다.

바둑을 두다가 승리를 거두었다는 보고를 받은 사안은 기뻐하는 기색도 별로 보이지 않은 채 바둑판만 계속 응시하는 것이었다. 한참이 흐른 뒤에야 바둑은 끝났다. 그제야 손님이 보고 내용이 무엇이냐고 묻자 사안은 아무것도 아니라는 듯이 "음, 자식 놈이 끝내 적을 이겼다는군요."라고 말했을 뿐이었다.

하지만 사안은 손님을 배웅하고 난 다음엔 기쁨을 참지 못하고 급히 방으로 들어오다가 신이 걸려서 뒤축이 떨어지는 것도 모를 지경이었다.

황제 한 사람의 감정에 의해
천하의 상벌이
좌우될 수는 없다

송나라를 세운 태조 조광윤趙匡胤을 도와 그로 하여금 어지럽던 세상을 통일시키고 천하를 호령하는 황제로 만든 사람은 바로 조보趙普라는 인물이다.

조보는 침착하고 호쾌했으며 과단성이 있어서 천하의 태평함과 어지러움이 모두 자기 책임이라는 자세로 태조를 보필했다. 태조 조광윤은 항상 신중한 인물이었지만 결단력이 약한 것이 흠이라면 흠이었다. 이 약점을 보완해 준 인물이 바로 조보였다.

원래 조광윤의 아버지는 장군으로서 전쟁에 출정했다가 과로로 쓰러져 죽었다. 이때 조정에서 파견되어 그 아버지를 간호했던 사람이 바로 조보였고, 그 인연으로 조광윤과의 관계가 이뤄졌다. 조광윤은 처음 조보를 보고는 한눈에 "이 사람은 기奇로다!"라고 알아보고는 그를 항상 옆에 있게 했다.

눈 내리는 밤의 대화

태조 조광윤은 즉위한 이래 자주 신하의 집을 불시에 방문했다. 재상 조보도 황제가 언제 집을 방문할지 몰라 자기 집에 돌아와서도 언제나 의관을 벗지 않았다.

어느 날 밤눈이 몹시 많이 내렸다. 밤도 이미 깊었다. 조보는 마음속으로 '이렇게 눈이 많이 오니 오늘은 오시지 않겠지.' 하고 생각했다. 그런데 그 순간 똑똑 문을 두드리는 소리가 들렸다. 조보는 '이 밤중에 누굴까?' 하며 급히 문을 열고 나갔다. 거기엔 태조가 혼자 눈 속에 서 있었다. 조보는 황공해하면서 태조를 집안으로 모셔 들이고는 방석을 여러 개 포개서 앉을 자리를 만들었다. 그리고는 숯불을 피워 고기를 굽고 아내에게 술을 내오도록 했다. 태조는 조보의 아내를 누님이라고 불렀다.

"이렇게 눈이 많이 오고 밤이 깊어 몹시 추운데 어떻게 납시셨습니까?"

조보가 조용히 물었다.

그러자 태조도 나직한 목소리로 이렇게 대답했다.

"영 잠이 오지 않는구려. 내 침대 밖은 모두 남의 집 같아서 쓸쓸하기만 하오. 오늘 밤엔 경의 얼굴이 보고 싶었소."

조보가 넌지시 물었다.

"폐하께서는 천하가 좁다고 하시는 것입니까? 지금이야말로 남정南征을 하거나 북벌을 하기엔 다시없는 좋은 시기입니다. 폐하께서 생각하시는 바를 말씀해 주십시오."

이에 태조가 굳은 표정으로 말했다.

"이번에 북벌을 해서 태원太原을 빼앗고 싶소."

조보는 한동안 잠자코 있더니 말했다.

"그건 저로서는 생각해 보지 않은 일입니다. 태원은 서쪽으로 서하와 접하며 북쪽으로는 거란과 맞대고 있습니다. 만약 군사를 일으켜 태원을 빼앗는다면 서하와 거란의 공격을 우리 혼자 막아내야 할 것입니다. 태원은 공격만 하면 금방 손에 넣을 수 있겠지만, 잠시 접어 두셨다가 다른 나라를 평정한 뒤에 공격하시는 것이 좋을 듯합니다."

이 말을 들은 태조는 빙긋이 웃었다.

"실은 나도 그렇게 생각하고 있었소. 잠시 경의 생각을 알아보았을 뿐이오."

그 뒤 태조는 군사를 내어 남쪽을 완전히 평정했다.

언젠가 조보는 태조에게 어떤 사람을 추천했으나 받아들여지지 않았다. 그러자 조보는 이튿날 또 아뢰었다. 이에 태조는 크게 화를 내면서 조보가 바친 서류를 갈기갈기 찢어버렸다. 하지만 조보는 찢어진 서류 조각을 줍더니 그것들을 풀로 붙여서 다음 날 다시 태조에게 바쳤다. 태조도 이번에는 그만 손을 들고 조보의 제의를 받아들였다.

언젠가는 어떤 신하가 공을 세워 그의 벼슬을 올려줘야 할 경우가 생겼다. 태조는 그 사람을 싫어해 허락을 하지 않고 있었다. 그렇지만 조보는 끈질기게 자기의 주장을 계속했다.

태조가 조보에게 물었다.

"내가 끝끝내 허락하지 않으면 어떻게 하겠소?"

"상벌은 항상 천하에 공평해야 합니다. 어찌 폐하 한 분의 감정에 의해 함부로 좌우되어야 합니까?"

조보는 이렇게 반박했다.

하지만 태조는 허락하지 않고 자리에서 일어섰다. 그러자 조보는 태조의 뒤를 따라갔다. 태조는 내전으로 들어가더니 문을 닫아걸어 버리는 것이었다. 그러나 조보는 문 밖에 서서 물러가지 않았다. 결국 태조는 두 손을 들고 말았다.

하지만 달이 차면 이지러지는 법. 조보는 항상 커다란 독을 갖춰 놓고 황제에게 올리는 글 가운데 자기의 마음에 들지 않는 것은 모조리 독 속에 처넣고 태워 버려 아예 황제가 볼 수 없도록 했다. 조보가 남에게 비난받은 것은 거의 이 일 때문이었다.

조보는 항상 자신감이 넘치는 사람이었다. 그는 천자의 조서를 받고서는 누구에게도 알리지 않았으며, 재상의 자리에 나아가 정사를 아뢰고 물러나 이것을 맡은 사람에게 인계해 주지도 않았다. 또 재상의 도장을 찍는 중요한 일도 하지 않았고, 회의에 참석해 정치를 논하지도 않았다.

한번은 조보의 부하가 조보의 명령에 따라 형벌을 마음대로 조정하자, 판관으로 있던 뇌덕양이라는 사람이 태조를 찾아가 아뢰었다.

"조보 재상은 권력을 이용해 남의 집을 강제로 사들이고, 또 뇌물을 받아 재산을 모으고 있습니다."

이 말을 들은 태조는 버럭 화를 냈다.

"솥이나 냄비에도 귀가 있는데, 너는 조보 재상이 이 나라의 기둥이라는 말을 들어보지도 않았느냐?"

그리고는 즉시 뇌덕양을 좌천시켜버렸다.

몇 년이 지난 뒤 이번에는 뇌덕양의 아들이 조보의 부정을 들춰내 상소했다.

그러자 이제까지 조보를 그렇게도 신임했던 태조도 점점 그를 경계하게 되었다. 결국 조보는 재상에서 파면되고 말았다.

태조가 세상을 뜨고 태종이 그 뒤를 잇자 조보는 다시 재상의 자리에 복귀했다.

원래 조보는 공부를 많이 하지 못한 사람이었다. 그러나 언젠가 태조로부터 책을 읽으라는 권고를 받은 후부터는 결코 손에서 책을 놓은 적이 없었다. 조보는 조정에서 중요한 일이 있을 때면, 반드시 그 전에 방 안에 들어앉아 책을 읽었다.

언젠가 조보는 태종에게 이렇게 아뢰는 것이었다.

"저는 논어 한 질을 가지고 있는데, 그 절반은 선제를 도와 천하를 평정하는 데 썼고 나머지 절반은 폐하를 도와 천하를 편안하게 해드리는 데 썼습니다."

그가 세상을 떠났을 때 집안사람이 그의 책궤를 열어보니 과연 그 속에는《논어》가 있었다.

> 소년시절에 배우면 장년에 도움이 되고,
> 장년에 배우면 늙어서 쇠하지 않으며,
> 노년에 배우면 죽어도 이름이 썩지 않는다.
> — 일본 에도시대 양명학자 사토 잇사이의《언지록 言志錄》

한 가지 이로움을 일으키는 것보다 한 가지 해로움을 없애는 것이 낫다

영웅의 옆에는 항상 명참모가 존재한다. 세계 역사상 전무후무한 대제국을 건설했던 칭기즈칸!

대다수의 사람은 칭기즈칸 하면 우선 짐승의 가죽옷을 걸친 야만스런 인물의 이미지를 떠올릴 것이다. 그러한 그를 세계 제일의 지도자로 만들고 문명인으로 인도한 사람은 다름 아닌 야율초재耶律楚材라는 명참모였다.

야율초재의 가문은 원래 요나라 왕족이었다가 요나라가 금나라에 멸망당한 뒤 금나라에서 대대로 높은 벼슬을 하던 집안이었다. 그는 금나라의 연경이 함락될 때 칭기즈칸에게 포로로 잡히고 말았다. 그가 포로가 되었을 때 칭기즈칸은 직접 그를 심문했다.

"짐이 그대의 조국 요나라의 원수를 갚아주었는데, 지금 그대의 심경은 어떠한가?"

이에 야율초재는 눈썹 하나 깜짝하지 않고 담담히 대답했다.

"신의 조부도, 아비도, 신도 모두 금나라에 출사했습니다. 한 번 신하로 따른 이상 두 마음을 품을 수는 없는 것입니다. 전혀 금나라에게 복수할 생각이 없습니다."

칭기즈칸은 그의 인품에 반해 그를 보좌역으로 기용했다.

야율초재는 어려서부터 한족 출신인 어머니로부터 중국식 교육을 받았는데, 특히 천문, 지리, 역법, 정치에 밝았으며 유교, 불교, 의학, 점술에도 고루 능했다. 칭기즈칸은 그 많은 전쟁을 하면서 언제나 야율초재의 전략전술과 점성술을 존중해 따랐고, 정치 분야에서도 언제나 그의 의견을 경청했다.

칭기즈칸은 그를 두고 이렇게 말하곤 했다.

"야율초재는 하늘이 우리에게 내리신 사람이다. 앞으로 모든 정사는 그의 의견대로 집행하라."

야율초재는 서류가 산더미처럼 쌓여도 그 처리에 한 치의 그릇됨이 없었다. 조정에 있을 때에는 엄숙한 태도를 잃지 않았고, 권력에 굴복하는 일도 없었으며, 항상 자신을 희생하여 국가에 헌신했다. 또한 국가의 중대사나 백성의 생활에 대해 성실한 자세로 말했다. 칭기즈칸이 세상을 뜬 뒤 어느 날 야율초재가 대궐에 들어가니 황제가 그를 보고 말했다.

"공께서는 또 백성을 위해 큰소리로 울려고 들어왔소?"

그러자 야율초재는 이렇게 대답했다.

"한 가지 이로움을 일으키는 것보다 한 가지 해로움을 없애는 것이 낫고, 한 가지 일을 보태는 것보다 한 가지 일을 덜어내는 것이 낫습니다흥일리불여제일해興一利不如除一害."

그는 몽골의 조세제도를 새롭게 정비했다. 당시 몽골의 법령은 엄하기 짝이 없었다. 물을 더럽힌다든가 불 속에 침을 뱉는 행위, 절도, 거짓말, 간첩 행위, 간통, 남색男色, 계간鷄姦 등의 행위를 범한 자는 모조리 사형에 처하도록 되어 있었다. 이는 몽골의 전통사회를 유지시켜온 방법이기는 했지만 한족을 비롯한 이민족에게는 지나치게 가혹한 법령이었다. 따라서 이민족은 몽골 사람만 보면 무서워해 무조건 피하려 했다. 이에 야율초재는 몽골의 법령을 손질해 대폭 완화시켰다.

그는 18개 조항으로 이뤄진 법령을 공포, 국가가 모든 징세권을 갖도록 하여 지방 관리의 수탈을 막았다. 황제 오고타이는 대부분의 조항에 찬성했지만 '예물 헌상 금지' 조항에는 불만을 표명했다.

"상대방이 헌납하기를 원할 경우에는 상관없지 않겠소?"

그러자 야율초재는 단호한 태도로 대답했다.

"모든 해악은 바로 그러한 점부터 비롯되는 것입니다."

이에 오고타이는 크게 탄식했다.

"짐은 이제껏 그대의 의견에 따르지 않은 것이 없지만, 그대는 단 한 번도 짐의 뜻을 따르는 일이 없구나!"

야율초재는 중국 한족에게도 관대한 정책을 썼다.

그러자 이번에는 몽골 관리들이 크게 반발했다.

"한족이란 국가에 아무런 이익도 없는 존재다. 그러니 그놈들을 죽여 없애야 한다. 차라리 그곳을 목초지로 만드는 것이 낫겠다. 그렇게 하면 좋은 목초라도 잘 자랄 테니까."

그러나 야율초재는 단호했다.

"이제 곧 남쪽의 금나라를 쳐야 하는데 막대한 군자금이 필요하오. 중국 땅에는 지세, 상세商稅, 소금, 술, 철 등의 이익이 있으며, 은 50만 냥과 곡물 40만 석의 세금이 얻어지오. 지금 그대의 말대로 한족을 모조리 죽여버린다면, 도대체 이것들은 어디에서 구할 수 있다는 말이오? 한족이 전혀 무용지물이라는 것은 말도 안 되오."

그러자 아무도 대답하지 못했다.

실제로 야율초재는 중국인의 등용에 앞장서 4,030여 명의 한족 지식인이 그에 의해 등용되었다. 또한 그가 작성한 조세대장은 추호의 오차도 없었다.

그가 죽은 후 그를 중상하는 자가 나타났다.

"야율초재는 오랫동안 고관의 자리에 있으면서 엄청난 재산을 모았다고 합니다."

이에 황제가 그의 집을 즉시 수색하라는 명령을 내렸다. 하지만 그의 집에서 나온 것은 고작 악기, 책, 지도, 금석문 정도였다.

위정爲政의 요령은 관유寬柔와 강맹剛猛의 조화로운 순환에 있다

중국 역사상 통일제국을 건설한 군주는 대부분 호문세족豪門世族 출신이다. 오직 명나라 태조 홍무제洪武帝 주원장朱元璋과 한나라 고조 유방만이 평민 출신이다.

유방은 주원장의 우상이었다. 훗날 황제를 칭한 주원장이 역대 제왕 묘에 제사지낼 때 오직 유방에게만 술잔을 따르며, "오로지 공公과 나만이 포의로 몸을 일으켜 천하를 얻었소!"라고 했다.

유방과 주원장을 좋게 말하면 평민 출신이지만, 달리 말하면 한마디로 건달 출신이라 할 수 있다. 아무것도 가진 것이 없고, 원래부터 도무지 미래가 보이지 않았던 삶이었다. 이들은 오로지 자신의 담력 하나에 기대어 '성공하면 왕이고, 실패하면 역적'이라는 한판 도박 승부를 걸었던 것이다.

그나마 유방은 하층 관리의 지위라도 있었지만 주원장은 완전히 빈털터리로서 살아남기 위해 중이 될 수밖에 없는 절박한 처지였다.

이렇듯 비슷한 처지에서 시작해 천하를 손에 넣은 유방과 주원장은 전란에 지친 백성을 위무하면서 휴양생식休養生息의 정책을 시행한 점에서도 동일했고, 자신을 도운 공신을 차례로 죽인 것 역시 같았다토사구팽兎死狗烹..

실로 주원장은 영웅다운 호방한 기개와 비적匪賊, 무장을 한 채 사람들을 해치는 도둑 무리의 분위기, 인의仁義와 허위와 사기, 교활함까지 절묘하게 한 몸에 어우러져 투영된 인물이었다. 주원장은 1328년 가난한 농부의 아들로 태어났다. 열여섯 살에 부모와 형들이 세상을 모두 떠나 졸지에 고아가 된 그는 기근을 피하기 위해 절에 들어가 승려가 되었다. 그는 탁발승이 되어 전국을 돌아다니며 인간 사회의 갖가지 천태만상을 학습했다. 스무 살 때 다시 고향 황각사에 돌아온 그는 학문에 뜻을 세우고 학습에 정진했다.

당시 중국의 중부와 북부 지방에서는 기근과 가뭄으로 칠백만 명 이상이 굶어죽었고, 끊임없이 반란이 일어났다. 주원장은 반란군의 지도자 가운데 한 사람인 곽자흥郭子興 밑에 일개 병졸로 들어가 뛰어난 업적을 수행해냈고, 1355년 곽자흥이 죽자 반란군의 지도자가 되었다.

그가 이끄는 반란군 진영에 일부 사대부 계급 출신의 지식인이 가세했고, 그들로부터 역사와 유교경전을 공부했다. 그는 유능한 조언자를 밑에 거느리고 탁월한 능력을 발휘해 이민족인 몽골의 원나라에 대항하는 가장 강성한 지도자가 되었다.

1382년 마침내 그는 중국 전 지역을 장악하고 명나라를 건국했다. 특히 그는 가난한 농민 출신으로서 행정의 부패가 백성에게 끼치는 고통을 잘 알고 있었으므로 관료의 비리에 대해서는 가차 없이 엄벌했다.

또한 주원장은 특무特務 기구를 설치한 최초의 황제였다. 그는 '검교檢校'라는 특무 조직을 만들어 관리와 백성을 몰래 감시했다. 그는 의심이 많았고 성질이 급했는데, 나이가 들수록 더욱 심해졌다. 예를 들어 1380년 승상 자리에 있던 호유용胡惟庸의 모반 음모가 적발되자 승상을 참수형에 처했으며, 그의 가족과 연루된 관료 등 모두 삼만 명이 처형되는 등 총 십만 명이 희생을 당했다. 그리고 재상이라는 직위는 영원히 없애도록 했다. 오늘날 대다수의 역사가는 이 모반 사건이 황제의 권위에 도전하는 재상의 존재를 없애기 위해 조작한 사건으로 평가한다.

신하는 조정에서 공공연하게 곤장을 맞고 모욕을 당해야 했다. 그들은 엎드린 채 발가벗겨진 엉덩이에 매질을 당했다.

주원장은 몽골족을 격퇴한 뒤 문신이 가장 위험한 집단이라고 직감하면서도 효율성 있는 행정을 시행하기 위해서는 학자의 존재가 반드시 필요하다는 사실을 잘 알고 있었다. 또한 그는 예현각禮賢館을 지어 유기劉基 등의 현사를 중하게 대접함으로써 명나라 홍성의 굳건한 초석을 다져 놓았으며, 중국 역사상 그 어느 나라보다 많은 학교가 이 시기에 설립되었다.

주원장은 유기劉基를 일러 "나의 장자방張子房, 장량이다."라고 했다. 실제 유기는 주원장이 천하를 장악하고 명나라를 건국하는 데 가장 커다란 공을 세운 인물이다. 유기는 어려서부터 명민하여 '한눈에 능히 열 줄을 읽는' 신동으로 불렸다. 장성한 뒤 그는 고을 관아의 낮은 관리를 지냈는데, 지위는 낮았지만 부정부패에 대해서는 철저히 다스리고 백성은 세심하고 따뜻하게 보살폈다. 지방 토호와 적지 않은 탐관이 모든 수단을 동원해 그를 모해謀害하려 했지만, 다행히 상사가 그를 신임하여 화를 면할 수 있었다.

명성이 점점 높아져 마침내 주원장의 참모가 된 그는 주원장을 보좌하여 주위의 라이벌을 차례로 제압하고 마침내 원나라를 멸망시키게 된다. 실로 유기가 없었다면 주원장의 성취는 이뤄질 수 없었고, 주원장에게 '시무십팔책時務十八策'을 헌책하는 등 수차례에 걸쳐 주원장을 돕고 사지로부터 구해낸 것도 모두 유기가 한 일이었다.

명나라를 건국한 뒤 명 태조 주원장은 유기에게 승상의 벼슬을 내리려 했지만 유기는 극구 고사했다. 자신이 너무나 정직해 주변 인사의 시기를 불러올 것임을 잘 알았기 때문이었다. 결국 그는 벼슬을 고사하고 고향으로 내려가 가족과 함께 살았다. 주원장은 그에게 '성의백誠意伯'이라는 칭호를 내렸다.

유기는 문학에도 뛰어나 명나라 3대 문장가로 손꼽힌다.

조정에서 물러난 5년 뒤 정월에 유기는 풍한風寒에 걸렸다. 주원장이 이를 알고 크게 걱정하여 당시 권신權臣이자 승상인 호유용을 어의御醫를 딸려 파견했다. 유기를 진맥한 어의가 약을 처방해 복용했는데도 마치 배에 돌덩어리가 쌓인 듯한 느낌이 들면서 유기의 병세는 더욱 악화되었다. 다음 달 유기는 병중에 주원장을 알현하여 호유용이 온 일과 더욱 악화된 사실을 완곡하게 아뢰었다. 그러나 주원장은 위로하는 말만 했을 뿐이었다. 유기는 더욱 마음이 상했다.

유기는 자신에게 남아 있는 날이 얼마 되지 않음을 알고 집에 돌아와서 자식을 모아놓고 말했다.

"위정爲政의 요령은 관유寬柔와 강맹剛猛의 순환이 서로 조화를 이루는 것에 있다. 지금 조정에서 가장 필요한 것은 제위에 있는 사람이 최대한 도덕적이어야 하고, 법률은 될수록 간략해야 한다는 점이다. 그렇게 되면 하늘이 우리 왕조를 만년토록 유지하게 할 것이다. 원래 나는 이에 관하여 상세한 유언장을 기록해 황상에게 바치려 했으나 지금과 같이 호유용이 있는 한 억울한 일만 초래할 것이 분명하다. 그러나 호유용이 실각한 뒤 황상께서 반드시 나를 기억하실 것이니, 그때 나의 이 말을 전하도록 하라."

과연 그 뒤 얼마 지나지 않아 승상 호유용은 실각하여 처형되었고, 그는 태사太師로 추존되어 태묘太廟에 모셔졌다.

주원장의 한신, 서달徐達

언젠가 주원장은 이렇게 말했다.

"일찍이 한나라에 소하, 한신, 장자방 삼걸三傑이 있었다. 지금 나에게도 이선장李善長은 나의 소하이고, 서달徐達은 나의 한신이며, 유기는 나의 장자방이다."

서달徐達은 농민 출신으로서 어려서부터 병서를 좋아하여 《육도삼략六韜三略》에 심취했다. 그는 출정할 때마다 유생을 초청하여 병법에 대해 논했다. 그는 지용智勇을 겸비한 대장군으로서 주원장을 도와 명나라 건국에 큰 공을 세운 공신 중의 공신이었다. 전국을 누비며 연전

연승을 거둔 그에게 주원장은 '만리장성'이라는 영예로운 칭호를 붙여주었다.

명나라를 건국한 후 주원장은 자기를 도운 공신을 대단히 경계했다. 어느 날인가 주원장은 서달 장군을 불러 바둑을 두었다. 아침부터 시작된 바둑은 점심 무렵이 될 때까지 팽팽하게 진행되어 승부를 내지 못하고 있었다. 주원장이 서달의 돌을 잇달아 따내면서 승기를 잡았다고 득의만만해 있는데, 서달은 웬일인지 다음 착수를 하지 않고 있었다. 주원장이 물었다.
"왜 그대는 다음 수를 두지 않는가?"
서달은 곧바로 바닥에 엎드리면서 아뢰었다.
"폐하, 전체 판을 살펴보십시오!"
자세히 바둑 전체 판을 살펴보고 나서야 주원장은 바둑돌이 '만세萬歲'라는 두 글자의 형상으로 된 것을 발견했다. 주원장은 대단히 기뻐하며 아예 바둑을 두던 누각을 막수호莫愁湖 정원과 함께 서달에게 상으로 하사했다.

토사구팽

서달의 공적은 주원장을 뛰어넘을 정도였으니 주원장은 이를 매우 두려워했다. 서달은 종기가 있어 거위고기를 먹지 않았다. 주원장은 일부러 찐 거위를 서달에게 하사했다.
당시 규정에 의하면 황제가 하사한 음식은 반드시 곧바로 전부를 먹어야 했다. 서달은 주원장의 뜻을 알아차리고 눈물을 흘리며 거위 고기를 모두 먹어치웠다. 얼마 뒤 그는 독이 올라 세상을 떠났다. 물론 이 고사는 민간에 퍼진 이야기일 뿐이다. 이 이야기는 후대에 소설의 소재로 애용되었다.

명나라의 소하, 이선장李善長

이선장李善長은 배운 것은 많지 않았지만 꾀가 많았고 법학가학설法學家學說을 좋아했다. 인근 고을에서 '장자長者'로 불리던 원나라 통치에 불만을 품고 벼슬을 하지 않다가 같은 고향 출신 주원장에 가담했다. 후방에서 보급을 담당하며 국고를 충실히 했고, 용인用人에 뛰어나 인재를 적재적소에 배치했다.

'대총관大總管'으로서의 이선장을 주원장은 '현세의 소하'라고 칭했다. 그는 전방의 전쟁을 지원하는 후방의 '엔진' 역할을 수행했다. 주원장과 함께 유방을 모델로 삼아 천하 대사를 평론함으로써 주원장의 명나라 건국이라는 대서사극을 제작한 '총연출가'이기도 했다. 건국 후 주원장은 그에게 '수석 공경公卿'의 영예를 주었다. 국가의 모든 정사가 그의 손을 거치지 않은 것이 없었다.

사형면제 증명서는 있었지만

그는 '고향'을 중시하는 지연地緣 관념이 특히 강했다. 전쟁 중에는 결점이 드러나지 않았지만, 건국 후에 이르러 그야말로 치명적인 결점이 되고 말았다.

호유용胡惟庸은 이선장과 같은 동향 사람으로서 이선장의 추천에 의해 벼슬을 얻은 뒤 승승장구하여 마침내 승상의 자리까지 올랐고, 이선장과의 왕래는 매우 잦았다. 명 태조 13년 호유용의 모반 사실이 드러나 이미 일흔일곱 살의 고령이던 이선장 역시 이 사건에 연루되었다. 그는 국가 원훈元勳으로서 역모를 알고도 고발하지 않고 관망했다는 대역무도의 죄로 그 자신만이 아니라 일가족 일흔한 명이 모두 처형되었다.

원래 이선장은 한국공韓國公에 봉해져 사천 석의 녹을 받았다. 주원장은 그에게 특별히 네모난 철제 증명서를 내렸는데, 그에게는 두 번의 사형을 면하고, 그의 아들은 한 번의 사형을 면한다고 명기되어 있었다. 하지만 이 특별증명도 별무소용, 그의 사위 한 명을 제외하고 전 가족이 몰살되고 말았다.

지혜를 짜내는 것보다
지혜를 쓰는 방법이
어렵다

능란한 화술, 임기응변, 절묘한 논리는 복을 낳을 수도 있지만, 때로는 화를 부른다.

전국시대 한나라 사람인 한비자는 왕을 설득하는 유세遊說의 어려움을 누구보다 잘 알던 사람이었다. 그는 자신의 저서인《세난說難》에서 과연 왕을 어떻게 설득할 것인가에 대해 자세하게 논하고 있다.

대체로 유세가 어렵다는 것은 내가 가진 지식으로 상대방을 설득하기 어렵기 때문이 아니다. 또한 나의 말로써 상대방에게 나의 의견을 정확하게 펼치기 어려운 것 때문도 아니다. 유세가 어렵다는 것은 바로 내가 설득해야 할 왕의 마음을 꿰뚫어 보고 내 말을 그의 마음에 잘 맞춰야 하기 때문이다.

가령 내가 설득하려는 왕이 자기의 이름을 높이려 하는데 내가 재물과 이익만을 이야기한다면 속물로 취급되어 반드시 멀리 쫓겨난다.

반대로 왕이 많은 이익을 바라고 있는데 내가 명예를 가지고 설득한다면 자기의 속마음을 몰라준다고 여기면서 거두어 쓰지 않는다. 만약 왕이 속으로는 이익을 바라면서도 겉으로는 명예를 바라는 척 할 때 내가 명예를 가지고 설득한다면, 그는 겉으로는 내 말을 받아들이는 척 하면서도 결국 멀리 하게 된다. 또 그에게 이익을 가지고 설득한다면 속으로는 그 말을 받아들이지만 겉으로는 멀리 한다.

대개의 일이란 비밀을 지키는 데에서 성공하고 말이 새어나가는 데에서 실패하는 법이다. 설득을 하다보면 왕이 숨기는 일에 대해서도 말이 미치게 된다. 그렇게 되면 유세객의 목숨이 위태로워진다. 또한 귀인貴人에게 잘못한 일이 있는데 유세객이 분명한 논리로 그것을 따진다면, 역시 목숨이 위태롭다.

유세객이 아직 왕의 은혜를 많이 입지도 않았는데 그의 말에 대해 많이 알고 있다면, 그의 설득대로 행해져 공을 세우더라도 별로 덕이 되지 않는다. 반면에 그의 설득대로 행해지지 않아 실패하게 되면 의심을 받게 되고 목숨까지 위태로워진다.

귀인이 남에게 계교를 얻어 자기의 공을 세우고자 할 때 유세객이 그 계획을 미리 알고 있다면 그의 목숨이 위태롭다. 귀인이 겉으로 어떤 일을 하려는 것처럼 보이면서도 속으로는 다른 일을 하려 할 경우, 유세객이 그 내막을 알게 되면 목숨이 위태롭다. 귀인에게 도저히 할 수 없는 일을 강요하거나 그가 어쩔 수 없이 해야만 하는 일을 중지하라고 권하는 유세객의 목숨 역시 위태롭다.

왕과 함께 대인大人에 대해 이야기하면 자기를 비난한다고 의심하고, 천인賤人에 대해 이야기하면 왕의 권위를 팔려 한다고 의심한다. 그리고 왕이 총애하는 자에 대해 이야기하면 자기를 이용한다고 의심하며, 왕이 미워하는 자에 대해 이야기하면 자기를 시험한다고 의심한다.

말을 꾸미지 않고 간결히 이야기하면 무식한 자라고 업신여기고, 이 말 저 말 끌어다가 해박하게 이야기하면 말이 많다고 지루하게 여긴다. 형편에 따라 생각을 말하면 겁쟁이라 말을 다 못한다고 하고, 사리를 따져 말하면 아는 것도 없으면서 건방지다고 한다. 이런 것들은 유세의 어려움이니 꼭 알아두지 않으면 안 된다.

유세의 요령이란 상대방 왕이 자랑스러워하는 것을 추켜세워 주고 그가 부끄러워하는 것을 없애주는 데에 있다. 상대방 왕이 자신의 책략에 대해 자랑스럽게 생각한다면 설령 잘못된 점이 있더라도 추궁하지 말아야 한다. 또 자기의 결단에 대해 자부심을 가지고 있다면 유세객은 굳이 자신의 의견을 고집해서 화를 돋우지 말아야 한다. 또 그가 자기의 능력을 자신한다면 실행상의 어려움을 들어 용기를 꺾어서는 안 된다.

왕이 하려는 일과는 다른 일이지만 같은 계획을 세운 사람, 왕이 하려는 일과 같은 일을 한 사람을 칭찬하려면 아름답게 꾸며서 칭찬하기만 하고 비난하지 말아야 한다. 만약 왕과 같은 실패를 저지른 사람이 있으면 그에게 실수가 없는 것처럼 덮어주어야 한다. 충성스러운 사람은 왕의 뜻에 거슬림이 없어야 하고, 충언을 할 때에도 배격하는 뜻이 없어야 한다. 그런 연후에 비로소 자기의 말솜씨와 지혜를 펼 수 있다. 이렇게 해야 왕에게 가까워지고 의심받지 않게 되어 자기의 뜻을 관철시킬 수 있다.

오랜 세월을 함께 지내 왕의 은총이 깊어지면 그때부터는 깊이 계획해도 의심받지 않는다. 이때에는 왕과 논쟁하며 간언해도 벌을 받지 않는다. 이렇게 되면 이익과 손해를 분명히 헤아려 공을 이루고 옳고 그름을 바로 지적하여 유세객 자신을 영화스럽게 만들게 되는 것이다. 이런 상태까지 이르면 유세는 성공한 것이다.

송나라에 한 부자가 있었는데, 어느 날 비가 와서 울타리가 무너졌다. 그러자 아들이 말했다.
"담을 고쳐 쌓지 않으면 도둑이 들지 모릅니다."
이웃집 사람도 같은 말을 했다.
과연 이날 밤에 도둑이 들어 많은 재물을 잃어버리고 말았다.
그러자 이 부자는 자기 아들에 대해서는 정말 똑똑하다고 대견하게 생각하면서도 이웃집 사람에 대해서는 '혹시 저 사람이 훔쳐 가지 않았을까?'라며 의심을 하는 것이었다.

옛날 정나라 무공이 이웃 나라인 호나라에 자기 딸을 시집 보내놓고 호시탐탐 공격의 기회만을 노리고 있었다. 어느 날 왕은 여러 신하를 모아놓은 자리에서 물었다.
"내가 출병하고 싶은데, 어느 나라를 공격하는 것이 좋겠는가?"
이에 관기사라는 사람이 대답했다.
"호나라를 치는 것이 좋을 줄로 생각되옵니다."
그러자 왕은 이렇게 말하며 즉시 그를 처형하고 말았다.
"호나라는 형제의 나라다. 그런데도 호나라를 치자고 하다니 어찌 그런 말을 하느냐?"
이 소식을 들은 호나라는 정나라가 진정으로 형제의 나라라고 생각해 정나라 국경의 방비를 풀었다. 정나라는 이 틈을 노려 호나라 공격에 나서 크게 승리를 거두고 엄청난 영토를 빼앗았다.

위의 두 이야기에서 두 사람이 말한 지혜는 모두 정확했다. 하지만 심한 경우에는 죽음을 당했으며, 가벼운 경우에도 의심을 받아야 했다. 따라서 지혜를 짜내는 것이 어려운 것이 아니고 지혜를 쓰는 방법이 어려운 것이다.

옛날 위나라에 미자하彌子瑕라는 사람이 있었다. 한밤중에 미자하의 어머니가 병이 났는데, 미자하는 왕의 명령이라고 속이고서 왕의 수레를 타고 왕궁을 빠져나갔다. 원래 왕의 수레를 몰래 타는 자는 발을 자르도록 되어 있었다.

하지만 왕은 이 소식을 전해 듣고 이렇게 말했다.

"정말로 효성스럽구나! 어머니의 병 때문에 발이 잘리는 죄까지 저지르다니!"

한번은 미자하가 왕과 함께 과수원에 놀러 갔다. 그는 복숭아를 먹다가 하도 맛이 달아서 먹던 것을 그대로 왕에게 바쳤다. 그랬더니 왕은 칭찬하며 말했다.

"나를 이렇게 사랑하다니, 자기가 먹던 것까지 잊어버리고 나를 생각하는구나."

시간이 흘러 미자하의 얼굴에 주름살이 생길 무렵 왕의 총애도 시들어갔다. 어느 날 미자하가 왕에게 가벼운 죄를 짓게 되었다. 왕은 크게 화를 내며 말했다.

"이 자는 무엄하게도 일찍이 나를 속이고 내 수레를 탔으며, 자기가 먹다 남은 복숭아를 내가 먹도록 했다."

미자하의 행동은 처음과 끝이 바뀌지 않았지만, 처음에는 칭찬을 받았고 끝에는 죄를 얻었다. 왜냐하면 왕의 사랑과 미움이 그만큼 바뀌었기 때문이다.

왕에게 사랑을 받을 때에는 그 지혜까지도 왕의 마음에 꼭 들어 더욱 친밀해지지만, 왕의 미움을 받을 때에는 같은 행위임에도 죄가 되어 더욱 큰 벌을 받는 법이다. 그러므로 유세객은 왕의 사랑과 미움을 잘 통찰한 뒤 비로소 말을 꺼내야 한다.

용이라는 동물은 잘 길들이면 탈 수도 있다. 그러나 목구멍 아래 한 자나 되는 비늘이 거꾸로 나 있어서 그것을 건드리면 반드시 죽는다고 한다. 왕에게도 이렇게 거꾸로 난 비늘, 역린逆鱗이 있다. 유세객이 왕의 이 비늘만 건들지 않는다면 거의 성공했다고 볼 수 있을 것이다.

위의 글에서 왕을 회장, 사장, 상사로 바꿔놓으면 오늘날의 상황과 동일한 해석이 가능하리라. 예나 지금이나 상사, 특히 최고의 권력자를 설득한다는 것은 실로 어렵고도 어려운 일이 아닌가!

이렇듯 훌륭한 유세방법을 논했던 한비자도 결국 진시황을 설득하려던 유세에서 성공하지 못하고 오히려 죽고 말았다. 유세의 방법에 그처럼 논리 정연했던 그도 정작 유세의 어려움에서 벗어날 수 없었던 것이다.

한비자는 전국시대 한나라의 왕족 가문에서 태어났다. 그는 용모가 특별히 추했고 더군다나 말더듬이였다. 그래서 그는 끝내 한나라에서 등용되지 못했다. 그는 뜻한 바 있어 순자의 문하에 들어가 법가 사상을 익혔는데, 훗날 진시황을 도와 천하를 장악하도록 보좌했던 이사도 그의 동문이었다.

언젠가 한비자의 저서를 읽어보던 진시황은 크게 탄식했다.

"아! 내가 생전에 이 글을 쓴 사람을 만나봤으면 원이 없으련만."
그러자 옆에 있던 이사가 말했다.
"그 사람은 지금 살아 있습니다. 더구나 내 친구였습니다."
한비자는 진시황의 초청에 의해 진나라에 왔다. 그러나 한비자와 같이 공부할 때부터 그에게 학문이 뒤진다고 생각하던 이사는 한비자에게 진시황의 총애를 빼앗길까 크게 두려웠다. 그래서 어느 날 몰래 그를 죽이고 말았다.

명나라 시대 여곤呂坤은 《신음어》에서 남에게 충고를 하거나 무엇을 권할 때, 다음 사항을 염두에 두어야 한다고 강조한다.

첫째, 상대방이 싫어하는 것을 정면으로 지적하면 안 된다.
둘째, 상대의 결점만을 열거해서는 안 된다.
셋째, 다른 사람과 비교해서는 안 된다.
넷째, 지나치게 엄격해서는 안 된다.
다섯째, 오랫동안 장황하게 말해서는 안 된다.
여섯째, 똑같은 말을 되풀이해서는 안 된다.

결론을 말하자면 상대방이 나의 충고를 받아들이지 않는 것은 충고하는 방법이 잘못되었기 때문이다.

풍자로써 간하다

초나라 장왕에게는 아끼는 말馬이 있었다. 그 말을 어찌나 아꼈던지 궁궐 방에 살게 하면서 아름다운 비단옷을 입히고 침실에서 자게 했으며 꿀에 잰 대추를 먹였다. 그 말이 비만증에 걸려 죽게 되자, 왕은 모든 신하에게 상복을 입히고 관은 대부大夫의 예우를 갖춰 만들도록 하여 장례를 치르려 했다. 신하가 부당하다고 반대하자 왕은 크게 노해 엄명을 내렸다.

"누구든 말의 장례 문제로 왈가왈부하는 자는 극형에 처하겠다."

얼마 뒤 언변이 뛰어났던 배우俳優 우맹이 궁전에 들어가 대성통곡을 했다. 왕이 그 까닭을 묻자 우맹이 말했다.

"그 말은 대왕께서 가장 아끼는 애마였습니다. 두 번 다시 구할 수 없는 소중한 존재가 죽었는데, 우리 초나라와 같은 강대국이 아무 일도 할 수 없다는 말입니까? 말을 대부의 예우로써 장례 지낸다면 너무 초라하게 될 것이오니, 바라옵건대 군주의 예우를 갖춰 장례식을 거행하시옵소서."

이에 초왕이 물었다.

"어떻게 하면 군주의 예우를 갖출 수 있겠소?"

우맹이 대답했다.

"관 속은 보석을 아로새겨 박고 무늬를 그린 오래된 나무로 바깥의 곽을 만들며, 단풍나무와 같은 좋은 나무와 꽃으로 그 위를 장식합니다. 그리고 군사를 동원해 무덤을 파고 노인과 아이를 동원해 흙을 파오게 하며, 한나라와 위나라의 사신이 뒤쪽에서 호위하게 하고 좋은 제물로 제사를 올리며 제사를 받을 수 있도록 일만 호의 땅을 마련하시면 될 줄 압니다. 그렇게 되면 각국의 사람이 대왕께서 말을 귀하게 생각하시고 사람을 천하게 여기신다는 것을 알게 될 것입니다."

"나의 과오가 그토록 심했다는 말인가? 이제 어떻게 하면 좋겠소?"

왕이 한숨을 쉬며 묻자 우맹은 태연히 대답했다.

"저로 하여금 대왕을 대신해 그것을 여섯 종류의 짐승육축六畜으로 말, 소, 양, 닭, 개, 돼지를 가리킨다과 마찬가지로 안장安葬하게 해 주옵소서. 아궁이를 바깥 곽으로 하고 구리 솥을 안쪽 관으로 삼아 잘게 썬 대추와 생강을 섞은 뒤에, 목탄을 밑에 깔고 오곡을 놓아 제사지내며 아름답게 타오르는 불빛을 배경삼아 사람의 뱃속에 장례를 지내는 것이 좋겠습니다."

한마디로 맛있게 먹어 버리자는 뜻이었다. 왕은 곧바로 말의 시체를 주방을 담당하는 태관太官에게 넘겨 처리하도록 했다.

직설만이 능사는 아니다. 때로는 돌아서 우회하는 것이 가장 빠른 길이 될 수도 있다.

재상이 될 자격은 인사人事에 있다

송나라 시대 재상 여몽정呂蒙正이 부하에게 물었다.

"재상으로서의 나에 대한 평판이 어떠한가?"

그러자 부하가 대답했다.

"대감께서 재상이 되신 뒤로 사방 각지가 평온하며 주변 이민족도 복종을 잘 하고 있어 평판은 매우 좋습니다. 다만 너무 많은 사람을 믿고 맡기시기 때문에 관리 간에 다툼이 많다고 비판하는 사람도 있습니다."

여몽정이 고개를 끄덕이며 말했다.

"내가 부하에게 일을 맡긴 것은 사실이다. 그런데 나에게도 단 한 가지 내세울만한 점은 있다. 바로 인재 등용의 능력이다. 인재 등용이야말로 재상으로서 갖추어야 할 가장 중요한 능력이다."

여몽정은 항상 주머니 속에 수첩을 넣고 다녔다. 그러고는 사람을 만난 때마다 그와 대화를 하고 그 사람이 간 뒤에는 수첩에 그 사람에 대한 기록을 빠짐없이 해두었다. 또 사람들이 누군가를 칭찬하면 그것도 기록했다.

조정에서 인재가 필요할 때면 주머니 속에서 수첩을 꺼내 적재적소의 인재를 선발할 수 있었다.

신하에게 굴복하고
천하에 이겨라

직언이란 때로는 목숨을 담보로 해야만 할 정도로 위험천만하다. 옛날부터 충신이라는 이름 아래 얼마나 많은 사람이 그 역린을 건드려 죽음을 당해야 했던가! 그러나 역사는 언제나 충신의 직언에는 찬사를, 충신을 죽인 왕에게는 야유와 조소를 아끼지 않아 왔다.

진나라 소왕은 왕릉을 장군으로 삼아 조나라 수도 한단을 공격했다. 이때 진나라가 자랑하는 명장 백기 장군은 병중이라 참전하지 못했다.

싸움의 상황은 별로 신통치 못했다. 계속해 증원군을 보냈지만 오히려 지휘관을 다섯이나 잃었을 뿐이었다. 그러자 진나라 왕은 백기를 왕릉 대신 장군으로 삼아 출정시키려 했다. 그러나 백기는 사양했다.

"한단은 수비가 단단해 쉽게 공격하기 어려운 곳입니다. 더욱이 다른 나라의 구원병이 속속 도착하고 있습니다. 그것은 다른 나라가 오래 전부터 적개심을 가져왔기 때문입니다. 우리가 장평 싸움에서 승리했지만, 우리도 병력의 반 이상을 잃었으며 지금 국내는 텅 비어 있는 실정입니다.

이런 때에 멀리 황하를 건너고 산을 넘어 다른 나라의 수도를 공격하는 것은 조나라가 안에서 응전하고 제후가 밖에서 우리를 공격해 올 경우 매우 어려운 지경에 빠지게 됩니다.

지금은 공격할 때가 아니며 백성을 휴식하게 하고 다른 나라가 어떻게 나오는지 살피십시오. 두려워하여 복종해오는 나라는 받아들이고 오만하게 구는 나라는 토벌하십시오. 그런 다음 모든 나라를 호령하면 천하를 평정할 수 있습니다.

'신하에게 굴복하고 천하에 이긴다.'는 말은 이러한 경우에 해당되는 것입니다. 만약 저의 말을 묵살하고 끝내 조나라를 공격하시면 그것은 '신하에 이기고 천하에 패하는 격'이 됩니다. 신하에 이기시어 권위를 과시하는 것과 천하에 이기시어 그 명성을 드날리는 것 중 무엇이 좋겠습니까? 패한 나라는 되돌릴 수 없고, 죽은 병졸은 살려낼 수 없습니다. 저는 패장敗將이 되기보다는 차라리 죽음을 택하겠습니다. 다시 한 번 살피옵소서."

그러나 왕은 백기의 의견을 묵살하고 다시 출전 명령을 내렸지만, 백기는 듣지 않았다. 다시 범수를 시켜 설득했으나 백기는 병을 핑계로 끝내 움직이지 않았다.

할 수 없이 왕은 왕릉 대신 왕흘을 장군으로 임명해 한단을 포위한 채 공격했지만 열 달이 되도록 함락시키지 못했다. 이때 초나라의 춘신군과 위나라의 신릉군이 지휘하는 수십만 명의 구원군이 진나라 군대를 급습해 진나라 군대는 많은 사상자가 발생했다. 백기는 탄식했다.

"내 의견을 듣지 않더니 결국 이렇게 되었구나! 이제 어떻게 해야 할지…."

이 말을 전해들은 왕은 크게 노해 어떻게든 백기를 출정시키려 했다. 그러나 백기는 끝내 사양했다. 결국 백기는 일개 병졸로 강등되어 음밀陰密이라는 벽지로 이주하라는 명령을 받았다. 하지만 백기의 이주는 병으로 자꾸 연기되었다.

그로부터 3개월이 지나 제후의 공격이 더욱 심해졌고, 진나라는 계속 퇴각했다. 패전을 알리는 사자가 매일 들어왔다. 이에 더욱 화가 난 왕은 백기에게 즉시 진나라를 떠나도록 명령했다. 백기는 집을 떠나 궁궐의 서문에서 십 리쯤 떨어진 두우杜郵라는 땅에 이르게 되었다. 그때 진나라 왕은 대신을 모아놓고 의논했다. 그 자리에 있던 많은 대신은 이렇게 말했다.

"백기가 왕명을 받을 때도 그 마음이 복종하는 바 없었고, 오히려 왕을 원망하는 말을 했다고 합니다."

왕은 더 이상 백기를 살려둘 수 없다고 생각했다. 즉시 사자를 보내 백기에게 칼을 주며 스스로 목숨을 끊도록 명령했다. 백기는 칼을 뽑았다. 그리고 목에 대면서 탄식했다.

"내가 무슨 죄를 지었기에 이렇게 죽어야 하는가?"

한참을 생각하던 그는 이렇게 말하는 것이었다.

"아니다. 이렇게 된 것은 당연하다. 장평의 싸움에서 항복한 수십만 명을 생매장시켰으니 죽어 마땅한 죄라 할 것이다."

그리고 스스로 목숨을 끊었다. 진나라 소왕 50년 11월이었다. 백성은 그의 죽음을 크게 안타까워했다. 이후 진나라의 모든 마을에서는 백기 장군의 제사를 지내게 되었다.

나무는 먹줄을 쫓으면 곧아지고, 사람은 간언을 받아들이면 성스러워진다

제왕帝王 제도가 지니는 큰 폐단 중의 하나는, 제왕이라는 리더가 판단을 잘못했을 때 그것을 바로잡아줄 장치가 없다는 점이다. 명신과 명참모가 주변에 포진해 바로잡을 수 있다면 다행이다. 하지만 때로는 명참모의 충언도 듣지 않아 결국 자신의 몸과 사직도 망친 경우를 적지 않게 볼 수 있다.

제나라 환공은 관중이 죽기 전에 그의 말을 듣기 위해 찾아갔다. 그 자리에서 관중은 몇 사람의 간신을 지목하면서 절대로 기용해서는 안 된다고 유언했다. 하지만 환공은 그들을 기용했고, 결국 나라는 급속히 기울었다. 환공이 죽은 후에 궁중이 온통 후계 싸움으로 살벌해져 그의 시신도 방치되어 구더기가 생길 정도였다.

진나라 목공도 명참모 백리해와 건숙의 충언을 무시하고 전쟁을 일으켰다가 전멸에 가까운 쓰라린 패배를 당해야 했다. 전진의 부견도 동진과 전쟁을 해서는 안 된다는 명참모 왕맹의 유언을 듣지 않고 동진과 전쟁을 강행해 결국 자신도 죽고 나라도 멸망하고 말았다.

　진시황도 성실한 장남 부소의 충언을 듣지 않아 나라를 망쳤으며, 하나라 걸왕은 충신 관용봉의 직언을 받아들이지 않고 오히려 그를 죽임으로써 자신도 사직도 붕괴되었고, 은나라 주왕 또한 비간의 충언을 듣지 않고 그를 죽여 결국 자신과 나라를 잃어야 했다.

　나무는 먹줄을 쫓으면 곧아지고, 사람은 간언을 받아들이면 성스러워진다 목수승즉직, 인수간즉성 木受繩則直, 人受諫則聖.

―《공자가어 孔子家語》

반간계反間計

참모가 갖춰야 할 덕목에는 여러 가지가 있다. 직언을 서슴지 않는 것도 필요하고, 치밀한 일처리 능력도 요구되며, 정확한 식견으로 앞을 내다볼 줄도 알아야 한다.

하지만 예나 지금이나 최고로 요구되는 덕목은 난관에 부딪쳤을 때 이를 매끄럽게 타개해 나가는 위기관리 능력이다.

전국시대의 이야기다.

어느 날 취나라에서 초나라 회왕에게 미인을 보냈다. 호색이었던 회왕은 그녀를 총애하여 아예 품에 안고 살았다. 정수 부인은 그 사실을 알고 오히려 그녀를 더욱 귀여워해 좋은 옷, 노리개, 고급 가구 등 그녀가 좋아하는 것을 모두 장만해 주었다. 그녀의 행동에 대해서는 회왕조차도 감탄할 정도였다.

'질투가 나는 게 당연한데도 정수는 오히려 나보다 더욱 예뻐해 주

는구나. 참으로 마음이 넓은 여자야.'

어느 날 정수가 그 여자에게 말했다.

"전하께서는 그대가 예뻐서 미칠 지경이라고 하오. 다만 코는 조금 불만이 있는 것 같은데… 그러니 앞으로는 전하 앞에서 코를 손으로 살짝 가리는 것이 어떨까?"

그 후부터 그 여자는 회왕 앞에서 항상 코를 가렸다. 그러자 회왕이 정수에게 물었다.

"새로 온 여인은 왜 내 앞에서 코를 가리는 것일까?"

"네…. 그게…."

"어서 말해보오."

왕은 재촉했다.

"사실은…. 전하의 몸에서 냄새가 난다고…."

크게 분격한 회왕은 즉시 그 여자의 코를 잘라 버리도록 명령했다.

꾀주머니라고 불렸던 진평

유방이 항우에게 눌려 지내던 시절의 이야기다. 유방은 항우에게 포위된 채 군량도 떨어져가자 크게 두려워해 자기에게 약간의 영토를 주고 강화를 맺자고 요청했다.

항우가 이를 받아들이려고 하자 항우의 명참모 범증은 반대했다.

"지금 한나라 군대는 매우 쉽게 격퇴시킬 수 있습니다. 만약 지금 그들을 놓아주어 멸하지 않으면 훗날 반드시 후회하게 될 것입니다."

항우는 범증의 말을 받아들여 곧장 유방에 대한 포위를 더욱 강화했다. 유방은 불안에 잠을 이루지 못할 지경이었다. 이때 꾀주머니 진평의 계교가 다시 한 번 빛을 발했다.

당시 항우가 유방의 진영을 살피기 위해 사신을 보냈다. 항우의 사신이 오자 진평은 사람을 시켜 풍성한 주안상을 두 손으로 받쳐 들고 가서 내놓으려 했다. 그는 항우가 보낸 사신을 보더니 크게 놀라는 척하면서 말했다.

"범증의 사신인 줄 알았는데, 항왕의 사신이 왔던 것이구나!"

그러고는 주안상을 도로 가져가고 대신 형편없는 음식을 가져와서 항우의 사신에게 먹도록 했다.

사신이 돌아와서 항우에게 이 사실을 그대로 보고하자 항우는 필시 범증과 유방이 내통한다고 의심해 조금씩 그의 권력을 박탈했다. 그러자 범증이 크게 분노하면서 청했다.

"천하의 일이 이미 정해졌소. 이제 대왕께서 알아서 모든 일을 처리하십시오. 바라옵건대 저를 고향으로 돌아갈 수 있도록 해 주십시오."

항우는 주저 없이 이를 받아들였다. 범증은 떠났지만 미처 자기 고향에 도착하기도 전에 등에 독창이 심해져서 죽고 말았다. 항우는 자신의 명참모 범증을 잃었고, 이는 그의 패배에 큰 요인으로 작용했다.

유방이 천하를 통일한 이후에도 진평은 '꾀주머니'로서 그 역할을 다하며 유방을 보좌했다. 그는 여섯 번이나 기묘한 계책을 내어 위기의 낭떠러지에 몰린 유방을 살려냈다. 특히 유방이 흉노를 공격했으나 오히려 백등산에서 포위되어 위태로워졌을 때 진평의 계교가 빛을 발했다.

그때 진평은 화공畵工에게 절세의 미녀도를 그리게 하고 사신을 시켜 선물과 함께 그 미녀도를 묵특 선우의 부인에게 보내게 했다. 그 선물에는 다음과 같은 편지를 함께 보냈다.

지금 한나라 황제께서는 어려움에 처해 이 절세의 미녀를 선우께 몰래 바치고자 합니다.

선우의 부인은 그 미녀를 선우에게 바칠 경우 그 미녀에게 사랑을 빼앗길까 매우 두려웠다. 그래서 선우에게 졸랐다.
"지금 한나라 땅을 얻는다고 해도 우리가 거기에서 살 수는 없잖아요. 서로 괴롭히면서 살 필요도 없지 않아요?"
어떤 남자든 여자에게는 약한 법. 묵특 선우는 드디어 포위를 풀고 철수했다. 그리하여 유방은 간신히 목숨을 건질 수 있었다.

나라의 가장 큰 보배는
위정자의 덕이다

마음을 쓰는 자는 사람을 다스리고, 힘을 쓰는 자는 남에게 다스림을 받는다.

— 맹자

오기 장군이 위나라 무제를 섬기고 있을 때의 일이다.

어느 날 오기는 무제를 수행하여 서하라는 강을 유람하고 있었다. 강가의 절경을 바라보던 무제는 오기를 돌아보며 자랑스러운 듯 말했다.

"참으로 놀랍지 않소? 저 험준한 지형을 보시오. 이것이야말로 우리나라의 보배라 할 것이오."

이에 오기는 이렇게 말했다.

"나라의 보배는 험준한 지형이 아니라 위정자의 덕입니다. 하나라 걸왕이 살던 곳은 왼쪽에 황하가, 오른쪽에는 태산과 화산이 있었고,

남쪽에는 이궐산이, 그리고 북쪽에는 양장판이 있었습니다. 하지만 정치가 어질지 못해 결국 탕임금에게 내쫓기고 말았던 것입니다.

또한 은나라 주왕은 왼쪽에 맹문산이, 오른쪽에 태항산이 둘렀으며, 상산이 그 북쪽에 있고, 황하가 그 남쪽에 흘렀습니다. 그렇지만 덕이 없어 주나라의 무왕에게 죽임을 당했습니다. 만약 지금 대왕께서 덕을 등한히 하시면 이 배에 타고 있는 사람조차 적국 쪽에 가담하고 말 것입니다."

과연 누구를 신임할 것인가

—변설의 귀재들, 소진과 장의

전국시대의 일곱 나라 전국칠웅 중에서도 진나라는 초강대국이었다. 당시 전국칠웅 사이에서는 합종연횡이 이뤄졌다. 진나라를 제외한 여섯 나라가 힘을 합쳐 진나라에 대항하자는 '합종책'과 아예 진나라에 복종하면서 침략을 받지 않고 평화를 구하자는 '연횡책'이 맞섰다. 전자는 소진이라는 유세가가, 후자는 장의라는 유세가가 주장했는데, 이들의 현란하고도 교묘한 유세술遊說術은 오늘날까지도 유명하다.

처음에는 소진의 합종책이 채택되어 여섯 나라가 뭉쳐 진나라에게 대항하는 바람에 진나라가 30년 동안이나 국경 밖으로 진출하지 못할 정도로 위축되었으나, 이윽고 장의의 활약으로 연횡책이 성립되어 진나라가 천하통일로 가는 큰 길을 열었다.

전국시대의 뛰어난 변설가였던 소진과 장의가 남긴 말을 들여다보면 저절로 감탄사가 아니 나올 수 없다. 누구라도 그들의 말을 들으면 그들에게 설복당할 정도다. 그들의 논법을 한마디로 말하면 적의 약점과 치부를 낱낱이 드러내는 동시에 우리 쪽의 강점을 하나하나 열거해 강조하는 방식이었다. 물론 그들이 사용했던 적절한 비유법과 논리정연한 수사학의 현란했던 솜씨는 그들의 말을 듣는 제왕의 마음을 완전히 사로잡고도 남음이 있었다.

소진은 우선 각국의 지리 상황을 설명하고 그 나라의 군사력을 정확하게 평가한 다음 국내의 정세를 군사지리학 입장에서 분석했다. 다른 나라와 동맹을 맺어 진나라에게 대항하는 것이 유리한가, 아니면 진나라에게 굴복하고 다른 나라와의 외교관계를 끊는 것이 유리한가를 객관적으로 비교했다. 이러한 정세분석뿐만 아니라 군주의 심리를 정확히 파악해 능수능란하게 조종했다. 이렇게 하여 마침내 여섯 나라의 합종책을 이뤄냈던 것이다. 이에 비해 장의는 이와 비슷한 논리를 펴면서도 결론으로 진나라에 협력하는 연횡책으로 유도했다.

조나라에 도착한 소진은 직접 왕을 만나 천하의 합종에 대한 계책을 제안했다.

"나라의 정책은 백성을 편안하게 해 주는 것 이상이 없습니다. 백성을 안정케 하는 근본은 외교입니다. 그 방향이 잘못되면 결코 백성의 안정이 이루어질 수 없습니다.

제나라와 진나라를 모두 적으로 삼는다면 백성은 안정될 수 없으며, 또한 진나라에 의지해서 제나라를 공격해도 안정될 수 없습니다. 지금 조나라는 나라의 크기가 사방 이천여 리에 이르며 군대는 수십만 명이나 됩니다. 그리고 전차가 일천 대, 군마는 일만 필이나 되며, 식량은 몇 년을 끄떡없이 버틸 정도로 쌓아두고 있습니다. 북쪽에 연나라가 있으나 원래 약소국입니다. 따라서 진나라가 가장 두려워하는 것은 조나라뿐입니다. 그런데도 진나라가 군사를 일으켜 조나라를 공격하지 않은 이유는 무엇이겠습니까?

한나라와 위나라가 그 배후를 기습하지나 않을까 두려워하기 때문입니다. 따라서 한나라와 위나라는 조나라의 보호막입니다. 진나라가 한나라와 위나라를 친다면 얼마 지나지 않아 두 나라는 항복할 수밖에 없고, 그렇게 되면 진나라는 그 여세를 몰아 조나라를 치게 됩니다.

지금 천하의 형세를 살펴보면 육국의 영토는 진나라의 다섯 배가 되며 병사는 진나라의 열 배나 됩니다. 여섯 나라가 힘을 합쳐 서쪽의 진나라를 공격한다면 반드시 격파할 수 있을 것입니다. 반대로 힘을 합치지 않고 서쪽의 진나라를 섬기기만 한다면 모두 진나라의 신하로 전락할 것입니다.

연횡론자는 다른 나라의 땅을 쪼개서 진나라에게 바치려는 생각뿐입니다. 그렇기 때문에 그들은 밤낮으로 진나라의 힘을 빌려 공갈과 협박을 해 토지의 양도를 요구하는 것입니다. 한, 위, 조, 제, 연, 초의 여섯 나라가 합종하여 진나라에 맞서는 방법보다 더 좋은 방법은 없습니다. 이렇게 육국이 합종한다면 진나라는 결코 함곡관函谷關, 전국시대 진나라에서 산동 육국으로 통하던 관문을 나오지 못할 것입니다."

조나라 왕은 이 말을 듣고 크게 기뻐했다.

"내가 왕위를 물려받은 지 얼마 안 되어 아직 국가의 장래를 확실하게 대비할 수 없었소. 그러나 오늘 그대의 말을 들으니 천하를 온전히 보존하는 비책이 있었구려. 기꺼이 그대의 의견에 따르겠소."

한편 장의는 위나라에 가서 왕을 설득했다.

"위나라 땅은 사방 천 리가 되지 않고 군대도 삼십 만에 불과합니다. 더욱이 사방이 모두 평지로 되어 있어 다른 나라의 공격을 막아내기 어렵습니다. 지금 위나라는 사방 국경의 초소와 요새를 지키는 데만도 백십만 명이나 필요합니다. 위나라가 남으로 초나라와 친해 제나라와 친하지 않으면 제나라가 동쪽을 공격할 것이고, 동쪽으로 제나라와 친해 조나라와 친하지 않으면 조나라가 북쪽을 공격할 것이며, 한나라와 친하지 않으면 한나라가 서쪽을 공격할 것이고, 또 초나라와 동맹하지 않으면 초나라가 남쪽을 공격할 것입니다. 이른바 사분오열四分伍裂의 형세란 이를 두고 하는 말입니다.

지금 제후가 합종을 맺는 것은 나라를 안정시키고 왕의 지위를 보장하며 군대를 강하게 만들어 나라의 명예를 빛내고자 하기 위함입니다. 그래서 합종론을 주장하는 자는 지금 천하를 하나로 묶어 형제의 맹약을 맺게 했습니다. 하지만 친형제조차 재물을 다투는 법인데, 사기와 배반을 일삼는 소진의 하찮은 계책에 겨우 의지하고 있으니 그 실패는 명약관화明若觀火, 불을 보는 것 같이 밝다는 뜻으로, 더 말할 나위 없이 명백함을 뜻함하다 하겠습니다. 대왕께서 지금 진나라를 섬기지 않으시면 진나라는 곧바로 군대를 일으켜 공격할 것입니다. 그렇게 되면 조나라도 다른 나라도 진나라의 보복이 두려워 결국 위나라를 구원하지 못한 채 합종의 약속은 깨지고 위나라는 위험해지는 것입니다.

제가 이제 대왕을 위해 계책을 말씀드리자면, 진나라를 섬기는 것이 제일의 상책입니다. 그렇게 되면 초나라와 한나라는 감히 움직이지 못할 것이며, 따라서 대왕께서는 근심 없이 베개를 높이 베고 편안히 누워 주무실 수 있습니다.

합종론자는 말주변이 좋지만 믿을 만한 말이 없습니다. 제후 한 명을 설득하면 벼슬을 얻기 때문에 천하의 유세객이 모두 눈을 희번덕거리면서 합종을 내세워 군주를 설득하려고 하는 것입니다. 가벼운 깃털도 많이 실으면 배가 가라앉고, 가벼운 물건도 너무 싣게 되면 수레가 부서지며, 여러 사람이 떠들면 쇠도 녹이고, 비난을 계속 받으면 뼈도 삭는다고 합니다. 대왕께서는 잘 생각하셔서 나라를 보존하시옵소서. 신은 이만 물러나 위나라를 떠나려고 하오니 허락해 주십시오."

위나라 왕은 드디어 합종의 약속을 깨고 장의를 통해 진나라에 화친을 청했다.

한편 장의가 초나라 회왕에게 찾아간 적이 있었다. 초나라 회왕은 여색을 좋아했는데, 특히 남후와 정수라는 두 미녀를 총애했다. 회왕을 만난 자리에서 장의가 말했다.

"제가 이제 진나라로 가고자 합니다. 진나라의 미녀는 예로부터 유명하여 다른 지방 사람에게는 마치 하늘에서 내려온 선녀처럼 보인다고 합니다. 혹시 생각이 있으십니까?"

그러자 회왕은 빙그레 웃으며 이렇게 말했다.

"우리나라는 외진 곳에 있어서 나는 이제껏 중원의 미희를 구경조차 하지 못했소. 그대가 나에게 아름다운 여인을 만나게 해줄 수 있겠소?"

그러면서 회왕은 장의에게 많은 자금을 주었다. 남후와 정수 두 여인은 이 소식을 듣고 안절부절못했다. 중원에서 미녀를 데려오면 자신의 운명도 이제 끝장이었다. 남후와 정수는 당장 장의에게 사람을 보내어 금 천 근씩을 노잣돈에 쓰라고 건네주었다. 며칠이 지난 뒤 장의는 회왕에게 작별인사를 드렸다.

"이제 떠날 때가 되었습니다. 이별의 술잔이라도 내려주시기 바랍니다. 그런데 어쩐지 적적하군요. 마음에 드시는 분을 합석시키면 어떻습니까?"

그러자 회왕은 남후와 정수를 불러 술을 따르도록 했다. 그러자 장의는 한동안 크게 놀란 모습으로 말했다.

"제가 크게 잘못할 뻔 했습니다."

"아니, 무슨 말인가?"

회왕이 놀라 물었다.

"저는 많은 나라를 다녀보았지만 두 분처럼 아름다운 여인을 본 적은 없었습니다. 그것도 모르고 미인을 구해오겠다는 바보 같은 말씀을 올렸습니다. 이제 저는 폐하께 다시는 미인 얘기를 할 수 없게 되었습니다."

장의가 거듭 면구스럽다는 표정을 지었다.

"아니야. 괜찮네. 실은 과인도 천하에 이 두 사람만한 미인은 없을 거라고 생각하고 있었네."

회왕이 얼굴에 가득 만족한 미소를 머금고 고개를 끄덕였다. 남후와 정수의 기쁨이 얼마나 컸는지는 두말할 필요조차 없었다. 이 한마디 말로써 장의는 아무런 밑천도 들이지 않고 많은 자금을 얻었으며, 회왕, 남후, 정수에게 비교할 수 없을 만큼의 신임을 얻어내는 데 성공했다.

큰 적이야말로
내 편으로 끌어들여라

성실한 사람, 효도 잘하는 사람, 청렴결백한 사람.

이들은 뭇 사람으로부터 좋은 평판을 듣는 사람이다. 그런데 이들이 사실은 별로 쓸모가 없다고 주장하는 사람이 있었다. 바로 천하의 유세객 소진이었다.

육국 재상이라는 높고 높은 지위에 올랐던 소진에게도 어김없이 시련은 다가왔다. 여기에는 장의의 집요한 파괴공작도 주효했다. 점차 세력을 잃게 된 소진은 제나라에 머물고자 했으나 그곳에서도 그를 비방하는 소리가 여기저기에서 나왔다.

"그는 이곳저곳에 나라를 팔며 두 마음을 품고 있는 자다. 머지않아 반란을 일으킬 것이 틀림없다."

이에 소진은 피신해 연나라로 돌아왔지만 연나라 왕은 그를 냉대했으며 복직시켜 주지도 않았다. 소진은 연나라 왕을 만나 말했다.

"임금께서는 지금 여기에 증삼과 같이 효도 잘하는 사람, 백이와 같이 청렴결백한 사람, 미생과 같이 성실한 사람이 있어, 그 세 사람이 임금을 섬긴다면 어떻게 생각하십니까?"

"그야말로 가장 좋은 것이 아니오?"

그러자 소진이 단호하게 말했다.

"그렇지 않습니다. 증삼과 같이 효도가 지극한 아들은 단 하루도 부모 곁을 떠나 밖에서 자지 않습니다. 어떻게 그를 천 리나 떨어진 먼 이곳에 데리고 와서 당장 내일 일이 어떻게 벌어질지 모를 국정을 돌보게 할 수 있겠습니까? 또한 백이는 의리를 지켜 무왕의 신하가 되기를 거부하고 수양산에 들어가 굶어 죽었습니다. 이와 같이 대쪽 같은 사람에게 어떻게 음흉한 제나라와의 교섭을 맡길 수 있겠습니까? 그리고 미생은 애인과 다리 아래서 만나기로 약속하고 약속 날짜에 다리에 나가 기다렸습니다. 때마침 엄청난 홍수가 나서 물이 계속 불어났지만 그는 꼼짝도 하지 않고 계속 기다리다가 마침내 다리를 부둥켜안고 죽었다고 합니다. 임금께서는 어떻게 성실하기만 한 그런 사람을 천 리 밖에 내보내 제나라의 사나운 병사를 물리치게 하실 수 있습니까? 저는 제 나름대로의 충의와 신의를 지켰기 때문에 오히려 죄를 짓게 된 것입니다."

연나라 왕이 반문했다.

"충의와 신의를 지켰다면 어찌 죄를 받을 수 있겠소? 그대가 지키지 못했기 때문에 죄를 받은 것 아니오?"

"아닙니다. 어떤 사람이 먼 곳으로 발령 받아 집을 떠나 있을 때 그의 처가 다른 남자와 통정을 했습니다. 이윽고 그가 돌아오자 정부(情夫)가 매우 불안해했습니다. 그러자 그 여자는 '아무 걱정 말아요. 이미 술에 독을 타놓았어요.'라고 말했답니다. 하지만 그 하녀는 독을 탄 사실을 알았기 때문에 매우 괴로웠습니다. 주인에게 사실을 말하자니 당장 부인이 쫓겨날 것이고, 그렇다고 알리지 않으면 주인이 죽기 때문이었지요. 생각다 못한 하녀는 일부러 넘어져 술잔에 든 약주를 쏟아 버렸습니다. 그러자 주인은 크게 화를 내며 채찍을 들어 오십 차례나 때렸습니다. 하녀는 진실로 충의를 다했지만 죄를 받았던 것입니다."

자기 분야에서 탁월한 성과를 보여준 정치가나 군사 전략가는 사람을 기용하는 용인用人의 문제에서 현명한 인재를 구하되 완전무결한 사람을 구하지 않았고, 현자賢者에 대하여 작은 허물은 묻어주고 과거 자신과의 불편한 관계를 기억하지 않았다.

명나라의 태조 주원장은 제나라 환공의 경우처럼 이전에 자기를 반대했던 사람을 기용한 군주였다. 그는 "나는 다만 지금의 성실함을 생각하고, 이전의 과오를 과오로 생각하지 않는다."라고 말하였다. 그러면서 원래 적국 원나라에 봉사했던 장군이나 관리들에게도 과거를 묻지 않고 진심으로 대우하였다.

삼국시의 조조 역시 이러한 풍모를 지녔다. 조조가 일찍이 완성을 공략할 때 장수張繡가 투항하였는데, 그러나 다시 별안간 조조를 기습하였다. 이로 인하여 조조의 큰아들을 비롯하여 많은 부하들이 전사하였고, 조조 자신도 화살을 맞는 부상을 입었다. 그러나 조조는 관도官渡에서 원소와 전쟁을 벌일 때 오히려 사람을 보내 장수를 불러들였다. 장수가 조조의 휘하에 들어오자 조조는 그에게 장군의 직위를 주고 자기의 아들과 장수의 딸을 혼인시켰다.

다루기 어려운 사람이야말로 조직의 보물이다. 반발하는 부하야말로 진정한 인재고, 자신의 가장 믿음직한 심복이 될 수 있다. 어느 집단이나 공식 조직과는 별도로 비공식 집단이 반드시 만들어진다. 그리고 거기에는 비공식 리더가 생겨난다. 적지 않은 경우 공식 집단보다 비공식 집단이, 다수보다는 소수의 의견이 사람들 속에 깊숙이 스며들어가 때로는 살랑대는 봄바람처럼, 때로는 번뜩이는 섬광처럼 마음을 흔들어놓는다.

만약 부하 중에 비공식 리더가 있으면 공식 리더가 조직을 장악하기란 쉽지 않다. 비공식 집단에 대해 권위나 배척하는 태도를 취하면 대부분의 경우 문제가 더욱 복잡하게 꼬이고 만다. 반면에 비공식 리더를 인정하고 그에게 권한을 일정한 정도로 이양하는 등 그를 협력자나 참모로 끌어들인다면 비공식 집단을 온전하게 끌어들일 수 있다. 큰 적이야말로 내 편으로 만들어라.

인재를 구하고자 한다면
먼저 나부터 기용하라

선시어외 先始於隗, 인재를 쓰고자 한다면 나 곽외부터 등용하라는 말로, 인재가 스스로를 천거함을 뜻함

연나라 소왕은 연나라가 힘이 약하고 부족하다는 점을 느끼고 스스로 겸손히 굽혀서 사방팔방으로 인재를 구하고자 했다. 이때 곽외郭隗라는 선비가 찾아와 이렇게 말했다.

"제왕帝王은 훌륭한 스승을 모시고, 왕자王者는 좋은 친구를 가지며, 패자霸者는 훌륭한 신하를 거느리는 법입니다. 예의를 다해 상대를 받들고 겸손한 자세로 가르침을 청하면 자기보다 백배나 훌륭한 인재가 모여듭니다. 상대에게 경의를 표하고 그 의견을 진지하게 듣는다면 자기보다 열 배나 훌륭한 인재가 모이게 됩니다. 상대와 똑같이 행동하면 자기와 비슷한 사람만 모여듭니다. 의자에 기대어 곁눈질이나 하면서 지시한다면 소인배만 모여들며, 무조건 화를 내고 혼낸다면 노복奴僕만 모일 뿐입니다."

이 말을 듣고 소왕이 물었다.

"그럼 누구에게 가르침을 청하고 그 의견을 들으면 좋겠소?"

이에 곽외가 말을 이었다.

"이런 얘기가 있습니다. 옛날 어느 왕이 천 금을 걸고 천리마를 사려고 했습니다. 하지만 3년이 지나도록 구할 수 없었습니다. 그러던 어느 날 '제가 한번 사오겠습니다' 하고 나선 사람이 있었지요. 그러자 왕은 그에게 천리마 구하는 일을 맡겼습니다. 그로부터 석 달 후, 그는 천리마가 있다는 소식을 듣고 달려갔지만 말은 이미 죽은 뒤였습니다. 그는 죽은 말의 뼈를 5백 금에 사가지고 돌아왔습니다. 이에 왕은 크게 노했지요.

'내가 원하는 것은 살아있는 말이다. 죽은 말을 5백 금이나 주고 사오다니 그런 바보가 어디 있는가!'

그러자 사나이는 또렷또렷하게 대답했습니다.

'죽은 말을 5백 금이나 주고 샀다는 소문이 퍼지면 살아 있는 말은 훨씬 많은 돈을 줄 것이라 믿을 것이며 그렇게 되면 천리마가 사방에서 모여들 것입니다.'

과연 그의 말대로 1년도 못 되어 천리마가 세 마리나 모여들었다고 합니다. 지금 대왕께서 진심으로 인재를 구하고 싶으시다면 먼저 이 사람 곽외부터 기용하십시오. 저와 같은 사람을 중히 쓰신다면 저보다 훌륭한 인물이 천 리 길도 멀다 않고 모여들 것입니다."

소왕은 감동해 즉시 곽외를 스승으로 받들고 가르침을 받기로 했으며 좋은 저택도 제공했다. 그 후 과연 제나라에서는 추연鄒衍이라는 현자가 스스로 찾아왔으며, 조나라에서는 악의와 극신이라는 선비가 찾아오는 등 국내외에서 훌륭한 인재들이 모여들었다.

간신의 세상은
어떻게 만들어지는가

 아첨이란 모든 사람이 꺼려하여 멀리하는 말이다. 하지만 왜 그런지 우리 주위에는 언제나 아첨꾼이 너무도 많이 존재한다. 사실 아첨이야말로 상대방의 심리를 무장 해제시키는 가장 강력한 무기라 할 것이다.

 당나라 말기에 접어들면 권력은 온통 환관의 손에 쥐어져 농단되었다. 황제는 그저 허수아비일 뿐 환관의 권세는 이제 황제를 능가할 정도였다. 그 환관의 우두머리였던 구사량이 어느 날 환관을 모아놓고 일장연설을 늘어놓았다.

 "천자에게 틈을 주어서는 안 된다. 술과 춤 그리고 갖가지 놀이로 재미있게 해줘야 하며, 그리하여 그 밖의 일은 전혀 생각할 틈이 없도록 해야 한다. 특히 천자가 절대로 책을 읽거나 학자와 친하게 지내게 해서는 안 된다. 만약 그렇게 되면 천자가 자연히 지혜로워지고 고금의 역사에 있어서의 흥망을 알게 된다. 그렇게 사물의 도리를 연구하고 시비곡직을 알게 되면 결국 우리 환관은 배척될 수밖에 없다. 천자가 어리석어야 한다는 것, 바로 이것만이 우리 환관이 기를 펴고 살 수 있는 유일한 길이다. 명심하도록!"

이미 오래 전부터 서양이 중국을 앞선 것처럼 보이지만, 사실 서양이 중국을 추월해 앞선 것은 최근세의 일이다. 중국 청나라는 건륭제 때까지만 해도 당시 세계 총생산의 삼분지 일을 중국이 점할 만큼 '부족한 물자가 없기 때문에' 외국과의 무역도 거부했던 상황이었다.

무릇 극성기란 쇠락의 시작이다. 건륭제는 화신和珅이라는 신하를 매우 총애했는데, 화신은 총애를 배경으로 온갖 부패를 일삼았다. 건륭제가 죽은 뒤 화신이 조사를 받게 되었는데, 그의 집에서 무려 백은白銀 팔억 량이 나왔다. 이는 당시 청나라 십 년 재정수입에 해당하는 것이었다. 화신은 중국 최대의 간신으로 꼽힌다. 이때부터 청나라, 중국은 급속히 기울게 되었다.

> 소인小人이 미워하고 비방하는 바가 될지언정, 소인이 아부하고 찬양하는 자는 되지 말 것이오. 차라리 군자가 책망하는 자가 될지언정, 군자가 관용하는 자는 되지 말라.
>
> —《채근담》

세상에
버릴
사람은
없다

제4장

한나라 유방은 항우와 벌인 수십 차례의 전투에서 연전연패하다가 마지막 단 한 번의 전쟁에서

승리를 거둬 천하를 손에 넣었다. 유방이 천하무적 항우에게 승리를 거둘 수 있었던 까닭은 과연

무엇일까?

하늘은 녹祿이 없는 사람을 내지 아니하고, 땅은 이름 없는 풀을 기르지 아니한다. 천불생무록지인, 지부장무명지초天不生無祿之人, 地不長無名之草.

—《명심보감》

모든 사람이 각기 저마다의 쓰임새를 지니고 태어났다는 말이다. 큰일을 할 때는 반드시 사람을 근본으로 한다.

위정爲政의 요체는 좋은 신하를 등용하는 데 있다.

공자가 노나라 애공을 만났을 때 애공은 위정의 도리를 공자에게 물었다. 그러자 공자는 "위정에서 가장 중요한 것은 좋은 신하를 뽑는 데 있습니다."라고 대답했다. 계강자 역시 위정의 도리를 물었을 때 공자는 "정직한 사람을 기용해 사악한 사람을 고쳐야 합니다. 이렇게 되면 사악한 사람도 정직한 사람으로 변합니다."라고 대답했다.

나라의 존망存亡은 인재에 있다

나라의 안위는 명령에서 비롯되고, 나라의 존망은 인사人事에 있다.

―《사기 · 초원왕세가楚元王世家》

사마천은 인재를 얻는 자가 천하를 얻는다고 역설한다. 그는 '유경숙손통열전'에서 속담을 인용하여 이렇게 말한다.

천금의 갖옷 짐승의 가죽으로 만든 옷은 여우 한 마리의 겨드랑이 가죽만으로 만든 것이 아니고, 높은 누대의 서까래는 한 그루의 나뭇가지만으로 만든 것이 아니듯이, 하, 은, 주 3대의 태평성대는 한 사람의 지혜로 이룬 것이 아니다.

여기에서 사마천은 천하를 다스리는 일이란 반드시 많은 인재가 필요하다는 점을 강조하고 있다. 중국 역사상 최초의 통일 국가인 진나라는 본래 척박한 변방국가에 불과했으나, 적극적이고 개방적인 인재 등용 정책으로 국가를 강대국의 반열에 올려놓았던 전형적인 사례다.

진나라 효공은 위나라 사람 상앙을 기용하여 백성을 부유하게 하고 국가를 부강하게 만들었으며, 진 혜왕은 장의를 등용함으로써 연횡책을 완성하였다. 그 뒤 진나라 소왕은 백기를 임용하여 장평에서 대승을 거두었고, 위나라에서 건너온 범저는 원교근공책으로써 남쪽으로 초나라를 멸하고 북쪽으로 3진을 압박했으며 동쪽으로는 제나라를 격파하였다. 마지막으로 진시황은 이사와 왕전 그리고 몽염의 보좌를 받아 마침내 천하를 통일시켰다.

또한 항우가 패하고 유방이 승리하게 된 데에 있어서도 역시 인재등용이 그 승패를 갈랐다. 한신, 소하, 장량을 비롯하여 조참, 진평, 주발, 장이, 팽월, 경포, 노관, 번쾌, 역상, 하후영, 관영 등 많은 인재들이 유방을 도와 한나라를 세울 수 있게 하였다. 반면 항우 아래에 있던 그 숱한 인재들은 모두 유방에게 도망가서 오히려 항우의 적이 되었다. 오직 범증 한 사람만 있었으나 그마저도 중용하지 않아 항우 자신 혼자만 남게 되었고, 결국 천하를 빼앗기게 되었다.

명군名君은 사람 얻는 것을 서두르고, 암군暗君은 권세 키우는 것을 서두른다

명군은 사람 얻는 것을 서두르고, 암군은 권세 키우는 것을 서두른다.

한나라 유방은 항우와 벌인 수십 차례의 전투에서 연전연패하다가 마지막 단 한 번의 전쟁에게 승리를 거둬 천하를 손에 넣었다. 유방이 천하무적 항우에게 승리를 거둘 수 있었던 까닭은 과연 무엇일까?

한고조 유방이 천하를 통일한 뒤 연회를 베풀었다. 고조가 말했다.
"여러 제후와 장군은 나를 속일 생각을 말고 모두 속마음을 이야기해 보시오. 과연 짐이 천하를 얻을 수 있었던 까닭은 무엇이며, 항씨가 천하를 잃은 것은 과연 무슨 이유 때문인가?"
이에 고기高起와 왕릉王陵이라는 신하가 대답했다.
"폐하께서는 오만하여 다른 사람을 모욕하고, 항우는 인자하여 다른 사람을 사랑합니다. 폐하께서는 사람을 파견해 성을 공략하고 땅을 점령하게 하고, 그곳을 그에게 봉하고 능히 천하 사람과 이익을 함께 나누십니다. 반면 항우는 현명하고 능력 있는 사람을 질투하고 공이 있는 자를 해치며, 현명한 자는 의심을 받고 전쟁에 이겨도 논공행상을 하지 않으며 노획한 땅도 나누지 않으니 이것이 바로 그가 천하를 잃은 까닭입니다."

그러자 고조가 웃으며 말했다.

"그대는 하나만 알고 둘은 모르오. 군영의 장막 안에서 전략전술을 세워 천 리 밖에서 승리를 결정짓는 일 운주책유장지중 결승우천리지외運籌策帷帳之中 決勝于千里之外에는 내가 장량만 못하며, 나라를 진수鎭守, 군대를 주재시켜 요처를 지키고 백성을 위무하며 군량을 공급하고 운송로가 끊이지 않게 하는 일에는 내가 소하蕭何만 못하오. 또 백만 대군을 통솔하여 싸우면 반드시 승리하고 공격을 하면 반드시 점령하는 일에서는 내가 한신만 못하오. 이 세 사람은 모두 호걸 중의 호걸이오! 내가 그들을 능히 임용했다는 것, 바로 이것이 내가 천하를 얻을 수 있었던 원인이오. 항우는 범증 한 사람이 있었으나 그를 임용할 수 없었고, 바로 이것이 항우가 나에게 사로잡혀 죽은 원인이오."

한 고조 유방은 술과 여자를 좋아하고, 자주 술에 취해 술집에 그대로 누워 잘 때가 많았다. 영락없이 동네 건달의 전형이었다.

현령의 친구를 축하하는 자리에 소하蕭何가 "진상한 예물이 천 냥에 이르지 않는 사람은 당하堂下에 앉으시오."라고 말하자, 유방은 거짓으로 선물 목록을 꾸며 '하례금 만 냥'이라고 써넣었으나 사실은 한 냥도 지참하지 않았다. 심지어 소하가 "유방 저 사람은 언제나 큰소리만 치고 실행하는 일은 드물다."라고 평할 정도로 '사기성'이 강한 사람이었다.

유방이 진나라의 수도 함양에 처음 입성했을 때 그곳의 궁실, 휘장, 개와 말, 값진 보배, 미녀 등을 보고 너무도 입맛이 당겨 그곳에 머물고 싶어 하던 평범한 사나이였다. 심지어 항우의 군대에게 추격을 당해 쫓기면서 수레를 타고 도망갈 때, 수레 무게를 줄여 자기만 무사히 달아나려고 자기의 아들과 딸마저 수레 밖으로 밀어 떨어뜨리려 한 정말 못난 아버지이기도 했다. 이렇게 약점이 많은 유방이었지만 그는 자기 옆에 사람을 끌어들이는 인덕을 지녔다. 모여든 인재가 각자 자기를 위해 최선을 다해 헌신하도록 만드는 이상한 매력과 능력도 가졌다. 유방은 살육을 일삼고 잔학했던 항우와 달리 덕을 베풀고 인자한 정치를 펼침으로써 가는 곳마다 민심을 얻었다.

역발산기개세力拔山氣蓋世, 힘은 산을 뽑을 만하고 기운은 세상을 덮을 만함, 일기당천一騎當千의 뛰어난 힘과 무용을 지닌 천하 명장이었던 항우는 초나라 명문 가족의 후예라는 좋은 집안의 배경에다 가장 용맹스러운 초나라 병사를 보유하고 있었다. 사실 객관적인 조건으로만 보면 항우와 유방은 감히 비교할 수조차 없었다. 하지만 항우는 자신의 뛰어난 참모를 활용하지 못하고 도리어 그를 의심하고 핍박하여 모두 유방 진영으로 가게 만들었고, 오로지 자신의 힘과 무용만을 믿고 포악한 정치를 일삼았다. 결국 유방은 자신의 약점을 뛰어넘는 장점으로써 마침내 천하무적 항우를 물리치고 천하를 손에 넣을 수 있었다.

인재란 누구인가

과연 인재란 누구를 말하는가?

사마천은 《사기·태사공자서太史公自序》에서 "정의롭게 행동하고 비범하여 풍운의 기회를 놓치지 않고 공업功業을 천하에 세워 천하에 이름을 널리 알리니 이에 70열전을 짓는다."라고 기술하였다.

《사기》의 인물 전기에는 제왕과 재상 이외에 유학자를 비롯한 제자백가, 자객, 유협, 배우, 상인, 식객 등등 사회의 각계각층이 모두 포함되어 있다. '화식열전貨殖列傳'을 보면, 염철업 분야에서 활동하는 거상 이외에도 육포 파는 사람, 장을 파는 사람, 수의사, 심지어 도굴꾼, 도박꾼의 무리까지 모두 '인재'의 범주에 포괄시키고 있다.

그렇다면 과연 어떤 사람들을 '인재'라고 말할 수 있는 것인가?

사마천은 백성들을 위하여 덕을 세우고입덕立德, 역사에 길이 남을 명저名著를 남기며입언立言, 나라를 위하여 공을 세운입공立功 인물들이 사회에 가장 공헌한 것이라고 말한다.

먼저 '입덕'이란 큰 범주로 볼 때는 제왕의 덕정德政을 가리키고, 작은 범주에서는 신하와 백성의 덕의德義를 의미한다. 예를 들어 '오제본기'에서 헌원軒轅은 "덕을 닦고, 병사를 정비했으며", 순임금에 대해서는 "천하에 덕을 밝히는 것은 모두 순임금으로부터 비롯하였다."라고 칭송하고 있다. 또 '은본기'에서는 "탕왕의 덕은 금수禽獸에까지 미쳤다."라고 기록하고 있다.

한편 일반 백성들에 있어서의 '입덕'이란 곧 의를 숭상하고 신의를 중히 여기는 것을 의미하고 있다. 의義를 위하여 몸을 바친 백이숙제를 비롯하여 고아를 구한 정영과 공손저구, 폭압에 맞선 자객들, 위기에 빠진 사람들을 곤경에서 구해줬던 유협들이 바로 그들이다.

다음으로 '입공'의 경우에는 국가와 민중을 위하여 크게 공헌한 인물을 말한다. 즉, 역사에서 뚜렷한 업적을 세운 장군이나 재상을 지칭하며, 사회 각층의 걸출한 인물, 즉 의사나 점술가, 화식貨殖가, 골계 등을 포함하고 있다. 여기에서 사마천은 민중의 편에 서서 진나라 시기의 잔혹한 장군과 재상들에 대하여 신랄하게 비판을 가하는 한편, 한나라 초기의 무위 치국無爲治國으로 나라를 잘 다스렸던 재상과 장군에 대해서는 높이 칭송하였다.

마지막으로 '입언'에 대하여 사마천은 비록 두 번째로 중요한 것이라며 제2위에 자리매김을 하고 있지만, 그 '입언자'에 대한 그의 칭송은 오히려 가장 높은 차원이었다. 그는 '임안에게 보내는 편지'에서 이렇게 말하고 있다.

"예로부터 부귀하게 살았지만 그 이름이 흔적조차 없어진 사람은 무수히 많습니다. 오직 비범하고 탁월한 인물만이 후세에 그 명성을 드날리는 것입니다."

'입언자'의 대표로서 사마천은 《주역》의 64괘를 발전시킨 주나라 문왕, 《춘추》를 완성한 공자, 《이소離騷》를 지은 굴원, 좌구명左丘明의 《국어國語》, 손빈의 《병법》, 여불위의 《여씨춘추呂氏春秋》, 한비자의 《세난說難》과 《고분孤憤》을 들고 있다.

인재는
어떻게 만들어지는가

그렇다면 인재란 과연 어떻게 만들어지는 것인가?
이에 대하여 사마천은 《사기》에서 진승陳勝의 입을 빌어 말한다.
"왕후장상에 씨가 따로 있는가! 왕후장상, 녕유종호王侯將相, 寧有種乎!"

한나라 초기의 장군과 재상 중에서 많은 사람들이 평민 출신이었다. 소하와 조참은 아전 출신이었고, 진평과 한신은 어릴 적에 매우 가난하였다. 주발은 누에를 쳤으며, 번쾌는 개장수였고, 관영은 노점상이었으며, 하후영은 마부였다. 그들 모두 진나라 말기의 혼란상에서 시운을 타고 이름을 떨치게 된 것이었다.

사마천은 '범저채택열전范雎蔡澤列傳'에서 범저와 채택이 "머리가 백발이 되도록 기회를 잡지 못했지만", 진나라에 들어가 재상이 된 것은 "우연하게 때를 만났기 때문"이라고 기술하고 있다. 그러면서 그는 "이들 두 사람 못지않은 어진 사람들이 뜻을 이루지 못한 경우는 어찌 그 수를 헤아릴 수 있겠는가?"라고 탄식한다. 그렇다면 왜 그 많은 사람들이 기회를 얻지 못한 것인가?

이에 대해 사마천은 "긴 소매의 옷을 입어야 춤을 잘 출 수 있고, 돈을 많이 가져야 장사를 잘할 수 있다."라는 속담으로 설명한다. 즉, 소매가 길어야 비로소 우아한 춤을 출 수 있게 되고, 자금이 충분해야 사업을 훌륭하게 경영할 수 있다는 뜻이다. 인재가 기회를 잡으려면 조건이 구비되어야 한다는 의미다.

하지만 사마천은 "이들 두 사람도 곤궁한 처지에 빠지지 않았던들 어떻게 분발하여 성공을 거둘 수 있었겠는가?"라면서 범저와 채택이 동방에서 곤경에 처하지 않았던들 결코 진나라에 들어갈 기회도 만들어지지 않았을 것이라고 역설하고 있다. 여기에서 사마천이 강조하고자 하는 바는 곧 스스로의 피나는 노력이 존재할 때만 비로소 기회를 얻고 인재가 될 수 있다는 것이었다. 참으로 기회란 오직 스스로 분투노력하는 자에게만 오는 법이다. 소진과 장의 역시 좌절 속에서 성공을 이뤄낸 것이다.

누구보다도 사마천 본인이야말로 궁형을 받는 처절한 좌절과 죽음보다도 극심한 모욕 속에서 인고의 삶을 견디면서 《사기》를 완성하였다. 그렇기 때문에 그는 '발분發奮'하여 이름을 떨친 역사의 인물들에 대하여 높게 칭송하였던 것이다. 그는 '임안에게 보내는 편지'에서 "이름을 떨치는 것은 행위의 최종적인 목표이다立名者, 行之極也."라고 기술하고 있다.

사마천은 수신입명修身立名을 인생 도덕에 있어 최고의 표현으로 인식하였다. 즉, 분발하여 스스로 강해지는 것을 인재가 되는 근본 조건이라고 강조하였다.

인재야말로
보물이다

제갈량은 가정街亭이라는 지역의 전략적 지위에 대한 탁견卓見과 천시天時와 지리地利의 이용이라는 측면에서 모두 사마의에 앞섰다. 단지 마지막 순간에 마속을 잘못 장군으로 삼아 출격시킴으로써 결국 치명적인 참패를 맛보아야 했다.

손권과 유비가 연합하여 조조를 격파한 뒤, 제갈량은 조조가 반드시 화용도로 도망칠 것이라 예측하였다. 여기에서 과연 누구를 파견하여 길목을 지킬 것인가가 중대한 문제로 되었다. 이때 제갈량은 대국적 견지에서 지금 조조를 죽이게 되면 국면이 더욱 혼란해져 수습할 수 없게 되고, 이는 천하삼분天下三分의 전략 실현에 불리하다고 판단하였다.

결국 '추격하되 놓아주는' 방책을 정했지만, 제갈량은 이를 분명히 말하지는 않았다. 관우는 충의로운 장군으로서 제갈량은 그를 보내 관문을 지키도록 하여 일거양득의 효과를 거두었다. 이때 만약 장비를 대신 파견했더라면 분명히 일을 그르치고 말았을 것이다. 여기에서 알 수 있듯이 '택인擇人, 사람을 고르는 일'과 '임세任勢, 세에 맡긴다 혹은 의거한다는 뜻'에 뛰어난 방책은 세勢를 만들어내고 미래의 전 국면의 전략적 상황을 결정할 수 있다.

한편 손권은 병사를 이끌고 조조를 공격하였는데, 조조는 장료張遼, 악진樂進, 이전李典을 파견하여 합비合肥, 지금의 안후이 성 성도를 지키게 하였다. 조조의 수비군은 불과 칠천여 명이었고, 오나라 군사는 십만여 대군이었다. 그러나 장료 등은 조조의 "만약 손권이 오면 장료와 이전이 출전하고, 악진은 군사를 호위하여 싸우지 말라."라는 명령을 그대로 실행하여 거꾸로 승리를 거두었다. 여기에서 조조가 승리를 거둘 수 있었던 비결은 바로 사람을 적재적소에 활용하는 용인술用人術에 있었다.

《삼국지》에 의하면 장료는 무예와 힘이 뛰어났다고 기록하고 있고, 이전은 사나이다웠다고 기술하였으며, 다른 사람과의 합동 작전에 뛰어나 다른 장군과 공격을 다투지 않았다고 한다. 또한 악진은 비록 용모는 작았으나 담력과 지모智謀가 뛰어나 장료, 이전과 함께 병사들을 통솔하여 흐트러짐이 없게 하고, 명령에 추호의 위반이 없으며, 적과 맞섰을 때 착오가 없었다고 한다.

조조는 그들 각자의 장점을 고려하여 임무를 맡기고 누가 출정을 하며 누가 수비를 할 것인가라는 문제에 있어서 지극히 합리적으로 배치한 것이었다. 그렇기 때문에 수적으로 현저히 열세인 상황에서도 조조의 군사는 능히 합비를 지켜냈을 뿐 아니라 오히려 대승을 거둔 것이다.

이 두 가지 전쟁 사례로부터 알 수 있는 핵심적인 내용은 바로 사람을 알아보고 적절하게 기용해야 한다는 점과 재능과 능력에 따라 이를 활용하되 적절한 시기에 맡겨야 한다는 점이다.

인재를 알아보고 인재를 기용하는 데 뛰어난 사람은 곧 그 자신이 가장 큰 덕이 있고 재능을 지닌 사람이라고 할 수 있으며, 반대의 경우라면 덕과 재능이 결여된 사람이라고 할 수 있다.

《삼국지》에서 유비가 관우와 장비가 죽은 것을 복수하고자 칠십만 대군을 일으켜 오나라를 공격했을 때 오나라의 형세는 바야흐로 일촉즉발의 위기상황이었다. 이때 손권은 뭇사람들의 반대를 물리치고, 비록 마음속에는 웅재대략雄才大略, 크고 뛰어난 재능과 지략을 품고 있지만 여전히 일개 '서생'에 불과했던 육손陸遜을 대담하게 기용하였다. 그리고 육손은 결국 칠백 리에 이어지는 촉군 진영을 불태우는 빛나는 승리를 거두었다.

조조 역시 인재 등용에 탁월한 인물이었다. 그가 210년에 발표한 구현령求賢令에는 "그대들은 나를 도와 신분이 낮은 사람들을 잘 살펴 추천하라. 오직 재능만이 기준이다", "품행이 바른 인물이라고 해서 반드시 진취적인 것은 아니며, 진취적인 인물이라고 해서 반드시 품행이 바른 것은 아니다."라고 분명히 밝히고 있다. 또 '잘못된 옛 악연은 잊어라.'라는 '불념구악不念舊惡'이라는 구절까지 나온다. 실제로 조조는 자신의 장남 조앙을 죽였던 장수張繡를 용서하고 포용하여 등용하였다.

미국의 남북전쟁 시기에 링컨은 일찍이 서너 명의 장군을 기용했는데, 그 기용의 기준은 바로 '커다란 과오가 없을 것'이라는 점에 두었다. 그러나 이 결과 모두 남군南軍에게 패배를 당했다. 그는 여기에서 뼈저린 교훈을 얻은 뒤 술을 너무 좋아해 두주불사斗酒不辭지만 전략에는 뛰어났던 그랜트 장군을 과감하게 총사령관에 임명하였다. 당시 몇몇 사람들이 강하게 반대하였지만, 링컨은 "만약 그가 무슨 술을 좋아하는지 알게 되면, 나는 오히려 그에게 그 술을 몇 통 보내 모두 같이 즐길 수 있도록 할 것이다."라고 응수하였다. 이후의 결과가 증명했듯이 그랜트 장군의 임명은 남북전쟁의 승패를 가름하는 결정적인 분수령으로 되었다.

또한 피터 드러커는 "인간의 장점이야말로 진정한 기회다."라고 말한다. 인간의 장점을 활용하여 기회로 만들 수 있다면, 기회를 놓치지 않고 목표를 실현시켜낼 수 있다. 이것이야말로 오늘 모든 사람들이 마음속에 새겨야 할 용인술이다.

주나라 문왕은 강태공을 위수 강가에서 얻어 나라를 흥성시켰고, 당 태종은 위징을 거울로 삼아 당나라를 강성하게 만들었으며, 주원장은 예현각禮賢館을 지어 유기劉基 등의 현사를 대우함으로써 명나라가 흥성하는 초석을 닦았다. 인재는 마치 보물과도 같다.

전국시대에 제나라 위왕과 위나라 혜왕이 같이 사냥을 하다가 담론을 나누었다. 위나라 왕이 물었다.

"제나라에 보물이 있는가요?"

제나라 왕은 대답을 하지 않았다. 그러자 위나라 왕이 말했다.

"우리나라는 국토는 비록 작지만, 직경이 1촌이나 되는 진주가 열 개나 있습니다. 하나의 진주는 열두 대의 수레 앞뒤를 비출 수 있을 만큼 광채가 화려합니다. 제나라는 대국인데도 보물이 없는 것입니까?"

이에 제나라 왕이 대답하였다.

"내가 말하는 보물의 개념은 대왕과 다르오. 나는 단자檀子라는 신하가 있어 그를 보내 남쪽 성을 지키게 하면 초나라가 감히 침략할 생각을 하지 못합니다. 또 반자盼子라는 신하는 그를 관당官塘으로 보내 지키게 하면 조나라는 황하로 와서 고기를 잡을 생각을 하지 못합니다. 그리고 검부黔夫라는 관리로 하여금 서주徐州를 지키게 하면 연나라는 서주 북문을 향해 제사를 모십니다. 또 종수種首라는 신하에게 도적을 잡도록 명하면 백성들은 길에 물건을 잃어도 줍는 사람이 없고 밤에도 문을 닫지 않게 됩니다. 이러한 보물이 있으니 그 광채는 능히 천리를 비추게 됩니다. 어찌 열두 대의 수레에 그치겠습니까?"

위나라 왕은 말문이 막혀 아무런 말도 잇지 못하였다.

산이 높으면
골도 깊다

 명장 오기는 장군이 되기 위하여 처를 죽이는 등 그 품행은 실로 악행惡行의 전형이었다. 하지만 위 문후는 도리어 그의 군사적 재능을 대단히 중시하여 서하의 방어를 맡김으로써 진나라가 감히 국경 밖으로 나오지 못하도록 만들었다. 또한 백기는 항복한 병사들을 모조리 죽였고, 진평은 형수와 관계하고 뇌물을 받았으며, 진섭은 친구를 죽였다. 그들은 모두 품행과 덕이 부족하였다. 하지만 그것은 그들이 영웅의 기개를 지닌 대장부로 되는 데 영향을 주지 않았다.
 뛰어난 재능이 있으나 치명적인 결점을 가지고 있는 사람도 때로는 과감하게 기용할 수 있어야 한다. 피터 드러커는 "만약 임용한 사람이 약점이 없다면 그 결과는 너무도 평범한 조직일 뿐이다."라고 말하였다. 재능이 많은 사람일수록 그 단점 또한 매우 분명한 경우가 많다. 높은 산은 반드시 깊은 계곡이 있는 법이다. 그 어떤 사람도 전지전능할 수는 없다.

덕과 능력을 기준으로 사람을 기용해야 하지만 지나치게 엄격한 요구 역시 좋지 않게 되는 경우가 적지 않다.

> 이 세상에 완전한 공적은 없고, 전능한 성인 역시 없으며, 만능으로 사용될 수 있는 사물은 없다.
> 천지무전공, 성인무전능, 만물무전용 天地無全功, 聖人無全能, 萬物無全用.
>
> ―《열자列子》
>
> 완벽한 빛깔을 내는 금은 없고, 완전한 사람 역시 없다.
> 금무족적, 인무완인 金無足赤, 人無完人.

지나치게 다른 사람에게 엄격한 사람은 결국 자신 역시 현실에서 받아들여지지 못하게 되어 고독하게 홀로 남겨지게 된다.

물이 너무 맑으면 고기가 살지 못하고, 사람이 너무 따지게 되면 친구가 없는 법이다.

덕德을 중시할 것인가, 재才를 중시할 것인가

덕德과 재才의 문제는 역대 용인자用人者들이 대단히 중요시했던 사안이다. 덕을 중시하는가 아니면 재능을 중시할 것인가? 이는 항상 용인자들을 곤혹스럽게 만든 문제였던 것이다.

사마광司馬光은 그의 저서 《자치통감資治通鑑》에서 재才와 덕德의 문제가 생길 때마다 언제나 덕德을 가장 윗자리에 놓았다. 그는 "재才는 덕의 자산이며, 덕德은 사람의 스승이다."라고 설파하였다. 즉 재는 덕의 의거依據로서 재를 결여한 덕은 그 어떠한 일도 이뤄낼 수가 없게 된다. 덕이 있음으로 하여 비로소 인재를 끌어들일 수 있다. 하지만 재는 반드시 덕의 범주 내에서 역할을 한다는 것이다.

한편 사마광이 매우 중요하게 여긴 사상이 있다. 그것은 바로 지도자란 사람을 알아보는 것 지인知人과 사람을 선택하여 기용하는 것 택인 용인擇人用人에 뛰어나야 한다는 주장이었다. 실로 매우 중요한 문제이지만 시행하기란 대단히 어렵다.

사람을 알아봄에 있어 지도자 주변에는 항상 사람들이 어떤 다른 사람들의 과실을 들어 논란을 일으킨다. 그중에는 참언도 있고, 충언도 있으며, 또 간언도 있기 때문에 명군明君이라면 반드시 그 식별에 뛰어나야 한다. 한 사람이 얘기할 때는 별 것이 없더라도 여러 사람이 얘기하면 지도자는 자신도 모르게 차츰 의심을 할 수밖에 없게 되는 것이다.

한 고조 유방의 경우, 주발과 관영이 사실의 근거를 가지고 진평에 대하여 비판을 하자 한 고조는 의심을 갖기 시작하였다. 그래도 그는 아직 신중하여 금방 결론을 내리지는 않았고, 그를 추천했던 위무지에게 책임을 물었다. 그래서 사람을 기용하는 문제가 초점으로 부각되었다. 재능으로 기용하는가, 아니면 덕에 의하여 기용하는가, 그 장점을 취할 것인가 아니면 단점을 취할 것인가, 이는 용인에 있어서 핵심적인 문제로 된다.

이때 위무지는 말한다.

"대왕께서 쓰신 것은 그의 기묘한 계책이며, 형수와 관계하고 뇌물을 받은 그런 것들은 인품의 작은 부분에 속하는 문제입니다."

이 문제에 있어 사마광은 "덕행이 높은 것을 일러 현명하다고 하고, 지용智勇이 출중한 것을 가리켜 '능能'이라고 한다. 현명은 반드시 능할 필요가 없고, 능하다고 해서 반드시 현명할 필요는 없다. 각기 그 장점을 따라 그것의 자리를 맡기면 된다."라고 말하였다. 사마광은 진평에 대하여 '탐욕스럽고 부패한 사람'이라 평하였고, 한신에 대해서는 '부끄러움을 모르는 선비'라 평한다. 그러나 그들의 재능은 어떤 특정한 분야에서 대단히 출중했으며, 한 고조가 쓴 것은 바로 그들의 장점이었다. 그리고 그들은 고조가 천하를 평정할 때 모두 뛰어난 공적으로 세웠다.

유가 사상은 역대로 덕재겸비德才兼備를 주장했지만, 실제로는 덕德을 재才의 상위에 위치시켰다. 그리하여 용인用人에 있어 먼저 그 사람의 인품수양이 어떤가를 중시하였고, 만약 그 인품이 좋지 못하면 그를 기용하지 않았다.

반면 만약 그 사람이 충후忠厚 인덕하다면 비록 재능의 측면에서 약간의 흠이 있더라도 그를 기용하였다. 왜냐하면 이러한 사람을 기용하면 업무에 있어 비록 큰 성과를 내지 못하더라도 큰 착오는 없고 지도자에게 순종하기 때문이다. 또 다른 사람을 비난하지 않으며 동시에 다른 사람에게도 비난받지 않아 지도자가 마음을 놓게 되고 대중들도 그다지 큰 의견을 제기하지 않게 되기 때문이다. 그러나 이러한 기용 방식은 자주 많은 폐단을 가져온다. 왜냐면 이러한 사람은 실제로 덕과 재능이 없는 사람으로서 결정적인 시기에 결정을 하지 못하고 결국 커다란 손실을 초래하기 때문이다.

5대 10국 시대에 후당後唐 황제는 노문기盧文紀라는 사람을 재상으로 등용했다. 그런데 뒷날 석경당이 거란과 결탁하여 공격해 들어올 때 후당 황제가 노문기에게 결정을 내리도록 했으나 노문기는 오직 죄만 청할 뿐 한마디도 하지 못하였다. 만약 일국의 재상이 모두 이와 같다면 국난이 닥치고 적병이 국경을 넘어와도 속수무책일 수밖에 없다. 이러한 용렬한 재상이 무슨 소용이 있겠는가?

어떻게 인재를 기용할 것인가

당 태종 이세민은 "위관택인자치, 위인택관자란爲官擇人者治, 爲人擇官者亂."이라고 하였다. 즉, "어떤 직위를 위하여 적합한 사람을 기용하게 되면 잘 다스려 질 것이고, 어떤 사람을 위하여 그에 맞는 관직을 고르게 되면 어지러워진다."라는 것이다.

당나라 개국 초기에 두탄竇誕이라는 개국공신이 있었다. 그는 일찍이 원수부 사마의 직책에 있으면서 이세민을 수행하여 공을 세웠다. 이세민이 황제에 오른 뒤 이세민은 예전의 공적과 능력을 생각하여 두탄을 불러 그에게 황제 친척들의 내부 사무를 관리하는 직책을 하사하였다.

하지만 두탄은 이미 연로하여 가끔 군신이 모인 자리에서조차 실수가 잦아졌다. 이에 대하여 이세민은 자신이 사람을 잘못 기용했으며 예전의 관계나 예전의 인상만으로 두탄을 기용하여 일을 그르쳤다고 솔직하게 인정하였다. 그러고는 스스로 글을 써서 조서를 내려

두 번 다시 이러한 과오를 범하지 않겠다고 밝혔다.

그렇다면 과연 어떻게 인재를 기용할 수 있는가?

천하의 선비를 모으다, 황금대黃金臺와 초현대招賢臺

첫째, 널리 천하의 인재를 구하는 것이다.

전국시대 연나라 소왕은 곽외에게 어떻게 해야 현명한 선비를 얻어 제나라에 복수를 할 수 있는가를 물었다. 곽외가 입을 열었다.

"어느 나라에 왕이 천금을 들여 천리마를 사고자 하였습니다. 그로부터 3년이 흘렀지만 여전히 살 수가 없었지요. 다시 석 달이 지났습니다. 그런데 말을 사기 위하여 파견된 자가 5백금을 들여 죽은 천리마 한 마리를 사왔습니다. 왕은 크게 화가 나서 '내가 원하는 것은 산 말인데, 너는 어찌 이렇게 많은 돈을 들여 죽은 말을 사왔다는 말이냐?'라고 호통을 쳤지요. 그러자 그 자는 '대왕께서 죽은 말도 5백금을 들여 샀는데, 산 말이야 어떻겠습니까? 분명 천하 사람들이 대왕께 산 말을 팔기 위해 난리가 날 것입니다.'라고 말하였습니다. 과연 얼마 지나지 않아 세 마리의 천리마를 얻게 되었지요."

그러면서 곽외는 말을 이었다.

"대왕께서 선비를 얻으시려 하신다면 먼저 저 곽외부터 시작하십시오. 저와 같이 재주가 없는 사람도 대왕께 채용되는 것을 알고 저보다 능력이 있는 사람들이 반드시 풍문을 듣고 천릿길을 달려올 것입니다."

연 소왕은 곽외의 건의를 받아들여 즉시 그를 기용하고, 또 황금대를 지어 그 안에 천금을 두고 현사를 모집하였다. 그러자 천하의 모든 인재들이 앞을 다투어 연나라로 몰려들었다. 그중에는 위나라의 군사 전략가 악의와 제나라 음양가 추연 등등이 있었고, 이들에 의하여 연나라는 전국 7웅으로 당당히 설 수 있었다. 특히 악의는 연나라가 제나라에 복수하는 데 큰 공을 세웠다.

황금대는 초현대招賢臺라고 불리기도 한다. 제갈량도 이를 본떠 성도成都의 남쪽에 높이 누각을 지어 천하의 선비를 초빙하였다.

스스로 몸을 낮춰 선비를 모시다, 예현하사禮賢下士

두 번째 방식은 예현하사禮賢下士, 즉 현사賢士를 예禮로 대하고 스스로 몸을 낮춰 선비를 대하는 것이다. 주 문왕이 현사를 예로 대하여 강태공이 가까이 할 수 있었고, 유비가 현사를 예로 대하여 제갈량이 있을 수 있었으며, 이세민이 현사를 예로 대하였기 때문에 위징이 가까이 있을 수 있었다. 또 주원장이 현사를 예로 대하여 유기劉基가 곁에 있을 수 있었다.

위 무후와 오기의 사례도 이러한 유형에 속한다. 위 무후가 언젠가 군신들과 정무를 의논하였는데, 군신들의 지혜가 위 무후를 따르지 못하였다. 회의가 끝날 때 위 무후는 만면에 희색이 돌았다. 이때 오기가 비판하였다. 오기는 초 장왕과 군신의 회의를 예로 들어 군신의 지모가 부족하자 회의가 끝난 뒤 장왕의 얼굴이 우울해졌음을 말하면서 나라에 재사가 없으니 초나라가 위험해질 것을 생각한 것이라고 설명하였다. 그러면서 오기는 "대왕께서 군신들이 부족하다고 하여 스스로 기뻐하시니 참으로 대왕을 위하여 매우 불안해집니다."라고 말하였다.

오기의 말은 실로 직설적이었으나 위 무후는 개명開明 군주로서 능히 현사를 예로 대할 줄 알았다. 위 무후는 오히려 오기의 간언에 감사하였다. 위 무후가 성공을 거둔 데에는 이러한 그의 태도와 관계가 있었다.

스스로 추천하다, 모수자천毛遂自薦

셋째, 스스로 추천하게 하여 인재를 기용하는 방식이 있다. 가장 유명한 이야기가 모수자천의 사례이다.

진나라가 조나라 서울 한단을 포위하게 되자, 조나라 왕은 평원군을 초나라에 보내 구원을 청하고, 아울러 초나라와 합종을 맺어 진나라에 대항하고자 하였다. 이에 평원군은 문하 식객 중에 학문도 깊고 용기도 많은 문무겸전한 스무 명을 선발해 자신을 수행케 하기로 하였다. 그래서 열아홉 명까지는 어렵지 않게 선발했는데, 나머지 한 명을 쉽게 구할 수 없어 스무 명을 채우지 못하고 있었다. 이때 식객 중에 모수毛遂라는 사람이 앞으로 나오더니 평원군에게 스스로 자신을 추천하였다.

이에 평원군이 모수에게 물었다.

"당신이 내 집에 온 지 몇 해나 되었소?"

모수는 "이제 3년이 되었습니다."라고 대답하였다.

그러자 평원군이 정색을 하고 이렇게 말하였다.

"현명한 사람은 마치 주머니 속의 송곳과 같아서 송곳 끝이 주머니를 뚫고 나오듯 금방 세상에 알려지는 법이오. 그런데 그대는 내 집에 3년이나 계셨지만 한번도 다른 선비들이 당신을 칭찬하여 추천하지 않았고, 나 역시 그대에 대한 말을 들어본 적이 없었소. 그것은 곧 당신이 별다른 재주가 없다는 사실을 말하고 있는 것이라 생각되오. 그러니 이번에는 같이 갈 수가 없소. 집에 남으시오."

그러자 모수가 이렇게 말했다.

"저는 오늘에야 비로소 주머니 속에 넣어달라고 청하는 것입니다. 만약 이 모수가 일찍이 주머니 속에 있었더라면 송곳 끝이 나올 정도에 그치지 않고, 아예 송곳자루 모두 주머니를 뚫고 밖으로 나왔을 것입니다."

평원군은 결국 모수가 동행하는 것에 동의하였다. 드디어 평원군이 초나라 왕을 만나게 되었는데, 초나라 왕과 합종에 대해 의견을 나누었지만 반나절이 지나도록 별다른 결론을 내리지 못하고 있었다. 이때 모수가 즉시 칼을 움켜잡고 한걸음에 계단 위로 뛰어 올라가 평원군에게 말했다.

"합종의 이해는 단 두 마디면 결정될 일입니다. 지금 해 뜰 때부터 시작하여 해가 중천에 떠 있는데도 결정을 내지 못하다니 무슨 연유입니까?"

이에 초나라 왕이 평원군에게 물었다.

"저 손님은 무엇을 하는 사람이오?"

그러자 평원군은 "저의 식객으로 있는 모수라는 사람입니다."

초나라 왕은 모수를 꾸짖었다.

"왜 아직 내려가지 않고 있는가! 내가 너의 주인과 회담을 하고 있는 중인데 너는 무엇을 하고 있는가!"

그러나 모수는 칼자루를 손에 잡은 채 몇 걸음 더 앞으로 나가 외쳤다.

"대왕께서 저를 꾸짖을 수 있는 것은 초나라 사람들이 많은 것을 믿기 때문입니다. 그러나 지금 이 순간에는 열 걸음도 채 안 되는 거리에서 대왕의 목숨이 저의 손에 달려 있을 뿐 초나라 사람이 많아도 소용이 없습니다. 우리 주인께서 앞에 계신데 저를 꾸짖을 수 있습니까? 옛날 은나라 탕왕은 겨우 70리 땅을 가지고 천하를 거느리는 왕이 되었으며, 주나라 문왕도 백 리 밖에 안 되는 작은 나라였지만 결국 모든 제후들을 복종시켰는데 그들의 사졸들이 많았습니까? 그들은 형세를 이용할 줄 알았기 때문에 천하에 자신들의 권위를 떨칠 수 있었던 것입니다. 지금 초나라 땅은 사방 5천 리가 넘고 창을 잡은 군사가 백만이나 됩니다. 이는 패자가 되고 왕자가 될 수 있는 매우 좋은 조건입니다. 이 강력한 힘에 대적할 군대는 이 세상 아무 곳에도 없습니다. 그런데도 진나라 장군 백기와 같이 보잘것없는 자가 불과 수만 명의 군사를 이끌고 초나라를 한 번 공격하여 언鄢과 영郢을 점령하고, 두 번 공격하여 이릉夷陵을 불살랐으며, 세 번 공격하여 초나라 종묘를 욕보였습니다. 이야말로 초나라로서는 영원히 씻지 못할 수치인 것이며 우리 조나라조차도 수치스럽게 생각하고 있을 정도인데, 대왕께서는 오히려 수치를 모르시고 계십니다. 합종은 초나라를 위한 것이지 조나라를 위한 것이 아닙니다. 우리 주인께서 앞에 계신

데 저를 꾸짖을 수 있습니까?"

그러자 초나라 왕은 고개를 끄덕이며 말했다.

"맞소. 맞소. 확실히 선생의 말씀이 옳소. 내 이 나라의 모든 힘을 쏟아 조나라와 합종하여 진나라에 대항하리다."

"이제 합종을 결정하신 것입니까?" 모수가 물었다. 초나라왕은 "결정하였소."라고 대답했다. 모수는 초나라 왕을 모시고 있는 사람에게 "닭과 개와 말의 피를 가져오시오.고대에 맹약을 맺을 때에는 황제는 소와 말, 제후는 개와 돼지, 대부 이하는 닭의 피를 사용했다."라고 명령하였다. 모수는 두 손으로 그 피를 담은 구리 쟁반을 받친 채 무릎을 꿇고 초나라 왕에게 올렸다. "마땅히 대왕께서 먼저 피를 드시고 합종 맹약 확정의 성의를 보여주십시오. 그 다음에는 우리 주인 어르신, 그리고 그 다음은 제가 마시겠습니다."

이렇게 하여 마침내 초나라의 궁에서 합종의 맹약이 맺어졌다.

조나라와 초나라 사이의 합종을 완성시킨 후 평원군이 조나라로 돌아와서 탄식해마지 않았다.

"내가 다시는 선비들을 평가하고 관찰하지 않겠다. 내가 지금까지 선비들을 많으면 수천 명, 적게 말해도 수백 명을 만나보고 스스로 천하에서 얻기 어려운 인재를 한 명도 놓치지 않았다고 생각해왔다. 그러나 모수 선생의 경우는 내가 완전히 몰라봤다. 모수 선생이 초나라에 한번 가서 조나라의 지위를 저 유명한 구정대려九鼎大呂보다도 더 무거운 것으로 만들었다. 모수 선생은 다만 세 치 혀를 가지고 백만 대군보다 큰 위력을 발휘하였다. 이제 정말 나는 더 이상 선비들을 감히 평가하고 살펴보지 않겠다."

그리고 평원군은 즉시 모수를 상객으로 모셨다.

노나라의 장군 조말도 스스로를 추천하여 강적 제나라와의 전쟁을 승리로 이끌었다. 조말이 스스로를 추천할 때 주위 사람들은 모두 말렸다. 하지만 그는 전쟁에 참전하여 커다란 전공을 세웠다.

스스로를 추천한다는 것은 평범한 일이 아니다. 스스로를 추천하는 자는 용기가 필요하다. 강렬한 성취욕이나 책임감이 없거나 자신의 재능이 없거나 혹은 위험을 무릅쓰고 세속의 편견과 투쟁하는 용기가 없다면 감히 엄두도 내지 못할 일이다. 그러나 덕과 재능을 갖추지 못하고 뛰어난 안목과 통찰력이 없는 지도자는 '모수'를 알아보지 못한다.

다른 사람을 추천하다, 백락일고伯樂一顧

네 번째 방식은 다른 사람을 추천하는 것, 곧 타천他薦이다.

타천이라 하면, 먼저 백락伯樂이 떠오른다. 백락은 진 목공 시대 사람으로서 천리마를 잘 알아보는 것으로 유명하다. 그리하여 백락이 말을 살펴 추천하는 것은 일종의 비유법으로서 백락은 인재를 추천하는 사람으로 비유되고 천리마는 인재를 비유한다.

《전국책·연책燕策》에 의하면, 어떤 사람이 준마를 팔려고 했지만 사흘이 지나도록 팔지 못하였다. 이 사람은 백락을 만나보기를 원하여 백락이 한번 다녀가 이 말을 살펴봐달라고 요청하였다. 백락은 이에 응하여 말을 살피고 돌아갔다. 그 뒤 말이 팔린 것은 물론이고, 그 가격이 무려 열 배나 뛰었다. 이것이 곧 '백락일고伯樂一顧'의 고사다. 백락이 말을 한번 보는 것만으로도 이미 신화화되어, 준마가 팔릴 수 있느냐의 여부가 준마 자체의 뛰어남에 있지 않고 백락이라는 사람의 역할에 달려 있다는 뜻이다. 그러나 사실 이는 정당하지 못하다. 하지만 이 고사는 역설적으로 한 가지 사실을 분명히 알려주고 있다. 즉, 백락이 추천하는 그 커다란 역할은 확실하게 존재한다는 점이다.

손자 손무는 오자서가 알아보고 합려에게 추천하여 중용되었고, 오기는 이회가 추천하여 위 문후에게 기용되었다. 그리고 손빈은 전기가 제 위왕에게 추천하였다.

타천에는 몇 가지 방법이 있다.

먼저, 전문가의 인재 추천은 인재 기용의 한 방법으로서 오자서, 이회와 같이 사람을 알아보는 사람의 존재가 중요하다. 인재 기용의 경로를 하나라도 많게 하는 것이 적은 경로보다 낫다. 좋은 말은 경기 중에 그 뛰어남이 드러나게 되지만, 만약 아무도 추천하지 않으면 그 좋은 말도 결국 경기에 참여할 기회를 가지지도 못하게 된다. 비록 어떤 말들은 자기가 스스로 워낙 뛰어나 자연스럽게 참여할 수도 있겠지만, 그런 경우도 필경 극소수일 뿐이다.

둘째, 어떤 사람이 추천한 조건 위에서 많은 사람들에게 그 말을 평가하도록 함으로써 전문가 혹은 기타 사람들이 말을 살펴볼 때 소홀했던 점이나 보지 못했던 점을 볼 수 있도록 해야 한다. 동시에 기업 관리의 측면에서 필요한 인재는 여러 다양한 분야인 것이며, 몇 명의 백락의 혜안만으로는 충분하지 않다. 말의 관상을 보려면 많은 사람에게 보이는 것이 가장 좋다.

셋째, 추천에 있어 평가가 있는 조건 하에 경기장에 가서 경기를 한 번 치르게 하는 방법이 있다. 손무가 오왕에게 중용되었을 때 오왕의 시험을 통과하는 과정이 있었고, 오기 역시 마찬가지였다.

한편 주위에서 인재를 기용하는 과정에서 매우 중요한 부분이 있다. 곧 별로 이해관계를 갖고 있지 않은 제3자가 내리는 '평가'가 대단히 중요한 역할을 한다는 사실이다. 특별히 로비로 부탁을 해서 그러한 '평가'를 하는 것이 아니고 그 사람의 평소 삶에 대한 소문이 그 사람에 대한 일종의 '평가'로 이어지는 경우이다. 결국 평소의 삶에 의하여 "뿌리는 대로 거두는 것이다."

인재를 얻어
나라를 일으키다

은나라 주왕이 황음荒淫, 함부로 음탕한 짓을 함에 빠지고 어지러워지자 많은 제후들이 배반을 하고 서백에게 귀의하였다. 왕자 비간比干이 간했으나 듣지 않았다. 당시 상용商容이라는 인물은 매우 현명하여 백성들이 그를 사랑했지만 주왕은 그를 기용하지 않았다.

이윽고 서백이 기국饑國을 멸하자 대신 조이祖伊가 급히 달려와 고하였다.

"대왕께서 음란하고 포악함으로써 스스로 하늘과의 관계를 끊어버리신 것이고, 때문에 하늘이 우리를 버리신 것입니다. 이제 대왕께서는 어찌하시겠습니까?"

그러나 주왕은 이를 받아들이지 않았다.

"내가 태어나 왕으로 된 것은 천명이 있어서가 아닌가!"

조이는 깊이 탄식하였다.

"주왕에게는 간하지 못하겠구나!"

그 뒤 무왕은 군사를 이끌고 맹진에 이르자 약속을 하지 않았지만 스스로 모여든 제후들이 팔백 명이나 되었다. 제후들은 "주왕을 능히 토벌할 수 있습니다."라고 하였다. 그러나 무왕은 "그대들은 아직 천명을 알지 못하고 있소!"라고 말하며 되돌아갔다.

2년이 다시 흘러 주왕은 왕자 비간을 죽이고 충신 기자를 가두었다. 그러자 은나라의 태사와 소사가 은나라의 제기祭器와 악기樂器를 품에 안고 주나라로 도망을 갔다. 그러자 무왕은 제후들에게 "은나라는 무거운 죄를 지었다. 이제 정벌하지 않으면 안 된다."라고 선포하였고, 단 한 번의 전쟁으로 주왕을 멸하였다.

춘추시대 제 환공은 관중, 포숙, 습붕隰朋, 고혜高傒를 얻었다. "나라의 정치를 함께 정돈하고, 다섯 가구를 기초로 하는 군제軍制를 시행했으며, 화폐를 주조하고 어로漁撈, 제염製鹽의 세수 제도를 확립하며, 가난한 자들을 구제하고 현능한 선비를 기용하고 우대하니, 제나라의 사람들은 모두 기뻐하였다." 환공은 천하의 패자가 되었다. "제 환공이 천하의 패자가 되어 제후들과 여러 차례 회맹하고 천하를 바로잡았으니, 이는 모두 관중의 지모智謀에 의한 것이었다관안열전管晏列傳."

전국시대 연 소왕은 악의를 장군으로 삼아 제나라를 공격하여 파죽지세로 제나라의 70여 개 성을 함락시켰다. 그 뒤 연나라 혜왕은 악의를 몰아냈고, 제나라의 전단은 화우기계火牛奇計, 천여 마리 소의 꼬리에 불을 붙이자 성난 소들이 마구 내달렸고, 연나라의 병사들은 혼비백산하여 달려드는 소떼에 죽거나 크게 다쳤다고 한다를 써서 연나라 군사를 공격함으로써 제나라의 사직을 보존시켰다.

진나라의 부강이야말로 인재로써 나라를 흥하게 만들었던 전형적인 사례다.

사마천은 전국시대 시기에 총 21개의 열전을 기술하였는데, 진나라 인물이 그중 아홉 명을 점하고 있다. '상군열전', '장의열전', '저리자감무열전', '양후열전', '백기왕전열전', '범저채택열전', '여불위열전', '이사열전', '몽염열전' 등 아홉 개의 열전 모두 진나라를 흥하게 만든 현재賢才에 대한 기술이다.

우선 진나라 효공은 상앙을 기용하여 백성을 부유하게 하고 국가를 부강하게 만들었으며, 진나라 혜왕은 장의를 등용함으로써 연횡책을 완성하였고, 진 소왕은 백기를 임용하여 장평에서 대승을 거두었다. 그리고 범저는 원교근공책으로써 남쪽으로 초나라를 깨뜨리고 북쪽으로는 삼진을 압박했으며, 또 동쪽으로 제나라를 격파하였다. 진시황은 이사, 왕전, 몽염이라는 뛰어난 인재들을 기용하고 그 보좌를 받아 마침내 천하를 통일시킬 수 있었다.

이와 반대로 초나라는 충신 굴원을 추방시킨 뒤 영토가 갈수록 좁아졌고, 위나라는 명신名臣 신릉군을 기용하지 않았으며, 조나라는 명장 이목을 스스로 죽인 까닭에 결국 나라의 멸망을 초래하였다. 소진이 육국의 재상으로 있을 때 진나라는 무려 15년 동안이나 감히 함곡관을 넘어가지 못했다.

인재를 모아 천하통일의 토대를 닦은 진나라 목공

다섯 마리 양과 바꿔 온 오고대부伍羖大夫 백리해

우虞나라가 멸망하고 대부大夫 백리해百里奚는 도망을 쳤으나 초나라 사람에게 붙잡히고 말았다.

　진나라 목공은 전부터 백리해라는 인물이 현명하다는 소문을 전해 들어 알고 있었고, 큰돈을 써서라도 그를 찾으려 했다. 그는 초나라 사람이 백리해를 내어주지 않을까 걱정한 나머지 사람을 파견해 초나라 측에 제의했다.

　"나의 하인 백리해가 지금 초나라에 있는데, 다섯 마리의 검은 양가죽과 그를 바꾸고 싶은데 어떻소?"

　그러자 초나라 사람은 이를 승낙하고 백리해를 돌려보내 주었다. 그때부터 검은 양 다섯 마리와 교환해서 그를 차지했기 때문에 진나라에서는 백리해를 오고대부라고 부르게 되었다. 백리해는 그때 이미 일흔 살이 넘었다.

진나라 목공은 직접 그를 석방하고 그와 함께 국사國事를 논의했다. 그러나 백리해는 극구 사양했다.

"저는 망국亡國의 신하로서 어찌 당신께 주제넘게 자문을 할 수 있겠습니까?"

"우리나라가 망한 것은 군주가 그대의 의견에 따르지 않았기 때문이오. 그대의 책임은 아니오."

목공은 끝내 마다하는 그를 끈덕지게 사흘 동안이나 설득했다. 점점 목공의 사람됨과 능력에 빠지게 된 백리해는 국정을 맡겨야겠다는 생각이 확고해졌다.

백리해는 그래도 자기 대신 다른 사람을 천거했다.

"정 그러하시다면 저의 친구 중에 건숙蹇叔이라는 사람이 있습니다. 그는 현능하지만 아직 세상에 알려지지 않았습니다. 제가 옛날에 제나라에 갔을 때 저는 매우 궁핍하여 길거리에서 걸식하고 있었지만 건숙은 저를 거둬 먹였습니다. 저는 원래 제나라 무지를 위해 일을 하려 했지만 그가 제지했습니다. 그 덕분에 저는 제나라의 내란에 휘말려들지 않고 주나라로 도망칠 수 있었습니다.

주나라 공자公子가 소를 좋아했으므로 저는 목축술을 활용해 관직을 얻으려 했는데, 뒷날 공자 적穨이 저를 등용하려 할 때 건숙이 또다시 반대했습니다. 저는 떠났고, 그로 인해 퇴와 함께 살해되지 않았습니다. 우나라에서 관리로 일할 때도 그는 말렸습니다. 저는 비록 우나라 군주가 저를 중용하지 못할 것이라는 사실을 알고 있었지만 개인의 이익과 벼슬의 유혹을 뿌리치지 못하고 우나라에 머물렀던 것입니다.

두 번까지는 그의 의견을 따랐기 때문에 화를 면했습니다만, 마지막에 가서 그의 의견을 따르지 않은 탓으로 지금 이렇듯 수모를 겪는 것이옵니다. 그러므로 저는 건숙이 매우 현능하다고 생각합니다."

목공은 당장 사자를 보내 후한 선물을 주면서 건숙을 불러들여 상대부上大夫에 임명했다. 목공은 또 융나라의 현자인 유여에게 지극한 공을 들여 그를 얻었고, 그의 계책에 따라 융나라를 정복했다. 목공이 이렇게 현명한 인재를 널리 구했기 때문에 변두리 야만국에 지나지 않았던 진나라는 일약 중원을 호령하는 강대국의 반열에 올라설 수 있었다.

그릇의 차이

천하통일을 이룬 뒤 한고조 유방은 자주 한신과 여러 장수의 능력에 대해 평가하곤 했다.

하루는 고조가 한신에게 이렇게 물었다.

"나 같은 사람은 어느 정도의 군사를 거느릴 능력이 있다고 보는가?"

한신이 대답했다.

"십만 정도까지는 되겠습니다."

고조가 다시 물었다.

"그렇다면 그대는 어떤가?"

한신이 대답했다.

"저는 많으면 많을수록 좋습니다다다익선多多益善이라는 말은 이로부터 유래되었다."

그러자 고조는 웃으며 물었다.

"많으면 많을수록 좋다고? 그런데 그러한 그대가 어찌 나에게 사로잡혔는가?"

이에 한신이 대답했다.

"폐하께서는 병사의 장군이 되실 수는 없지만 장군의 우두머리가 되실 능력이 계십니다. 제가 붙잡힌 것은 바로 그 때문입니다. 더욱이 폐하의 권력은 하늘이 준 것이기 때문에 사람의 힘으로는 어찌할 수 없습니다."

많은 병사를 다스릴 줄 아는 능력과 장군을 다스릴 능력이 서로 다른 것이다. 이것이 바로 그릇의 차이다.

권위를
활용하라

한고조 유방은 태자를 폐하고 대신 당시 고조의 사랑을 독차지하던 애첩 척부인戚夫人의 아들 조왕趙王 여의如意를 태자로 삼으려 했다. 하지만 많은 대신이 모두 나서 말렸기 때문에 최후의 결정을 내리지 못했다. 그러자 황후인 여후는 크게 놀라 어떻게 해야 할지 알지 못했다. 어떤 사람이 여후에게 "장량은 계책을 세우는 데 가장 뛰어나고 황제께서는 그를 신뢰하고 중용합니다."라고 고했다.

여후는 곧 사람을 장량에게 보내 강요하면서 질책했다.

"그대는 황제의 모신謀臣으로서 지금 황제께서 태자를 바꾸려는 데도 오직 베개를 높이 하고 누워만 있으면서 모르는 척 할 수 있단 말이오?"

그러자 장량이 반문했다.

"당초 황제께서 여러 차례 곤란하고 위급한 상황에서 요행히도 저의 계책을 채용하셨습니다. 이제 천하가 안정되어 편애하는 연고로 태자를 바꾸려고 하시는데, 이는 곧 골육 간의 일이므로 우리들 신하 백여 명 모두 아무런 소용이 없는데, 더구나 저 혼자 어떻게 할 수 있겠습니까?"

그러나 여택은 막무가내로 강요했다.

"어찌 되었든 나를 위해서 계책을 내어 보시오!"

장량이 대답했다.

"이 일은 입으로 말한다고 해서 이뤄질 수 없습니다. 천하에 네 사람이 있는데 황상조차도 그들을 불러올 수 없습니다. 이 네 분은 매우 연로한데, 모두 황제께서 사람을 무시하고 모욕하기 때문에 깊은 산속으로 도망쳐 숨어 살면서 절조를 지켜 한나라의 신하 노릇을 하지 않고 있습니다. 그러나 황제께서는 이 네 사람을 매우 존중합니다. 지금 공公께서 정말로 금옥金玉과 비단을 아까워하시지 않는다면, 태자께 한 통의 편지를 쓰게 하되 그 언사를 공손하고 예의바르게 하면서 또 안락한 수레를 준비하고 말 잘하는 변사辯士를 파견해 성심성의껏 간청한다면 그들은 올 것입니다. 그들이 오면 상빈上賓으로 대접해 그들로 하여금 늘 태자와 함께 조정에 들어가 일부러 황제로 하여금 그들을 보도록 합니다. 황제께서는 반드시 기이하게 느끼시고 그들에게 물으실 것입니다. 황제께서는 이 네 사람의 현능함을 알고 있으므로 태자에게 커다란 도움이 될 것입니다."

이리하여 여후는 사람을 시켜 태자의 친필 서신을 받들고 가서 가장 공손하고 예의 바른 언사와 가장 귀한 선물로써 이 네 명의 노인을 영접하도록 했다. 그 후 고조의 병은 더욱 심해졌다. 그러자 더욱 빨리 태자를 바꾸려고 했다. 장량이 말렸지만 황제가 받아들이지 않자 장량은 병을 칭하고 물러가 나오지 않았다.

어느 날 황제가 궁중에서 연회를 열었을 때 태자가 황제를 모시게 되었다. 네 노인이 태자를 수행했는데 나이는 모두 여든 살 이상이었고 수염과 눈썹은 희었으며 의관은 매우 기이했다. 황제가 기이하게 여겨 "저 사람들은 누구인가?"라고 물었다. 그러자 네 사람은 각기 동원공東園公, 각리선생角里先生, 기리계綺里季, 하황공夏黃公이라고 자기의 이름을 밝혔다이들을 당시 상산사호商山四皓라고 지칭했다. 황제가 깜짝 놀라며 물었다.

"내가 그대들을 찾은 것이 이미 몇 년이나 되었는데 그대들은 한사코 나를 피해 숨더니, 오늘 그대들은 어찌하여 태자와 교왕하고 있는가?"

이에 네 사람은 모두 한입처럼 대답했다.

"폐하께서는 선비를 가벼이 대하시고 욕을 잘 하시므로 우리는 의義를 지키고 모욕을 당하고 싶지 않았으므로 다만 숨을 수밖에 없었습니다. 그런데 신 등은 태자의 사람됨이 인자하고 또 효순하며 겸손하고 선비를 공경하여, 천하에 목을 빼고 기회를 기다리면서 태자를 위해서 희생하지 않는 사람이 없다고 들었기 때문에 이렇게 오게 된 것입니다."

이에 황제는 말했다.

"내가 그대들을 번거롭게 했소. 번거로우시겠지만 그대들께서 처음부터 끝까지 아무쪼록 태자에게 잘 협력해 주시기를 바라오."

네 사람은 술을 올리며 황제에게 축하의 뜻을 표하고 예의를 갖춘 뒤 곧 물러가 떠났다. 황상은 네 사람이 떠나는 것을 줄곧 지켜보면서 한편으로 척부인을 불러 그 네 사람을 가리키며 말했다.

"내가 태자를 바꾸려 했소. 그러나 저 네 사람이 태자를 보좌하여 이미 날개가 자라나서 바꾸기가 어려울 듯하오. 여황후는 정말 내일의 그대의 주인이오!"

장량은 유방이 평소 네 노인을 매우 존중하고 있음을 알고 네 노인의 권위를 적절하게 이용해 뜻을 이루었다.

부하의 충성을
얻으려면

전국시대 유명한 전략가이자 명장인 오기는 언제나 가장 낮은 병사와 똑같은 옷을 입고 똑같은 음식을 먹었다. 잘 때도 자리를 깔지 않았으며 행군할 때도 마차에 타지 않았다. 그리고 자기의 식량은 자기가 직접 가지고 다녔다. 그는 항상 병사와 함께 있었으며 고락을 같이 했다.

어느 날 병사 한 명이 종기가 나서 괴로워하자, 오기가 종기의 고름을 손수 입으로 빨아내었다. 이것을 안 병사의 어머니는 슬프게 통곡해마지 않았다. 어떤 사람이 괴이하게 생각해 물었다.

"당신의 아들은 일개 병사에 지나지 않는데 장군이 직접 고름을 빨아주셨습니다. 그런데 어찌 우는 것입니까?"

이 말에 어머니가 한숨을 쉬며 대답했다.

"바로 작년에 오기 장군께서 그 애 아버지의 종기 고름을 빨아주셨습니다. 그 후 그이는 전쟁에 나갔습니다. 그이는 오기 장군의 은혜에 보답하기 위해 끝까지 적에게 등을 보이지 않고 싸우다 돌아가셨습니다. 그런데 이번에 제 아들의 종기를 빨아주셨습니다. 이제 저 애의 운명은 빤한 것입니다. 그래서 이렇게 슬피 우는 것입니다."

부하에게 몸을 굽혀 지극한 정성과 자애를 베풀었기에 부하를 내 사람으로 만들 수 있었다. 이러한 예는 맹상군에게서도 찾아볼 수 있다.

베풀면 반드시
보답이 있다

맹상군의 식객 중에 맹상군의 애첩과 몰래 정을 통하던 자가 있었다. 그 사실을 아는 식객 한 사람이 맹상군에게 고해바쳤다.

"식객의 신분으로 주인의 여자와 관계하다니 세상에 이럴 수가 있습니까? 어서 없애 버리십시오."

그 말을 듣고 있던 맹상군은 웃으면서 말했다.

"괜찮소. 남자란 원래 아름다운 미인에게 빠지게 되어 있지 않소? 그냥 눈감아 주오."

며칠 후 맹상군은 자기 애첩과 정을 통한 식객을 불렀다.

"내가 이제껏 이렇다 할 벼슬자리도 주지 못해 대단히 미안하오. 그런데 웬만한 벼슬은 그대가 만족해 할 것 같지 않소이다. 내가 위나라 왕과 친밀한 사이인데 여비를 마련해 줄 터이니 위나라 왕에게 찾아가 벼슬할 생각은 없소? 내가 손을 써 주리다."

그리하여 그 식객은 위나라에 찾아가 높은 벼슬을 하게 되었다.

그 후 위나라와 제나라의 관계가 악화되어 위나라가 제나라를 공격하려 했다. 이때 그 식객이 위나라 왕에게 말했다. "전하, 제가 오늘날 전하를 모실 수 있었던 것은 오직 맹상군께서 보잘것없는 저를 추천해 주었기 때문입니다. 위나라와 제나라는 원래부터 자자손손 끝까지 서로 창을 마주하는 일이 없을 것이라고 맹세한 형제 나라입니다. 어찌 제나라를 공격하여 선왕先王의 맹세를 깨고 또 맹상군과의 신뢰에 금이 가게 하십니까? 바라옵건대 제나라 공격을 하지 마십시오. 만약 강행하시려 한다면, 저는 이 자리에서 목숨을 끊고 피를 뿌리겠나이다."

이 말을 듣고 위나라 왕은 제나라 공격을 단념했다. 이 소식에 제나라 사람은 크게 기뻐하며 맹상군의 지혜와 사람됨을 칭송했다.

맹상군이 제나라 재상이 되자 그의 사인舍人 위자魏子가 세금을 징수하는 일을 담당했다. 세금을 징수하기 위해 세 차례나 다녀왔지만 한 푼의 돈도 가져오지 않았다. 맹상군이 까닭을 물으니 그가 대답했다.

"어떤 현명한 분이 계시기에 그에게 빌려주었습니다. 그래서 세금을 가져오지 못했습니다."

이에 맹상군은 크게 화를 내면서 그를 면직시켰다.

몇 년이 흐른 뒤 어떤 사람이 제나라 민왕에게 맹상군을 비방했다.

"맹상군이 반란을 꿈꾼다고 하옵니다."

때마침 전갑田甲이라는 자가 반란을 일으키자 민왕은 맹상군의 조종 하에 일어나지 않은지 의심했다. 맹상군은 피신할 수밖에 없었다. 이때 전에 위자가 세금을 빌려주었던 그 현명한 자가 이 소문을 듣고 민왕에게 글을 올렸다.

"맹상군께서는 결코 반란을 일으킬 분이 아닙니다. 제 목숨을 걸고 맹세하겠습니다."

그리고는 궁궐 문 앞에서 스스로 자기의 목을 찌르고 죽었다. 민왕이 크게 놀라 사실을 조사해보니 과연 맹상군이 반란을 꾸민 흔적은 전혀 없었다. 그래서 맹상군을 다시 불렀다. 하지만 맹상군은 병을 핑계로 벼슬을 내놓고 고향 땅으로 돌아가겠다고 청하자 민왕은 이를 허락했다.

난세에는 용사가 필요하다
그러나 수성守城에는
학자가 중요하다

한나라 유방이 천하를 아직 손에 넣지 않았을 때, 숙손통叔孫通은 제자 백여 명을 데리고 유방 진영에 투항했다.

숙손통은 한왕 앞에서 어느 제자도 추천한 적이 없었다. 그 대신 도적질을 했던 자나 장사壯士만 자꾸 추천했다. 이에 제자가 불평불만을 터뜨렸다.

"저희는 선생님께 여러 해 가르침을 받아왔습니다. 당연히 저희의 앞길을 열어주셔야 하지 않겠습니까? 그런데도 선생님께서는 건달, 깡패만 계속 추천하고 계시니 정말 그 이유를 모르겠습니다."

그러자 숙손통이 자세를 고쳐 앉으며 대답했다.

"지금 대왕께서는 싸움터를 전전하며 화살과 돌이 날아다니는 것을 무릅쓰고 적과 천하를 놓고 쟁탈하고 계신다. 너희들 유생이 도대체 전쟁터에 나아가 싸울 수 있다는 말이냐? 그래서 지금 나는 우선 적진으로 뛰어들어 적장을 베고 깃발을 빼앗을 수 있는 사람을 추천하는 것이다. 너희는 좀 기다리도록 해라. 반드시 기회가 올 것이다."

시간이 갈수록 숙손통은 용사를 추천한 공로로 벼슬이 높아졌다.

천하가 통일된 뒤, 숙손통은 관련 예의와 호칭 등의 제도를 제정하도록 명령받았다. 고조는 진나라의 번거롭고 가혹한 예법 제도를 모두 없애버리고 대폭 간소화했다. 의식과 규율이 간소화되자 신하는 제 멋대로 술을 마시고 서로 공적을 다투었으며, 싸움을 벌이고, 심지어 칼을 빼어 들고 궁궐 기둥을 치는 자도 있었다.

이러한 상황에 대해 고조는 골치를 아파했다. 숙손통은 고조가 이러한 무례한 행동을 갈수록 싫어한다는 점을 알고 고조에게 아뢰었.

"유생이란 폐하와 함께 진공해 탈취하는 데에는 별 소용이 없지만, 이미 취득한 성과를 지키는 데에는 상당히 쓸모가 있습니다. 바라옵건대 학식이 높은 노나라 학자를 초청해 제 제자와 함께 조회朝會의 의식을 제정했으면 합니다."

이에 고조가 물었다.

"괜찮은 생각인데, 너무 어려운 일 아니오?"

숙손통이 대답했다.

"삼왕오제의 예악禮樂 제도는 서로 상이합니다. 이른바 의식이란 시대와 풍속에 따라서 간소화할 수도 있고 더해질 수도 있습니다. 3대의 의식이 각각 이전의 의식을 따르면서 간소화하거나 더했다는 것은 그것들이 서로 같지 않다는 점을 말해 주고 있습니다. 저는 예로부터 전해온 의식에 진나라의 의식을 종합해 새로운 조회 의식을 만들었으면 합니다."라고 대답했다.

이에 고조는 말했다.

"시험 삼아 만들어 보시오. 사람이 이해하기 쉽게 하고, 내가 실행할 수 있도록 염두에 두고 만드시오."

그 뒤 숙손통은 노나라에 가서 서른 명의 학자를 초청했다. 하지만 두 사람은 거절하면서 숙손통을 비난했다.

"당신은 열 명에 가까운 주군을 섬기면서, 모두 눈앞에서 아부하여 가깝게 되고 존귀한 지위를 얻었소. 지금 천하가 막 평정되었지만, 아직 전사자의 장례도 끝나지 않았고 부상자는 완치되지 못했소. 이런 상황에서 어떻게 예악禮樂을 찾을 수 있다는 말이오? 본래 예악이라는 것은 황제가 백 년 이상 인정仁政을 베풀고 덕을 쌓아야 비로소 일어나는 법이오. 그러니 당신이 하는 일에 찬성할 수 없소. 당신이 하고자 하는 일은 옛날의 법에 맞지 않는 일이오. 우리는 가지 않을 것이오. 그냥 돌아가시오. 우리를 욕되게 하지 마시오."

그러자 숙손통은 웃으며 말했다.

"당신은 정말 고루한 유생이오. 세상의 변화를 한 치도 알지 못하오."

숙손통은 노나라 학자 서른 명을 대동하고 궁궐로 돌아왔다. 그들과 황제 주변의 학식 있는 시종, 숙손통의 제자 백여 명과 함께 야외에서 구역을 정하고 존귀 순위를 표시하는 표지물을 설치해 조회 예의를 연습하기 시작했다. 이렇게 한 달여 연습한 뒤 숙손통은 고조에게 "폐하께서 한번 보십시오."라고 청했다.

고조는 의식 절차를 보고 난 뒤 말했다.

"잘 만들었소. 이 정도는 내가 할 수 있겠소."

이리하여 군신 모두 이 예의를 배우도록 명령이 내렸다. 그 뒤 장락궁이 준공되자 만조백관이 그 의식에 따라 입조했다. 뜰 가운데에는 경비병이 무기를 갖추고 줄을 지어 서 있고, 궁전 밑에는 계단마다 수백 명의 호위 군사가 늘어서 있었다. 공신, 제후, 장군이 서열에 따라 서쪽에 줄을 지었으며, 문관은 승상 이하 서열대로 동쪽에 줄을 지어 섰다. 황제가 탄 수레가 나오자, 백관들이 깃발을 흔들어 환영했다. 황제가 자리에 앉자 육백 명이 넘는 고관이 차례로 어전에 나가 축하했는데 모두 엄숙한 표정이었다. 하례가 끝나자 모든 사람이 다시 엎드려 머리를 조아렸고, 서열에 따라 일어나며 축배의 술잔을 올렸다. 의식이 끝나고 다시 주연이 베풀어졌으나 시끄럽게 하는 자는 한 명도 없었다.

"오늘에야 비로소 황제의 자리가 고귀함을 알았노라!"

고조는 숙손통을 종묘의식을 관장하는 태상太常에 임명하고 황금 오백 근을 하사했다. 이 기회를 놓칠세라 숙손통이 말했다.

"저의 제자는 오랫동안 저를 따르며 함께 의식을 만들었습니다. 바라옵건대 그들에게도 관직을 내려 주십시오."

고조는 즉시 그들을 모두 시종에 임명했다. 숙손통은 궁궐에서 나오자 하사받은 황금 오백 근을 제자들에게 나누어 주었다. 그러자 제자들은 감동하며 이렇게 말했다.

"선생님은 참으로 성인이시다. 세상사를 한눈에 꿰뚫어 보신다."

말 위에서 천하를 얻었지만, 말 위에서 천하를 다스릴 수는 없다

나라를 다스리는 통치자의 입장도 상황에 따라 달라진다.

천하 패권의 향방을 놓고 전쟁을 벌일 때의 인재 등용 방법과, 천하를 손에 넣은 다음 인재 등용의 방법은 서로 달라야 한다는 것이다.

한나라 신하 육가가 황제 고조 앞에서 늘 《시경》과 《서경》을 인용하면서 말하자 고조가 육가를 비난했다.

"이 몸의 천하는 전마戰馬 위에서 얻어낸 것이다. 무슨 《시경》이나 《서경》 따위가 필요하겠는가!"

그러자 육가가 대답했다.

"전마 위에서 천하를 얻으셨지만 전마 위에서 천하를 다스릴 수 있겠습니까? 은나라 탕왕과 주나라 무왕은 반란을 일으켜서 천하를 얻었지만 도리어 민심에 순응한 회유 정책으로 천하를 지켰습니다. 문무를 병용해 백성을 다스리는 것이 국가를 오랫동안 안정시키는 방법입니다. 반면에 오 왕 부차와 지백智伯은 모두 극단으로 무력만을 믿다가 결국 멸망했습니다. 진나라는 줄곧 형법으로 나라를 다스려 마침내 멸망하고 말았습니다. 만약 진나라가 천하를 통일한 뒤 옛 성인과 선왕을 본받고 인의仁義를 시행할 수 있었다면 반드시 오래토록 평안했을 것이고, 어찌 폐하께서 천하를 얻을 기회가 있었겠습니까?"

고조는 그제야 고개를 끄덕였다.

"말 위에서 천하를 얻는다."라는 무력으로 정권을 쟁취한다는 뜻으로서 이로부터 이른바 '마상馬上 체제'라는 말이 생겨났다.

'마상 체제'란 무력 수단에 의존해 군사체제와 그와 관련된 정치문화를 시행한다는 의미다. 마상 체제는 진나라 상앙에 의해 최초로 시행되었는데, 상앙의 변법 이래 진나라는 국가 전체가 군국주의 전쟁체제로 진입했다. 특히 상앙의 '20급작제級爵制'는 주나라 이후 유지되었던 봉건 군자소인君子小人의 체제를 해체하고 오직 전쟁에서의 공적에 의해 신분이 결정되는 체제가 됨에 따라 고도의 군사화가 진행되었다.

태산은 한 줌의 흙도 버지리 않는다

진나라가 통일을 이루지 못했을 때 한나라 사람 정국鄭國이 진나라를 교란시킬 목적으로 대규모 관개수로 공사를 꾸미다가 그 음모가 발각되었다. 정국이 만들던 관개수로는 자그마치 삼백 리에 이르는 대규모 공사로써 진나라의 인력과 비용을 탕진시켜 국력을 약화시키려는 한나라의 계략이었다. 이를 계기로 진나라 종실 대신이 모두 왕에게 고했다.

"타국에서 온 자는 진나라를 섬기는 척하지만 실은 군주와 신하 사이를 이간하려는 첩자가 대다수입니다. 모두 추방시켜야 합니다."

그리하여 타국인에 대한 이른바 축객령逐客令이 내려졌고, 추방 대상자 중에는 이사도 포함되어 파면되었다. 이사는 다음과 같이 상서했다.

지금 관리가 타국인의 추방을 주장하고 있습니다만 이는 분명히 잘못된 일입니다. 옛날 목공은 인재를 구하면서 완 지방의 백리해를 비롯해 융족의 유여, 송나라의 건숙, 진晉나라의 비표와 공손지를 등용했습니다. 이 다섯 사람은 진나라에서 태어나지 않았지만 목공은 그들을 중용해 서융을 제압할 수 있었습니다.

효공은 상앙의 법을 채택해 나라의 질서를 잡았기 때문에 백성은 부유해지고 국가는 부강해졌습니다. 그로 인해 제후를 속속 복속했고 초나라와 위나라를 격파하여 천 리의 영토를 넓혔기 때문에 오늘날까지 진나라가 융성함을 자랑할 수 있었던 것입니다. 그리고 혜왕은 장의의 계책에 따라 삼천三川의 땅을 빼앗고 파촉을 병합했으며 북으로 상군을 취하고 남으로는 한중을 취했습니다.

그뿐만 아니라 초나라의 언과 영을 점령하고 동쪽으로는 비옥한 성고의 땅을 빼앗았으며 육국의 합종을 깨뜨리는 진나라를 섬기도록 하여 그 공적이 오늘에 이릅니다. 한편 소왕은 범저를 얻어 양후를 내쫓고 왕실의 권위를 높여 결국 주나라를 멸망시키고 진나라의 제업帝業을 이루도록 했습니다. 이 네 분의 군주는 모두 타국인을 객경客卿으로 중용해 성공을 거뒀습니다. 만일 네 분의 군주가 타국인을 배척하여 등용하지 않고 인재를 멀리 했다면 진나라의 강대함은 결코 이뤄지지 못했을 것입니다.

반드시 진나라에서 나는 것이어야 한다면 정나라와 위나라의 여자를 후궁으로 둘 수 없고 아름답고 그윽한 조나라의 여자도 폐하 곁에 두실 수 없습니다. 이렇게 인물이 좋고 나쁨을 가리지 않고 진나라 사람이 아니면 물리치고 타국인은 무조건 추방하시려 합니다만 그렇다면 결국 여색과 주옥은 다른 나라의 것을 받아들이면서도 인재만은 예외로 취급하는 것이 됩니다.

'땅이 넓으면 곡식이 많이 나고, 나라가 크면 백성이 많으며, 군대가 강하면 병사가 용감하다.'라는 말이 있습니다. 태산은 한줌의 흙도 버리지 않기 때문에 그렇게 클 수 있었던 것이고 태산불양토양 고능성기대 泰山不讓土壤 故能成其大, 황하는 아무리 작은 시냇물이라도 마다하지 않았기 때문에 그렇게 깊을 수 있는 것입니다.

지금 진나라가 타국인을 무조건 추방시키는 것은 천하의 인재를 다른 나라로 가게 만들어 적을 이롭게 할 뿐입니다. '적에게 무기를 빌려주고, 도둑에게 식량을 대준다.'라는 말은 바로 이런 경우를 두고 하는 말입니다. 진실로 진나라에서 나지 않는 물건도 소중한 것이 많으며, 진나라에서 태어나지 않았으나 진나라에 충성하려는 사람도 많습니다.

지금 타국인을 추방하려는 것은 적국을 이롭게 하고 원수를 도우는 격이며, 이는 안으로는 스스로 인재를 버리고 밖으로는 제후의 원한을 사는 행위가 아닐 수 없습니다. 이렇게 되면 아무리 나라가 부강과 발전을 원해도 결코 이뤄질 수 없는 것입니다.

이 글에 감명 받은 왕은 축객령을 취소하고 이사도 복직시켰다. 그의 계책은 다시 중용되었으며 벼슬도 높아져 정위廷尉로 올라갔다.

사실 진나라가 천하통일을 성취한 이유로는 천하의 인재를 끌어들였던 공이 컸다. 상앙을 비롯해 장의, 범저, 이사, 여불위 등 진나라를 이끌었던 중신重臣 대다수가 외국에서 온 이른바 '외인부대'였던 점은 이러한 사실을 입증해 주고 있다.

진나라는 상앙의 변법에 의해 국가의 군사주의로의 전환이 이뤄져

다른 나라의 군사력을 압도할 수 있었다. 장의의 연횡책으로 육국 합종책을 분쇄하고 그 여섯 나라를 각개 격파하여 영토를 확장해 갔으며, 범저의 원교근공책은 진나라의 우세를 확고하게 정착시킨 전략이 되었다. 더불어 이사의 법가 사상과 적국에 대한 이간과 약화 공작은 진나라의 천하통일을 앞당기는 중요한 정책이었다.

유재시거惟才是擧,
재능이 있으면 기용한다

한나라 무제武帝는 중국 역사상 '진황한무秦皇漢武'라 칭해진 불세출의 두 황제 중 한 사람이다.

'진황한무秦皇漢武'란 과감하고도 강력한 정책을 펼쳐 후세에 탁월한 업적을 남긴 한 무제와 중국 최초로 통일국가를 이룩했던 진시황을 지칭한다.

'웅재대략雄才大略'의 한 무제는 특히 인재 등용에서 탁월했다.

그는 무엇보다 능력을 중시했다. 재상 공손홍은 원래 돼지를 치는 천한 사람에 지나지 않았고, 어사대부 복식은 양치기 출신이었으며, 상홍양은 장사치 출신이었다. 어사대부 아관, 엄조, 주매신 등도 모두 빈한한 평민 출신이었고, 어사대부 장탕, 두주, 정위 조우는 아전에서 선발되었다. 또 흉노 토벌의 명장 위청은 노예 출신이었고, 황후 위자부衛子夫 역시 노비 출신이었다. 한 무제는 흉노족과 월족越族 출신의 장군도 발탁했다. 예를 들어 진미디金日磾는 궁중에서 말을 기르던 흉노 포로 출신의 노예였지만 한 무제는 죽기 전에 이 진미디와 함께 곽광, 상관걸 등 세 사람에게 자신의 제위를 이을 어린 황제를 잘 부탁한다고 유언을 남겼을 정도였다.

이들의 출신은 모두 비천했지만 이들의 능력을 발견하고 능력 발휘의 기회를 제공한 사람은 다름 아닌 한 무제였다. 그의 인재 기용 원칙은 재능이 있는 사람은 기용한다는 '유재시거'였다. 한 무제 시기를 가히 '인재경제人才經濟'의 시기라고 칭할 만했다.

한 무제는 각급 관청에 명을 내려 현량방정賢良方正, 어질고 착하며 방정함하고 직언과 간언을 잘 하는 선비를 추천하는 '찰선察選' 제도를 시행했는데, 동중서와 공손홍은 이러한 '현량賢良' 시험을 거쳐 중용되었다. 또한 한 무제는 '공거상서公車上書'라는 제도를 시행했다. 관리와 일반 백성을 막론하고 직접 황제에게 국사에 관한 제안을 건의하게 하여 좋은 의견을 낸 자는 특별 관직을 주도록 했다. 동방삭과 주보언, 주매신은 이러한 경로를 통해 중신이 될 수 있었다.

반고班固는 《한서》에서 이를 칭송해 "한나라의 인재를 얻는 것이, 여기에서 가장 성하였도다!"라고 기록했다.

치국의 근본은 오직 인재를 얻는 데 있다

당 태종은 즉위 후 "치국의 근본은 오직 인재를 얻는 데 있다."라고 말하면서 "국가의 요체는 현자를 임용하고 불초한 자를 물리치는 것이다."라고 천명했다.

그는 '임용은 반드시 덕행과 학식을 근본으로 한다.'는 용인用人의 기준과 '사람은 모두 각자의 장점이 있다.'는 용인 원칙을 세웠다. 그는 인재를 대단히 중시했으며, 다섯 차례에 걸쳐 '구현령求賢令'을 반포해 다양한 분야의 뛰어난 인재를 자기 주위에 배치했다.

당 태종의 용인은 가문족벌, 지역, 친소관계의 제한이 없었다. 그의 대신 중에는 이세민이 당 왕조 건국 후 진왕秦王으로 봉해졌던 시기부터 수행하던 방현령, 장손무기, 두여회 등을 비롯해 농민봉기를 일으킨 서무공, 진숙보, 정교금 등이 있었고, 원래 정적政敵 이건성의 부하였던 왕규, 위징 등도 있었다. 수나라 말기의 유신遺臣이던 이정, 오세남, 봉덕이封德彛 등도 많은 업적을 남겼고, 미천한 출신의 마주馬周,

손복가, 장현소도 커다란 활약을 했다.

당 태종 수하에 가장 믿을 만한 무장이었던 울지경덕蔚遲敬德 역시 적으로부터 넘어온 인물이었다. 울지경덕은 원래 유무주劉武周의 부하로서 유무주가 당에게 패해 항복한 뒤에도 당나라를 배반하고 달아났다.

이세민 부하가 울지경덕을 체포해 막 목을 치려는 순간 이세민은 그를 풀어주도록 명령했다. 그리고 무릎을 맞대면서 말했다.
"대장부란 모름지기 의기투합하여 조그만 오해로 인해 미움만 남길 수 없소. 어떤 자는 보는 눈이 짧고 얕아 장군의 기개를 알아보지 못하오. 나는 장군에 대해 한 치의 의심도 없이 신뢰하오. 떠나든 남든 장군 편한 대로 하시오."
헤어질 때 여비도 두둑하게 주었다. 이에 울지경덕은 크게 감동해 그 자리에 꿇어앉으며 절을 했다.
"경덕은 떠나갈 뜻이 없습니다. 이렇게 후애厚愛를 받았으니 대왕을 평생 따르기로 결심했습니다. 죽어도 변치 않을 것입니다."

공을 내세우지 않다

방현령房玄齡은 책략을 내는 데 능했으며, 두여회杜如晦는 큰일을 결단할 줄 알아 '방모두단房謀杜斷'이라는 말이 생겨났다. 두 사람 모두 승상을 지냈다.

당 태종 22년, 방현령이 세상을 떠났다.

방현령은 수나라 말 당나라가 처음으로 군사를 일으킬 때부터 이세민을 도와 천하를 평정했고, 재상의 자리에 올라 죽을 때까지 모두 32년 동안 이세민을 섬겨 어진 재상이라고 칭해졌다. 하지만 방현령 자신의 사업으로서 그 자취를 찾아볼 만한 화려한 업적은 없었다.

태종이 난세의 천하를 잘 다스리는 데 방현령과 두여회의 공로는 대단히 컸지만, 그들은 자신의 공로를 결코 입 밖에 내지 않았다. 이 무렵 왕규와 위징은 곧잘 태종의 잘못을 간했으므로, 방현령과 두여회는 그 두 사람의 어짊에 양보하고 자신들은 간여하지 않았다. 이세적과 이정이 군사를 잘 쓰는 명장이었으므로 군사 방명 역시 이 두 사람의 방침을 그대로 시행했다.

천하에 태평을 가져왔지만 이를 전혀 자기의 공이라 하지 않고 모두 황제의 공으로 돌렸다. 이처럼 공을 내세우지 않았으므로 사람들은 그들의 공을 잘 알지 못했지만, 실제로는 당나라의 으뜸가는 신하로 삼을 만한 어진 신하였다.

자리가 다르면
할 일도 다르다

한나라 시대, 새로 즉위한 문제文帝는 주발 장군이 여씨 토벌에 가장 큰 공로가 있었으므로 그를 제일의 공로자로 생각했다. 진평은 그것을 알고 우승상 자리를 주발에게 양보하기로 마음먹었다. 그래서 몸이 아프다는 핑계를 대고 사직을 청원했다.

"그대는 이제까지 건강하더니 갑자기 아프다며 사임하겠다니 무슨 이유입니까?"

문제가 진평에게 물었다.

"예, 황공스러운 말씀이오나 옛날 고조 때는 저의 공적이 주발을 앞섰습니다. 그러나 여씨 토벌에는 주발을 따라가지 못합니다."

그래서 문제는 주발을 우승상에 임명하고, 진평을 좌승상으로 임명해 제2의 서열로 내려놓았다.

어느 날 문제가 주발에게 물었다.

"우승상, 재판은 전국에 몇 건쯤 있는가?"

그러자 주발의 얼굴빛이 빨갛게 달아올랐다.

"제가 미처 그것을 알지 못했습니다."

"그럼 국고는 연간 얼마나 되는가?"

"그것도 모르겠나이다. 죄송합니다."

주발은 온몸에 식은땀이 흘렀다. 그러자 문제는 진평에게 물었다. 하지만 진평의 대답은 간단했다.

"그러한 문제를 주관하는 관리가 있습니다."

"주관하는 관리는 누구인가?"

"재판은 정위가 있사오며, 국고에 대해서는 치속내사가 있사옵니다."

"각각의 업무에 주관하는 관리가 있다면, 도대체 그대가 주관하는 일은 무엇인가?"

"삼가 말씀드리옵니다. 모름지기 재상이라는 자리는 위로는 황제를 보좌하며 아래로는 모든 만물을 잘살게 할 임무가 있습니다. 또 바깥으로는 사방의 오랑캐와 제후를 다스리고, 안으로는 만민을 다스리며 뭇 관리에게 그 직책을 완수시키는 자리입니다."

문제가 그 말을 듣고는 "정말 훌륭한 답변이오."라면서 진평을 칭찬했다.

우승상 주발은 크게 부끄러워하여 조정에서 나온 후 진평에게 원망하면서 물었다.

"그대는 어찌하여 평소에 나에게 대답하기를 가르쳐주지 않았소!"

그러자 진평은 웃으며 말했다.

"그대는 승상의 자리에 있으면서도 승상의 임무를 모르시오? 만약 폐하께서 장안의 도적 수를 물으셨다면 그대는 억지로 대답하려고 하였소?"

이에 주발은 자신의 능력이 진평에 훨씬 못 미침을 알았다. 얼마가 지난 후 주발은 병을 핑계 삼아 사직을 청했고, 이로써 진평이 유일한 승상이 되었다.

이 세상에 쓸모없는 사람은 없다

 전국시대 제나라 민왕 25년, 진나라는 맹상군이 자기 나라를 방문해 줄 것을 강요해 힘이 약한 제나라는 어쩔 수 없이 그를 진나라로 보냈다. 맹상군이 진나라에 도착하자 진나라 소왕은 즉시 그를 재상으로 삼으려 했다. 그러자 한 신하가 아뢰었다.
 "맹상군은 현명한 데다 결국 제나라 사람입니다. 설사 진나라의 재상이 된다 하더라도 반드시 먼저 제나라를 생각하고 그 연후에 비로소 진나라를 생각할 것입니다. 그렇게 되면 진나라가 위험에 직면하지 않을까 걱정됩니다."
 소왕은 맹상군을 재상으로 임명하려던 계획을 취소했다. 그러고는 맹상군을 가두고 아예 죽여 후환을 없애려 했다. 맹상군은 사람을 보내 소왕의 총애를 받는 후궁을 만나 도움을 간청했다. 그 후궁은 "맹상군께서 가져온 흰여우 가죽옷을 가지고 싶은데요."라고 말했다. 맹상군은 흰여우 가죽옷을 한 벌 가지고 있었는데, 값이 천금이나 나가고 천하에 비길 데 없는 진귀한 물건이었다. 그러나 그 옷은 이미 진나라에 들어올 때 소왕에게 바친 뒤였다. 맹상군은 같이 간 식객에게 좋은 방법이 없겠느냐고 물었다. 그러나 모두 묵묵부답이었다. 그때 제일 말석末席에 앉아서 마치 개처럼 도적질을 하던 식객 하나가 말문을 열었다. "제가 그것을 가지고 오겠습니다."

그날 밤 그는 개처럼 진나라 왕궁의 창고에 몰래 들어가 맹상군이 소왕에게 바쳤던 흰여우 가죽옷을 훔쳐 가지고 나왔다. 그것을 후궁에게 바치자, 그녀는 소왕에게 맹상군을 풀어달라고 청해 마침내 소왕은 맹상군을 석방했다.

맹상군은 풀려나자마자 서둘러 떠났다. 국경을 쉽게 통과하기 위해 통행증명서도 고치고 이름도 바꾸었다. 그들은 한밤중에 함곡관에 이르렀다. 한편 진나라 소왕은 뒤늦게야 속은 것을 깨닫고 그를 찾았으나 이미 달아난 뒤였다. 소왕은 즉시 군대를 풀어 그를 뒤쫓게 했다. 맹상군은 함곡관에 도착했지만 닭이 울기 전에는 관문이 열리지 않아 나갈 수 없었다. 맹상군은 진나라 병사의 추격을 크게 걱정했다. 이때 말석末席에 있던 식객 중에 닭 울음소리鷄鳴를 잘 흉내 내는 자가 있어 그가 닭 울음소리를 내자 인근의 다른 닭들이 모두 함께 울었다. 드디어 함곡관의 관문이 활짝 열렸고, 일행은 무사히 빠져나올 수 있었다.

문이 열린 지 얼마 되지 않아 진나라의 추격병이 함곡관에 도착했지만 이미 맹상군은 떠난 뒤여서 돌아갈 수밖에 없었다. 이때 닭 울음소리鷄鳴와 개와 같이 도적질을 하는 자狗盜 때문에 맹상군이 목숨을 건진 것을 두고 후세 사람들이 '계명구도鷄鳴狗盜'라고 일컫게 되었다. 일찍이 맹상군이 닭 울음소리 흉내 내는 사람과 도적질하는 자를 식객으로 맞아 들였을 때 다른 식객은 그들과 함께 밥을 먹고 같은 자리에 앉는 것조차 커다란 수치로 생각했다. 맹상군이 진나라에 들어가 정작 어려움을 당했을 때 결국 그 두 사람이 그를 살려냈다. 모든 식객은 맹상군의 사람 보는 눈을 다시 보게 되었다.

몸을 굽혀
인재를 구하다

위나라의 공자公子 신릉군信陵君은 전국시대의 사공자四公子 중 한 사람으로서 인의仁義를 중시하고 덕德을 강조한 인물이다. 그 재능과 덕망이 맹상군, 평원군, 춘신군에 비해 훨씬 뛰어나 사마천은 모든 정력을 경주하여 그의 열전을 저술했다. 전편에 걸쳐 신릉군에 대한 사마천의 경모, 찬탄, 아쉬움의 감정이 고스란히 담겨져 있는 가작佳作이다.

《사기》의 〈위공자열전〉 중 '공자公子'라는 용어가 모두 백사십여 곳에 걸쳐 언급된다는 한 가지 사실만으로도 사마천이 얼마나 신릉군을 존중하는가를 여실히 짐작할 수 있다.

신릉군이 살던 당시 위나라에 숨어 사는 선비가 있었는데, 그의 이름은 후영侯嬴이라고 했다. 그는 나이가 일흔 살인데 집이 가난해 대량의 이문夷門을 지키는 문지기로 있었다. 공자가 그 소문을 듣고 후영을 초빙하려고 후한 재물을 보냈다. 그러나 후영은 받으려고 하지 않았다.

"몸을 닦고 행실을 깨끗이 한 지 수십 년, 성문을 지키며 가난하게 산다는 이유만으로 공자의 재물을 받을 수는 없습니다."

공자는 술자리를 베풀고 사방으로 손님을 불러 모으도록 했다. 자리가 정해지자 공자는 거마車馬를 뒤따르게 하고 왼쪽 자리를 비워둔 채 스스로 이문의 후생侯生을 맞이하러 갔다. 후생이 다 떨어진 의관을 정제하고 바로 수레에 올라 공자보다 상석에 앉으면서도 사양하지 않은 것은 공자를 관찰하고자 한 때문이었다. 공자는 말고삐를 쥐고 더욱 공손하게 대했다.

후생이 또 공자에게 청했다.

"신에게는 시장 도살장에 친구가 하나 있는데 수레를 끌고 거기를 지나갔으면 합니다."

공자가 수레를 끌고 시장으로 들어가니, 후생이 내려 그의 친구 주해朱亥를 만나 일부러 오랫동안 서서 그와 이야기하면서 곁눈질하며 가만히 공자를 관찰했다. 하지만 공자의 안색은 더욱 온화했다. 이때 공자의 집에서는 위나라의 장상, 왕족, 빈객이 가득 모여 공자가 연회를 시작하기를 기다리고 있었다. 시장 사람이 모두 공자가 말고삐를 쥐고 있는 것을 보았고, 수레를 따르던 자도 모두 속으로 후생을 욕했다.

후생은 공자의 안색이 끝까지 변하지 않는 것을 보고 비로소 친구와 이별하고 수레에 올랐다. 집에 도착하자 공자는 후생을 인도하여 상석에 앉게 하고 두루 빈객을 소개하니 빈객이 모두 놀랐다. 술자리가 무르익자 공자가 일어나 후생의 앞에서 장수를 기원하는 술잔을 올렸다.

이에 후생이 공자에게 말했다.

"저도 오늘 공자를 위해서 힘을 다한 것으로 충분하다고 생각합니다. 저는 바로 이문의 문지기인데도 공자께서 친히 수레를 끌고 오셔서 몸소 많은 사람이 앉아 있는 자리에서 저를 맞이하셨고, 원래는 저의 친구를 방문하지 않아도 되지만 오늘 공자께서는 특별히 거기까지 들르셨습니다. 그러나 저는 바로 공자의 명성을 드높이고자 일부러 오랫동안 공자의 수레를 시장 가운데 세우게 하고 친구에게 가서 공자를 관찰했는데 공자께서는 더욱 공손하셨습니다. 시장 사람은 모두 저를 소인이라고 했고, 공자를 덕행이 있으면서도 선비에게 몸을 낮추는 사람이라고 했습니다."

술자리를 마치자 마침내 후생은 위 공자의 상객上客이 되었다.

병법을 잘 안다고 해서
전쟁을 잘하는 것은 아니다

전국시대 강대국 진나라가 조나라를 공격했다.

이미 조나라 명장 조사 장군은 세상을 떠난 뒤였고, 명신名臣 인상여 역시 병세가 깊은 상태였다. 조나라는 염파를 장군으로 삼아 진나라를 막게 했는데, 염파는 처음에 잇달아 패하자 성문을 굳게 닫고 나가 싸우려 하지 않았다. 진나라 군대가 매일 싸움을 걸어왔지만 염파는 굳게 수비만 할 뿐이었다.

초조해진 진나라는 조나라에 첩자를 보내 헛소문을 퍼뜨렸다.

"진나라는 조나라의 염파에 대해서는 크게 걱정하지도 않는다. 오직 조사 장군의 아들 조괄이 장군으로 되는 것을 두려워 할 뿐이다."

조나라 왕이 이 소문을 듣고 염파를 해임하고 조괄을 장군으로 임명하려고 했다. 그러자 인상여가 말렸다.

"대왕께서 조괄의 명성만을 듣고 그를 기용하시려는 것은 마치 거문고 줄을 풀로 붙여 거문고를 연주하는 것과 똑같습니다. 조괄은 겨우 자기 아버지가 남긴 병법책을 외울 수 있을 뿐이지 임기응변에 대해서는 아무것도 모릅니다."

왕은 끝내 이 말을 듣지 않고 조괄을 장군으로 임명했다.

조괄은 어릴 적부터 병법을 공부했고, 군사를 담론해 스스로 자기가 가장 뛰어나다고 생각했다. 한번은 그와 아버지 조사가 군사 문제를 토론했는데 조사도 그를 이기지 못했다. 하지만 조사는 오히려 그가 뛰어나다고 생각하지 않았다. 조괄의 어머니가 그 이유를 묻자 조사는 이렇게 대답했다.

"전쟁이란 목숨을 거는 것이다. 그러나 조괄은 말로 너무 쉽고 간단하게 결론을 낸다. 만약 조나라가 조괄을 장군으로 삼지 않으면 그만이지만, 그렇지 않고 조괄을 장군으로 삼는다면 조나라 군대를 패망케 할 사람은 반드시 조괄일 것이다!"

조괄의 어머니는 염파 장군의 후임으로 조괄이 장군으로 출정한다는 소문을 듣자 왕에게 편지를 올렸다.

제발 제 아들을 장군으로 삼지 마옵소서. 제 남편 조사와 제 아들 조괄은 부자지간이지만 사람됨이 전혀 다릅니다. 제 남편은 음식을 나눠 먹는 친한 벗이 수십 명이며, 벗으로 사귀는 사람이 수백 명이나 되었습니다. 나라에서 받은 상금은 모두 군사에게 나눠 주었고, 전쟁에 나갈 때면 집안일을 묻지 않았습니다. 그러나 아들 괄은 장군으로 임명되자 동쪽을 향해 앉아 조회를 받고(당시 황제는 남쪽으로 앉아 신하의 알현을 받고 공후장상은 동쪽을 존귀함의 표시로 삼았다. 이 글의 의미는 장군이 되자 거만해졌다는 뜻), 나라에서 받은 상금도 혼자 차지해 땅을 사들이고 있습니다. 도저히 제 아비를 따를 수 없을 듯합니다. 그러니 대왕께서는 장군의 임무를 거두어 주시기 바랍니다.

그러나 왕은 듣지 않았다.
"이미 결정된 일이니 돌이킬 수 없소."
그러자 조괄의 어머니가 말했다.
"기어이 제 아들을 장군으로 삼으신다면 아들이 설사 임무를 다하지 못하더라도 이 어미를 책하지 마시기 바랍니다."

왕은 그 부탁을 받아들였다. 조괄은 염파 장군으로부터 군대를 인계받자마자 즉시 군대 체계를 전면 개편하고 군리軍吏를 바꾸었다. 이 소식을 들은 진나라 백기 장군은 짐짓 패주하는 척하면서 오히려 조나라 군대의 군량을 수송하는 보급로를 단절하고 조나라 군대를 두 쪽으로 분리시켰다. 이에 조나라 병사는 크게 동요했다. 식량 보급이 끊긴 지 46일째가 되자 조나라 성 안은 서로가 서로를 잡아먹는 아비규환의 지옥으로 변해 갔다. 활로를 뚫기 위해 여러 차례 탈출을 시도했으나 번번이 실패했다. 드디어 조괄이 정예 부대를 이끌고 출정하여 진나라 군대와 육박전을 전개했지만 이 또한 성공하지 못하고 급기야 조괄은 적의 화살을 맞아 죽고 말았다. 결국 조괄의 군대는 전의를 상실하고 항복할 수밖에 없었는데, 그 수는 자그마치 사십만 명을 넘었다. 장평 싸움에서 승리한 후 사십만이 넘는 포로를 바라보며 백기가 말했다.

"전에 상당을 함락시켰을 때 그 주민은 진나라 백성이 되는 것을 싫어해 조나라로 도망쳤다. 조나라의 포로도 언제 변심할지 모른다. 모두 없애지 않으면 반란을 일으킬 게 틀림없다."

그러고는 사십만 명의 포로를 모두 구덩이에 생매장하였다. 사십만 명의 포로 중 살아남은 자는 어린아이 이백사십 명뿐이었다.

   조괄처럼 이론에만 밝을 뿐 실전에 약한 것을 "종이쪽지 위에서 전쟁을 논한다."는 뜻으로 지상담병紙上談兵이라 한다.

약속을 지키지 않는 자와는
함께 일을 도모할 수 없다

한고조 유방의 천하통일을 도왔던 명장 팽월彭越은 원래 거야택巨野澤이라는 연못가에서 물고기를 잡으면서 무리와 함께 도둑질을 했다. 그 뒤 진승陳勝과 항량項梁이 봉기하자 무리가 팽월에게 권했다.

"여러 호걸이 서로 일어나 진秦나라에 반기를 드는데, 당신도 할 수 있으니 그들처럼 일어섭시다."

팽월은 사양했다.

"지금은 두 마리의 용이 한참 싸우는 때이니 조금 기다리시오."

그로부터 한 해 남짓 지나서 연못 주위의 무리가 백여 사람 정도 모여 팽월을 찾아갔다.

이들이 "이제 당신이 우리의 우두머리가 되어주시오."라고 청하자 팽월은 손사래를 치면서 "나는 그대들과 함께 하고 싶지 않소."라고 말했다. 그러나 무리가 계속 간청하자 팽월은 마지못해 허락했다.

그는 다음날 해가 돋을 때 만나기로 약속하고, 약속 시간에 늦는 사람은 참수斬首하기로 했다. 다음날 십여 명이 늦었는데, 가장 늦게 온 사람은 해가 중천에 뜰 무렵 도착했다. 이때 팽월은 단호히 말했다.

"나는 나이가 들었는데도 불구하고, 그대들이 나를 억지로 우두머리로 세웠다. 지금 약속을 해놓고도 늦게 온 사람이 많으니, 그들을 다 죽일 수는 없고 가장 뒤에 온 사람을 죽이겠다."

무리의 대장에게 명을 내려 그를 죽이라고 했다. 그러자 모두 웃으면서 "어찌 그럴 필요까지 있습니까? 다음부터는 감히 그런 일이 없을 것입니다."라고 말했다. 그러나 팽월은 한 사람을 끌어내어 목을 베고 제단을 차려 제사를 올린 다음, 그를 따르는 무리에게 명을 내렸다. 무리는 모두 깜짝 놀라 팽월을 두려워하여 감히 얼굴을 들고 바라보지 못했다.

인간 관계에 있어 가장 기본이 되고 중심이 되는 것은 바로 믿음이다.

'믿음'이라는 뜻의 '신信'은 '사람 인人'과 '말씀 언言'이 합쳐진 글자로 "사람의 언론言論은 마땅히 진실되고 성의誠意가 있어야 한다."는 의미를 지닌다.

《묵자경墨子經》에는 "신信이란, 말이 뜻에 합당한 것信, 言合汪意也"이라 했다. 《설문說文》에도 "信, 誠也."라 했다. 그런데 '신信'의 원래 고대어는 言+心 자로서 "마음의 소리"라는 의미였다.

따라서 '신信'이란 "진심이 마음의 외부 입구, 혀를 통해 밖으로 나온 순수한 마음의 소리."라는 뜻을 지니고 있다.

결국 '신信'은 진심성의眞心誠意에 대한 확인이라고 볼 수 있다.

목숨을 건 세 글자, 海·大·魚

전국시대 제나라 재상 전영은 제나라 왕에게 미움을 받자 두려워한 나머지 자기의 영지인 설薛 땅에 성을 쌓고 자기 세력을 키우고자 했다. 그러면서 부하에게 절대로 자기를 가로막는 말을 건의하지 말라고 엄명했다. 이때 어떤 사람이 자기는 단 세 글자만 얘기할 것이고 한 글자라도 더 하면 차라리 죽을 것이라 했다. 전영은 기이하게 생각해 그 사람을 들어오도록 했다. 마침내 그 사람이 빠른 걸음으로 들어오더니 예를 올리며 "海·大·魚!"라고 세 글자만 얘기하고는 곧바로 머리를 되돌려 나가려 했다. 그러자 전영이 물었다.

"그대의 말에는 다른 뜻이 있는 것이지 않소?"

그 사람은 대답했다.

"저는 목숨을 버리면서까지 감히 더 이상 말을 할 수 없습니다."

전영이 거듭 청했다.

"괜찮소. 어서 말해보오."

그러자 그 사람은 자세를 고치며 말했다.

"대감께서는 바다에 있는 큰 고기를 아시겠지요. 그물로도 잡을 수 없고 낚시로도 잡을 수 없습니다. 그러나 일단 바다 밖으로 나오면 개미의 먹이가 되고 말지요. 지금 제나라와 대감의 관계는 바다와 고기의 관계입니다. 대감이 제나라에 계시는 것은 고기가 바다에 있는 것과 같습니다. 제나라의 모든 것이 대감을 보장해 주고 있지요. 왜 그것을 버리고 설 땅으로 가서 성을 쌓는 것인지요? 설사 성을 하늘 높이까지 쌓아본들 아무런 소용이 없게 됩니다."

그러자 전영은 "정말 그 말씀이 맞소!"라면서 곧바로 성을 쌓는 것을 중지하도록 했다.

윗사람을 만나기는 쉽지 않다.
어렵게 찾아온 기회의 짧은 시간 안에 깊은 인상을 심어주어야 한다. 이때 의표를 찌르는 한마디로 그의 호기심을 불러일으킴으로써 그 기회를 활용해 마음을 얻는다.

사나이는 자기를 알아주는 이를 위해 죽는다

　전국시대 예양이라는 사람은 자신의 군주 지백이 조양자에게 살해당하자 산 속으로 도망쳐 혼자 다짐했다.
　"아아! '사나이는 자기를 알아주는 이를 위해 죽고, 여인은 자기를 기쁘게 하는 이를 위해 얼굴을 꾸민다士爲知己者死, 女爲說己者容.'라고 했다. 지백이야말로 진실하게 나를 알아준 사람이었다. 내 반드시 그의 원수를 갚고야 말겠다. 그래야만 비로소 내 혼백이 부끄럽지 않을 것이다."
　예양은 이름을 바꾸고 죄인의 무리에 끼어 조양자趙襄子의 궁중에 들어가 변소의 벽을 바르는 일을 했다. 그러면서 양자를 찔러 죽일 기회만을 노렸다. 어느 날 양자가 변소에 갔는데 몹시 가슴이 두근거리므로 이상하게 여겨 벽을 바르는 죄수를 심문했다. 과연 품속에 비수를 지니고 있던 예양을 찾아냈다. 양자는 몹시 화가 나서 그 까닭을 묻자 예양은 태연하게 "지백을 위해 원수를 갚으려 했소." 하고 대답했다. 그러자 좌우에 있던 신하가 달려들어 예양을 죽이려고 했다. 그러나 양자는 그들을 말렸다.

"저 사람은 의리 있는 선비다. 나만 조심하면 되는 일이다. 더구나 지백이 죽고 자손도 없는데 그의 가신이 그를 대신해 옛날의 의리로써 복수를 하려 함은 천하의 현인이 아닐 수 없다."

그러고는 예양을 풀어주었다.

얼마 후 예양은 또다시 복수를 위해 몸에 옻칠을 해 문둥병을 가장하고 숯가루를 먹어 목소리를 쉬게 했다. 그렇게 남이 알아볼 수 없도록 변장하고 거리에 나가 걸식을 했다. 그의 부인조차 그를 알아보지 못했다. 어느 날 길에서 친구를 만났는데, 그는 "예양이 아닌가?"라고 물었다. 예양이 고개를 끄덕이자 친구는 울면서 말했다.

"자네의 재능으로 양자의 신하가 되면 양자는 틀림없이 가까이 하고 총애할 것이네. 그런 뒤에 자네가 하고 싶은 일을 하면 오히려 쉽지 않은가? 왜 하필이면 이렇게 몸을 자학하고 얼굴을 수치스럽게 하여 원수를 갚으려 하는가! 이러한 방법으로 조양자에게 복수하는 목적에 도달하는 것이 오히려 더 어렵지 않겠는가?"

그러지 예양은 밀했다.

"몸을 맡겨 신하가 되면서 주인을 죽이려 하는 것은 두 마음을 품은 자의 행동이다. 지금 내가 하는 일은 매우 견디기 힘들지만 그렇게 함으로써 천하에 남의 신하가 되어 두 마음을 품은 자로 하여금 수치를 느끼도록 하려는 것이다."

그로부터 얼마 후 조양자가 외출을 할 때 예양은 양자가 지나는 길의 다리 아래 숨어 기다리고 있었다. 양자가 다리에 이르자 말이 놀라 껑충 뛰었다. 양자는 놀라면서 "이는 틀림없이 예양 때문이다." 하고 주위를 수색하자 과연 예양이 있었다. 양자는 예양을 꾸짖었다. "그대는 일찍이 범씨, 중행씨의 수하에 있지 않았는가? 지백은 그 두 사람을 모두 죽였다. 그런데 그대는 그 복수도 하지 않고 오히려 지백에게 몸을 맡겨 그를 섬기었다. 그 지백도 이제 죽었다. 그대는 어찌 지백만을 위해 이토록 끈질기게 복수하려 하는가?"

그러자 예양이 대답했다.

"내가 범씨와 중행씨 수하에 있었던 것은 사실이지만 그 두 사람은 모두 나를 그저 일반 사람으로만 대했소. 그러므로 나도 그들을 그저 그런 사람으로 대한 것이오. 그러나 지백은 나를 국사國士로 대우했소. 따라서 나는 국사로서 그에게 보답하려는 것이오."

양자는 장탄식을 했다.

"아, 예자여, 예자여! 그대가 지백을 위해 애쓴 목적은 이미 이루었도다. 내가 그대를 용서해 주는 것도 이제 할 만큼 다했다. 나도 더 이상 놓아줄 수가 없지 않겠는가?"

군사에게 명령해 그를 체포하도록 하자 예양이 말했다.

"'명군明君은 다른 사람의 미덕을 덮어 숨기지 않고 충신은 명예와 절개를 위해 죽는 의로움이 있다'고 들었소. 지난번 당신이 나를 관대히 용서한 일로 천하에서 그대의 현명함을 칭찬하지 않는 자가 없소. 오늘 나는 당연히 죽음을 면하기 어렵지만 한 가지 바라는 것은 당신의 의복을 얻어 그것만이라도 베어 복수의 마음을 드러내고 싶소. 그렇게 될 수 있다면 죽어도 여한이 없겠소. 나의 요구가 그대로 받아들여진다고 감히 기대하는 것은 아니오. 다만 나의 마음을 당신에게 솔직하게 털어놓은 것이오."

양자는 예양의 의협심에 크게 감동해 하인을 시켜 자기 의복을 가져다 예양에게 주었다. 예양은 칼을 뽑아 세 번을 뛰어 올라 단칼에 옷을 베면서 "나는 구천에서 지백에게 보답하리라!"라고 말하고는 칼에 엎어져 자살했다. 예양이 죽은 이날 조나라의 지사는 이 말을 전해 듣고 눈물을 쏟으며 울지 않은 자가 없었다.

지백이 예양을 국사國士로 대했기 때문에 예양은 "사나이는 자기를 알아주는 자를 위해 죽는다."라며 목숨으로써 그에 보답하고자 한 것이다.

충신은
두 임금을 섬기지 아니하며,
열녀는 남편을 바꾸지 않는다

전국시대 연나라가 제나라를 쳐들어갔을 때, 왕촉王蠋이라는 인물이 현명하다는 소문을 들은 연나라 장군은 그가 살고 있는 주위의 삼십 리 안으로는 들어가지 말라는 명령을 부하에게 내렸다. 그러고는 사람을 보내 왕촉을 설득했다.

"제나라 사람은 모두 당신의 인품과 덕망을 존중하고 있소. 나는 당신을 장군으로 임명하고 만 호를 봉하여 식읍으로 주겠소."

그러나 왕촉은 단호히 거절했다. 이에 연나라 장군은 태도를 바꿔 위협했다.

"내 말을 받아들이지 않는다면 군대를 파견하여 화읍을 도륙하고 닭과 개도 모두 남기지 않을 것이오."

그러자 왕촉이 말했다.

"'충신은 두 임금을 섬기지 아니하며, 열녀는 남편을 바꾸지 않는다충신불사이군, 열녀불갱이부忠臣不事二君, 烈女不更二夫.'라고 했소. 나는 제나라 왕에게 여러 번 직언을 했지만 받아들여지지 않았기 때문에 벼슬을 그만두고 이렇게 농부가 되어 스스로 밭을 갈고 있소. 나라는 이미 공격을 받아 멸망했고, 나 역시 나라의 국권을 회복할 수 없게 되었소. 그런데 지금 다시 무력으로써 나를 협박해 그대의 장군으로 삼는다는 것은 나로 하여금 걸왕을 도와 폭정을 일삼는 것과 다름이 없소. 이렇게 불의한 처지에 사느니 차라리 가마에 삶아져 죽는 편이 나을 것이오."

그러고는 목에 끈을 감고 나무에 맨 뒤 스스로 끈을 끊어 자결했다. 이 소문을 들은 제나라 관리는, "왕촉은 지위도 벼슬도 없는 일개 평민에 불과한데도 정의를 위해 연나라 벼슬을 받지 않고 죽음으로써 충절을 지켰다. 하물며 벼슬길에 올라 나라의 녹을 먹는 우리가 가만히 있을 수가 있겠는가!"라면서 모두 거莒 지방으로 달려가 제나라 민왕의 아들을 찾아내 왕으로 옹립했다.

재산만 밝히는 이유는

진시황이 아직 천하통일을 이루지 못했을 때 명장 왕전王翦에게 육십만 병사를 주어 출정시켰다. 그리고 진시황은 왕전을 파상濡上이라는 곳까지 전송했다. 그런데 그곳을 막 떠나려고 할 즈음 왕전은 시황에게 좋은 전답, 저택, 동산, 연못을 내려달라고 청하는 것이었다. 진시황이 물었다.

"장군은 떠나려고 하는 마당에 어찌 가난을 염려하오?"

왕전은 대답했다.

"폐하의 장군 중에는 공을 세워도 지금껏 후侯에 봉해진 자가 없습니다. 폐하께서 신을 친근히 대하실 때, 신 또한 때맞추어 동산과 연못 등을 청해 자손의 생업으로 삼고자 하는 것입니다."

진시황은 이 말에 크게 웃었다.

왕전은 함곡관에 이르러서도 사자를 조정으로 다섯 번이나 보내어 좋은 전답 등을 계속해서 청했다. 그러자 어떤 사람이 "장군의 청은 너무 심한 것 같습니다."라고 말했다.

이 말에 왕전은 대답했다.

"그렇지가 않다. 황제는 성품이 거칠고 남을 신임하지 않는 사람이다. 지금 진나라의 전군을 나에게 맡겼는데, 내가 전답과 저택을 많이 청해 자손의 생업으로 삼음으로써 내 스스로 황제를 위하여 목숨까지도 바치겠다는 결의를 보여주지 않는다면, 황제는 도리어 나를 의심할 것이 아니겠느냐?"

개인으로서 왕전의 처신은 정확했다고 볼 수 있다. 그러나 국가 안위를 책임지는 명장조차도 기껏 자신의 목숨을 구걸해야 하는 이러한 상황이 계속 이어졌기 때문에 마침내 국가가 붕괴될 수밖에 없었다.

진시황은 춘추전국 시대 5백여 년 동안이나 분열되었던 중국에서 최초로 통일국가를 건설해낸 불세출의 황제였다. 그는 전쟁을 하면 반드시 승리하고 반드시 정복시켰다. 실로 난세의 영웅이었다. 그러나 천하를 평정한 뒤 그는 마땅히 통치 방식을 바꿔야 했다. 오랫동안 전란에 지친 백성들을 위무하고 각지의 인재들을 적절하게 등용하여 불만을 해소시켜야 했다. 그랬더라면 진승과 오광의 반란과 같은 사단은 근본적으로 일어나지 않았을 것이고, 본래 뜻이 그다지 크지도 않았던 유방이라는 영웅이 출현하지도 않았을 것이다. 항우에게도 강남의 초나라에 적당한 벼슬을 주었다면 항우는 아마 평생토록 만족하며 살았을 것이고, 소하 역시 아전 벼슬에 만족하면서 일신상의 안녕에만 골몰했으리라.

하지만 진시황은 천하와 백성을 오로지 정복의 대상으로만 간주

했을 뿐이었다. 그는 오직 일인 천하만을 생각하였고, 인재를 기용하기는커녕 그저 자신에게 철저히 복종만 하는 노예적 신하, 즉 이른바 '노재奴才'를 옆에 두었을 뿐이었다. 그렇게 되자 천하 사람들은 살아남기 위하여 본능적으로 죽을힘을 다하여 저항하였고, 이것이 천하대란을 초래하여 마침내 나라도 무너지고 말았다.

진시황은 자신을 1세 황제로 하고 다음은 2세 황제, 3세 황제의 방식으로 자신의 나라를 천년만년 영원토록 이어가고자 하였다. 그러나 진나라는 천하를 통일한지 고작 15년 만에 붕괴하고 말았다. 그는 전시와 평시에 따라 통치방식을 다르게 운용하지 못했으며, 거울로 삼을 직언의 인재를 곁에 두지 않고 오로지 간신과 아첨꾼들로 둘러싸인 채 결국 자신도 국가도 망치고 말았던 것이다.

남보다 한 걸음 늦게 천천히

한평생을 잘 살아간다는 것은 참으로 어려운 일이다.
  그러나 달리 생각해보면 우리네 삶이란 매우 단순하고 쉬운 과정에 불과하다.
  인생은 짧다. 순식간, 그야말로 찰나에 지나지 않는다.
  하지만 다른 측면에서 살펴보면 삶은 대단히 복잡하고 기나긴 여정이기도 하다.

근본을 돌아보다

한 TV 광고는 "지금 필요한 건 스피드"라고 힘주어 강조한다.
  그러나 지금 우리에게 필요한 것은 '스피드'가 아니다. 지금 우리에게 정작 필요한 것은 바로 '한 걸음 천천히 갈 수 있는' 여유와 '근본을 돌아보는' 성찰이다.

　지하철을 탄 사람들은 모두 고개를 숙인 채 스마트폰에 빠져든다. 바삐 길을 걷는 사람들도 마찬가지고, 카페에서 만난 사람들도 각자 스마트폰에 열중한다. 그리하여 현대인은 넓은 자연의 공간에서 자유롭게 활동하는 것을 포기하고 스스로 조그만 스마트폰의 세계에 갇힌 존재가 되었다.

　이제라도 자연의 일부분으로서의 인간의 근본을 좇아 자연과 함께, 자연에 동화되어 흙과 나무와 물, 곤충과 새 그리고 동물과 공존하면서 살아가야 한다.

　요즘 사람들은 육체적으로나 정신적으로나 허약한 느낌을 준다. 자연이 결핍된 결과로 보아도 무리가 없다. 논길에서 여치를 잡고 산길에서 뱀과 마주쳐 본 경험이 있는 아이와 그렇지 못한 아이의 삶은 서로 달라질 수밖에 없다.

보람 있는 삶을 위하여

우리의 삶은 그저 나 혼자만의 여유와 향유에 그쳐서는 안 된다. 나의 삶에는 비단 나 혼자만이 존재하는 것이 아니다. 나를 둘러싼 이웃이 있고, 사회가 있으며 나라와 민족 그리고 인류가 있다.

　무릇 행복이란 보람과 만족감에서 비롯된다. 그리고 다른 사람들과의 '공감'에서 비롯된다. 따라서 이웃을 위하고 사회와 나라, 민족 나아가 인류와 지구 환경을 위한 공익적인 일의 수행이 중요하다.

　물론 우리 사회에는 허다한 문제가 존재한다. 그러나 비록 사회와

나라가 나에게 요구하지 않더라도, 오늘 나는 사회와 나라에 필요한 일을 묵묵히 해나간다.

우리 사회가 만인 대 만인의 살벌한 무한경쟁의 전쟁터로 변모한 지 오래다.

도대체 이 경쟁의 끝은 무엇일까? 경쟁에서 승리한 자는 과연 행복한 것인가?

만약 오늘 벌어지고 있는 무한경쟁의 범주로부터 한 발자국 비켜설 수 있다면, 나는 그만큼의 여유와 행복을 가질 수 있다. 나아가 다른 사람에게 한 걸음 양보하고 좋은 사람을 추천해주는 여유가 있다면 나의 보람과 만족감은 더욱 커질 것이다.

행복은 바로 그 근처에 존재한다고 믿는다.